NADIA QANI
mit Doris Mendlewitsch

Ich bin eine Deutsche aus Afghanistan

Von der Drachenläuferin
zur Unternehmerin

Krüger Verlag

Originalausgabe

Erschienen im Krüger Verlag, einem Unternehmen
der S. Fischer Verlag GmbH, Frankfurt am Main
© S. Fischer Verlag GmbH, Frankfurt am Main 2010
Satz: pagina GmbH, Tübingen
Druck und Bindung: GGP Media GmbH, Pößneck
Printed in Germany 2010
ISBN 978-3-8105-1527-8

Für meine beiden wunderbaren Söhne

Inhalt

Vorspiel 9

1. Kapitel: In meines Vaters Haus 13
2. Kapitel: Kinderspiele 33
3. Kapitel: Verlobt 49
4. Kapitel: Erwachsen werden 59
5. Kapitel: Jamiljan 67
6. Kapitel: Im Paradies 97
7. Kapitel: Terror 115
8. Kapitel: Verschlungene Wege 129
9. Kapitel: Absprung 145
10. Kapitel: Asylhotel 161
11. Kapitel: Aufbruch 177
12. Kapitel: Nachbarn 189
13. Kapitel: Wende 209
14. Kapitel: ZAN 217
15. Kapitel: Mikrokosmos 237
16. Kapitel: Fremde ist Freiheit 255

Danksagung 271

Vorspiel

„Kor de soli kor də tori ..."

„Land des Friedens, Land des Schwerts" – so heißt es in unserer neuen afghanischen Nationalhymne. Afghanistan, das ist das Land meiner Kindheit und Jugend, meiner Träume. Wenn ich daran denke, rieche ich die scharfen Gewürze meiner Heimat, ich habe den süßen Geschmack der grünen Trauben aus Herat auf meiner Zunge. In meinen Erinnerungen springe ich durch die Straßen von Kabul, staune über die Farbigkeit der Gassen und wetteifere mit den Jungen aus der Nachbarschaft darum, den Sieg bei den Drachenläufen zu erringen. Und ich erlebe den aufregenden Moment, als ich meinen Märchenprinzen finde – besser gesagt er mich – und er mir die Welt zu Füßen legt.

Ein Paradies? Ja, das war es! Und natürlich war es auch alles andere. Es war Armut, es war Kampf, es wurde Krieg und Flucht. Es bleibt mir gar nichts anderes übrig, als auch darüber nachzudenken. Denn so, wie die Erinnerung an das Schöne bleibt, hat auch das Hässliche ein langes Leben. Obwohl ich immer darum bemüht war, böse Erlebnisse zu vergessen oder zumindest so zu verarbeiten, dass sie nicht zur beherrschenden Kraft in meinem Leben wurden.

Afghanistan, das Land des Schwerts. Ich musste es verlassen, weil die politischen Verhältnisse keinen Raum mehr ließen für ein freies, für ein glückliches Leben. Dennoch ist mein

Leben untrennbar mit diesem Land verbunden. Es ist mein Vater und meine Mutter – und es ist meine Ehe. Mein Leben und das meines Mannes sind unauflöslich verbunden – auch wenn wir schon längst kein gemeinsames mehr führen. Meine Geschichte lässt sich nicht ohne ihn erzählen, meine Kinder sind seine Kinder, seine Schmerzen waren meine. Wir waren glücklich miteinander und wir sind durch nachtschwarze Zeiten gegangen. Denn traumatische Erlebnisse, wie es die Vertreibung aus einem Paradies ist, führen nicht unbedingt dazu, dass man noch enger zusammenrückt. Sie verändern die Menschen, jeden auf eine andere Weise. Sie fördern Eigenschaften zutage, die man einem Menschen, den man scheinbar besser kannte als sich selbst, niemals zugetraut hätte.

In diesem Buch lautet der Name meines Mannes Jamil. Das ist persisch und bedeutet „der Schöne" – und er gehört ja auch tatsächlich zum Schönsten in meinem Leben. Meine Freunde und Geschwister und alle anderen, die ihm begegnet sind, werden sich beim Lesen verwundert die Augen reiben, denn sie kennen ihn natürlich unter seinem richtigen Namen. Ebenso habe ich die Namen seiner Geschwister, anderer Mitglieder seiner Familie und mancher Freunde geändert. Aus Rücksicht auf unsere gemeinsamen Kinder auch deren Namen.

Warum ein anderer Name für meinen Mann? Ich kann meine Geschichte nicht ohne seine erzählen, doch ich darf sie in diesem Buch nicht so erzählen, wie ich sie meiner Freundin anvertrauen würde. Ich sage die Wahrheit, meine Wahrheit, manchmal aber kann ich sie nur andeuten, manche Vorkommnisse werde ich nur in vermittelter Weise darstellen können.

Jamil hat die Höhepunkte meines Lebens bestimmt, aber auch dessen Tiefpunkt, er hat auf vielerlei Weise – auch im Negativen – meine Schritte beeinflusst. Er hat direkt oder indirekt dazu beigetragen, dass ich heute ein eigenes Unternehmen führe, dass ich viele Interessen und Ideen habe, meine Kraft und Energie auch für andere einsetze. Ich habe meinen Weg gefunden. Er hat mich von Afghanistan nach Deutschland geführt. Hier bin ich, und dies ist meine Geschichte.

1. Kapitel

IN MEINES VATERS HAUS

Mein Vater hieß Nur Mohamad. Der klassischste Name, der für einen Moslem denkbar ist. Allerdings: Traditionell kam mir mein Vater eigentlich nie vor. Nicht, dass wir nicht alle einen Heidenrespekt vor ihm gehabt hätten. Aber für afghanische Verhältnisse war er ein unglaublich moderner Mann. Er hatte dauernd neue Ideen und tat kaum etwas, »weil man es eben so macht«. Er war ein durch und durch unabhängiger Kopf. Vielleicht liegt es daran, dass er Fotograf war, jedenfalls war er immer bereit und in der Lage, die Dinge ganz anders zu sehen, als es üblich war, und Sachen miteinander zu verknüpfen, die bis dahin nichts miteinander zu tun hatten.

Beispielsweise hatte er eine ausgeprägte künstlerische Ader. Aber der Markt für Kunstfotografen war in den dreißiger, vierziger Jahren, als er erwachsen wurde und einen Beruf brauchte, in Afghanistan nicht besonders aussichtsreich. Davon ließ sich mein Vater jedoch nicht beeindrucken. Wenn es schon mit der Kunst nichts wurde, dann wenigstens mit den Fotos. Aber das richtig und im großen Stil. Er eröffnete ein Fotogeschäft und stellte es schon bald auf eine solide und überaus lukrative Basis. Es gelang ihm nämlich, mit dem Bildungsministerium und mit dem Verteidigungsministerium einen Vertrag zu schließen. Für das Bildungsministerium fotografierte er alle neu eingeschulten Kinder, für das Verteidigungsministerium alle Rekruten, die eingezogen wurden. Er fertigte Porträts an, entwickelte die Filme und zog die Fotos für die Verwaltung und das Archiv ab. Ein quasi nie versiegender Quell der Arbeit und des Wohlstands. Weder an Schülern noch an Rekruten gab es einen Mangel, und die Bürokratie war unersättlich und brauchte permanent Bilder.

Irgendwann wurde es meinem Vater jedoch zu viel, dauernd im Land herumzureisen und Tausende von Schülern und Rekruten abzulichten. Er entwickelte ein neues Geschäftsmodell: Mein Vater gründete Filialen. Er schaute sich in den verschiedenen Provinzstädten um, bei denen die großen Kasernen lagen, und suchte sich Leute, denen er vertrauen konnte. Oft Familienväter mit vier oder fünf Kindern. Bei denen war Geld knapp, die meisten waren sogar richtig arm. Mein Vater sprach mit den Leuten, prüfte sie auf Herz und Nieren und wählte die aus, die sich mit ihrem Schicksal nicht schon abgefunden hatten und noch etwas mit ihrem Leben anzufangen wussten. Die zum Beispiel ihren Kindern eine Ausbildung zukommen lassen wollten. Für diese Männer gründete er am Ort eine Filiale seines Fotogeschäfts. Mein Vater schulte sie, bis sie alles konnten, und nach ungefähr einem halben Jahr übernahmen sie das Geschäft. Sie führten für die Aufträge, die sie abwickelten, eine Provision an ihn ab, und so war allen gedient. Die Familien hatten ein Auskommen, mein Vater konnte helfen und verdiente außerdem noch ein bisschen daran.

Wie seine Fotos waren, weiß ich nicht mehr, aber heute erscheint mir als seine wahre Kunst, dass er sich einerseits den Gegebenheiten anpasste, andererseits eine Situation neu formte und gestaltete. Er hatte Ideen und Ziele – und die brachte er mit der Wirklichkeit zusammen, auch wenn die zunächst nicht besonders aufnahmebereit wirkte. Einiges von dieser, sagen wir, phantasievollen Flexibilität habe ich geerbt. Anders hätte ich das alles gar nicht überstanden, diese radikalen Veränderungen in meinem Leben, die vielen Aufs und Abs. Und ich hätte nicht mit den Aufgaben fertig werden können, die mir zugefallen sind. Jedenfalls glaube ich fest daran, dass mein Vater seine Kraft und Stärke an mich weitergegeben hat.

Er war aber nicht nur mit Tatkraft gesegnet, sondern auch mit der Gabe des Ausgleichs. Und ein gewisses diplomatisches Talent brauchte er in seinem Haushalt unbedingt. Denn mein Vater war zwar ein moderner Mann, hielt es aber zumindest in einer Hinsicht mit der Tradition des Korans: Er hatte vier Ehefrauen. Eine von ihnen ist früh gestorben. Und alle hatten Kinder. Insgesamt waren wir 20 Geschwister. Vor ein paar Jahren haben wir einmal versucht, nachzurechnen, wie viele Nachkommen mein Vater eigentlich hatte. Wir sind auf über 300 Enkelkinder gekommen, und wahrscheinlich sind das noch nicht einmal alle. Irgendwann rissen die Fäden der Erinnerung ab, und die Namen der Kinder von sehr entfernten Cousins und Cousinen fielen uns einfach nicht mehr ein.

Unsere ganze Familie wohnte in einem Haus in Shourbazar, einem alten Viertel von Kabul in der Stadtmitte. Es war das Viertel der Künstler, Sänger, Tänzer und Literaten – keine sehr wohlhabenden Leute, aber quirlig, interessant, viele sehr gebildet. Man hörte etliche der Sprachen, die in Afghanistan gesprochen werden: Paschto, Dari, Urdu und außerdem noch jede Menge Dialekte. Hindus, Moslems und Juden lebten vollkommen problemlos nebeneinander und miteinander. Ständig wehten Gesang oder die Fetzen einer Melodie durch die Straßen, weil die klassischen Tanzschulen mit ihren Eleven übten und die Sänger den Nachbarn ihre neuen Lieder vortrugen. Die Fensterrahmen und -läden waren rot, blau, grün oder in anderen kräftigen Farben gestrichen, wie ein aufrecht stehender Malkasten sah so eine Häuserzeile aus. Und dazwischen die Farben und Muster vieler Kleider. Denn die meisten Leute saßen nur zu gern auf den niedrigen Fensterbänken und beobachteten von dort das Treiben auf der Straße, riefen ihren Nachbarn

Grüße zu oder unterhielten sich lautstark mit jemandem, der gerade vorbeikam.

Die meisten Häuser hatten nur zwei, drei oder höchstens vier Stockwerke. Es waren traditionelle Fachwerk-Lehmhäuser. Später habe ich gesehen, dass es in Frankfurt und in den alten Vierteln vieler deutscher Städte auch solche Fachwerkhäuser gibt. Das hat mich sehr berührt, und ich habe mich gleich etwas heimischer gefühlt, obwohl ich selbst natürlich in Frankfurt nicht in solch einem Haus wohnte, sondern in einem keineswegs anheimelnden Asylbewerberheim.

Unser Haus in Shourbazar war ein großes Atriumhaus mit mehreren Wohnungen. Die drei Ehefrauen lebten mit ihren Kindern in jeweils einer Wohnung, ebenso hatten die großen Söhne schon eine eigene Wohnung. Es gab keinen Garten, aber einen Brunnen im Hof, in dem große Bäume Schatten spendeten. Weil jeder sich dort das Wasser holte, war der Brunnen ein Treffpunkt für alle. Unbeschreiblich, wie viel da immer los war, immer hatte ich jemanden zum Spielen. Ein herrliches Leben, in dem ich nie allein war. Einer meiner Halbbrüder war fast genau so alt wie ich, wir steckten ständig zusammen und dachten uns Streiche aus. Und die großen Geschwister passten auf uns auf, schimpften mit uns, wenn wir ihnen auf die Nerven gingen, halfen uns bei den Schulaufgaben und achteten darauf, dass wir nicht allzu sehr über die Stränge schlugen. Stritt man sich mit einem Bruder oder einer Schwester, so war bei den anderen mit Sicherheit einer zu finden, der zu einem hielt. Man hatte seine Lieblingsgeschwister, seine Vorbilder und wurde selbst Vorbild für die noch Kleineren. In Deutschland mit den vielen Ein-Kind-Familien kann man sich eine solche Gemeinschaft kaum vorstellen.

Für die Frauen war es sicher nicht immer leicht, zumal für die letzten beiden. Meine Mutter kam nämlich als dritte Ehefrau in die Familie und war deutlich jünger als die beiden anderen. Das hat zunächst sogar ein wenig böses Blut gegeben. Sie war 16 Jahre alt, als mein Vater um sie geworben hat; er muss ungefähr 45 Jahre alt gewesen sein, also ein Altersunterschied von rund 30 Jahren. Ich weiß nicht mehr, wo er sie das erste Mal gesehen hat, auf jeden Fall stand er sofort in Flammen. Sie war zart gebaut, hatte eine stolze Haltung und trug ihr dickes schwarzes Haar zu einem langen, seitlichen Zopf gebunden.

Mein Vater war zwar verliebt, doch das raubte ihm keineswegs den Verstand. Offenbar war ihm klar, dass es nicht ganz einfach sein würde, eine so junge Frau ins Haus zu bringen. Sein erster Sohn war ungefähr so alt wie die Braut! Mein Vater ging also strategisch vor, was zunächst einmal bedeutete: diskret. Er ging zum Vater von Safura, so hieß die Auserwählte, und bot ihm einen Handel an: Er würde zwei Häuser kaufen, eins als Wohnung für Safuras Familie, eins zum Vermieten, damit ein regelmäßiges Einkommen vorhanden wäre. Die Braut war nämlich nicht nur blutjung, sondern auch bitterarm, mithin weit unter dem Stand meines Vaters. Safuras Vater, also mein Großvater, war hoch erfreut und stimmte sofort zu.

Auch meine Mutter war selig. Das hat sie mir immer wieder erzählt. Von einem gebildeten und wohlhabenden Mann ausgewählt zu werden war ein so großes Glück, dass sie es kaum fassen konnte. Wenn ich in Deutschland von der Ehe meiner Eltern erzähle, höre ich oft Bemerkungen, dass ein so alter Mann für ein junges Mädchen doch nicht attraktiv gewesen wäre. Aber so hat es keiner empfunden, Safura schon gar nicht. Im Gegenteil, es war ehrenhaft, und sie verdankte ihm ihren Aufstieg in ein ganz anderes Leben, nicht nur finanziell gesehen. Mein Vater hatte ihr ja sehr viel zu bieten. Sie war Analphabetin, und er brachte ihr unendlich viel bei, vermittelte Wissen über alles Mögliche. Mit diesem Arrangement stand also jeder besser da als zuvor. Das war das herausragende Talent meines Vaters: dass es ihm immer gelang, eine Situation zu schaffen, in der jeder profitierte und am Ende alle glücklich waren.

Die anderen Ehefrauen mussten von ihrem Glück allerdings erst noch überzeugt werden. Dafür hat er sich dann viel Zeit genommen und seine neue Ehe zunächst allein genossen. Meine Mutter lebte nämlich im ersten Jahr nach der Heirat in dem Haus ihrer Eltern, das mein Vater für sie gekauft hatte. Mein Vater besuchte sie regelmäßig und sagte den beiden anderen Ehefrauen nichts. Ich bin aber überzeugt davon, dass sie mehr oder weniger genau Bescheid wussten. So ein Haushalt ist ja ein sehr intimes Gebilde, in dem sofort auffällt, wenn sich Gewohnheiten verändern. Normalerweise wird abwechselnd jede der Ehefrauen besucht. Und wenn mein Vater regelmäßig ein- oder zweimal in der Woche verschwand und vielleicht sogar über Nacht wegblieb, haben seine Ehefrauen bestimmt ihre Schlüsse gezogen. Öffentlich etwas gesagt oder gar gemeckert hat aber keine. Ich führe das letztlich auch auf die geschickte und menschenfreundliche Art meines Vaters zurück: Er hat ihnen immer das Gefühl vermittelt, dass sie weiterhin geschätzt waren und eine neue Frau nicht notwendigerweise eine Herabsetzung für sie bedeutete.

Heute denke ich, dass er meine Mutter vielleicht erst einmal eine kleine Weile für sich allein haben wollte. Vielleicht wollte er sie aber auch noch eine Zeitlang aus dem großen Haushalt heraushalten, damit sie ein wenig mehr an Reife gewinnen konnte und dann einen besseren Stand in der riesigen Gemeinschaft haben würde. Für »Neue« ist das ja alles gar nicht einfach. Man kommt in ein mehr oder weniger festgefügtes System, jeder hat dort schon längst seine Rolle und seine Position gefunden, manche bereits seit Jahren. Alle sind aufeinander eingestimmt, und jeder weiß, woran er mit den anderen ist. Es gibt sicher auch Zankereien, aber im Wesentlichen haben alle ihren Platz eingenommen. Jeder weiß, wem er etwas sagen darf, wem er sich unterordnen muss und wie er den anderen zu nehmen hat. Und dann kommt eine neue Frau, was zuallererst einmal heißt: Alles gerät durcheinander, alles muss neu bestimmt werden. Und für die älteren Frauen wird es beileibe nicht einfacher, wenn die neue Frau besonders jung und besonders hübsch ist.

Es gab also einen ordentlichen Aufruhr, als mein Vater seinen beiden Ehefrauen meine Mutter als Nummer drei präsentierte. Und das war ja noch nicht alles. Sie kam nämlich nicht allein. Sie hatte ein Baby auf dem Arm. Das war ich. Man kann sich vorstellen, dass die anderen schwer zu schlucken hatten. Selbst wenn sie vorher etwas geahnt oder es sogar schon gewusst hatten: Wenn »das Problem« leibhaftig in der Tür steht, und dann gleich noch mit dem Beweis der gelungenen Verbindung auf dem Arm, ist das doch etwas ganz anderes.

Der älteste Sohn aus der Ehe mit der ersten Frau meines Vaters rebellierte. Nicht, weil er direkt etwas gegen meine Mutter als Person gehabt hätte, sondern einfach, weil er es unnatürlich fand, dass sein Vater mit einer Frau verheiratet war, die so viel jünger war als er. Mein Vater redete mit ihm und schaffte es nach und nach, dass er seinen Groll begrub.

Der große Altersunterschied hat später gelegentlich zu heiklen Situationen geführt. Ich erinnere mich an die Geschichte eines peinlichen Vorfalls, der sich in einem Schuhgeschäft ereignete. Der Verkäufer hielt nämlich meine Mutter für die Tochter und beglückwünschte wortreich den stolzen »Vater« zu diesem hübschen Geschöpf. »Wie schön sind die Füße! Und auch die Beine so wohlgeformt. Was für ein Glück, wenn man so eine herrliche Tochter hat. Nur die besten Schuhe kommen für sie in Frage.« Und so weiter und so fort. Der Mann kam aus dem Schwärmen gar nicht mehr heraus und zog ein Paar Schuhe nach dem anderen aus dem Regal. Man kann es ihm nicht übelnehmen: Zum einen legte der Altersunterschied das Missverständnis nahe, zum anderen war es absolut unüblich für einen Mann, seine Ehefrau zum Schuhkauf zu begleiten. Mein Vater war peinlich berührt und nicht in der Lage, den Verkäufer zurechtzuweisen, er möge seine Finger von ihren Füßen lassen, und ihn aufzuklären, dass es sich um seine Ehefrau handelte. Von dieser Schwäche profitierte der Verkäufer. Mein Vater hatte in seiner Verlegenheit nämlich nichts anderes im Sinn, als diesem Wortschwall zu entkommen und den Laden möglichst rasch zu verlassen. Also kürzte er das Auswahlverfahren ab und sagte: »Ist gut, ist gut. Wir nehmen alle Schuhe. Packen Sie alle ein.« So zogen sie mit fünf oder sechs Paaren aus dem Geschäft statt mit einem.

Diese Geschichte trug sich zu, lange nachdem zu Hause die Stürme über den Einzug meiner Mutter abgeflaut waren. Nach den ersten Turbulenzen haben sich schließlich alle beruhigt und sind gut miteinander ausgekommen. Meine Mutter bekam nach mir noch meine Schwester Maria, und wir hatten auch noch Geschwister von den anderen Frauen meines Vaters, die ungefähr so alt waren wie wir. Wenn heute die drei Frauen, die noch am Leben sind, über ihren Ehemann sprechen, fließen regelmäßig die Tränen. Nach so vielen Jahren!

Ich kann es verstehen. Auch ich selbst habe überaus zärtliche Erinnerungen an meinen Vater. Wann immer ich an ihn denke, wird mir warm ums Herz, noch heute, so viele Jahre nach seinem Tod. Er war ehrfurchtgebietend, aber ich hatte keine Angst vor ihm. Man konnte ihm Streiche spielen, ohne dass er wütend oder gar jähzornig wurde. Als mein Halbbruder Aziz und ich ungefähr vier Jahre alt waren, hatten wir ein Lieblingsspiel: Wir klopften an die Tür seiner Wohnung und versteckten uns blitzschnell. Wenn mein Vater dann die Tür öffnete, war keiner von uns zu sehen. Das fanden wir beide wahnsinnig komisch, und wir haben uns halb totgelacht. Mein Vater spielte mit, indem er sich ganz offensichtlich wunderte und vor sich hin brummte: »Nanu, da hat es doch geklopft? Es ist aber keiner da. Habe ich mich denn verhört?« Wir kamen uns unglaublich raffiniert vor.

Dieses Spiel war relativ einfach. Anspruchsvoller war es, in seine Wohnung hineinzukommen. Dafür mussten wir besondere Tricks anwenden, denn für uns kleine Kinder galt »Betreten streng verboten«. Mein Vater hatte sehr schöne englische Möbel, und noch heute bekomme ich sofort Heimweh nach diesem Wohnzimmer, wenn ich einen alten englischen Film mit solch wuchtigen Stühlen und bauchigen Kommoden sehe.

Der Raum übte eine ganz eigene Faszination auf uns aus, und wir setzten alles daran, dieses verbotene Terrain hin und wieder zu erkunden. Eine solche Expedition wurde sorgfältig geplant. Wir richteten die Kleider ordentlich her, strichen die Haare glatt und machten liebe Gesichter. Wenn mein Vater auf unser Klopfen hin die Tür öffnete, fragten wir: »Papa, dürfen wir ins Wohnzimmer? Wir sind auch ganz brav, großes Ehrenwort.«

»Aber ihr wisst doch, dass das nichts für Kinder ist. Nichts da, spielt anderswo.«

So ging es noch ein paar Mal hin und her, und dann setzen wir das letzte Mittel ein: Einer fing an zu weinen, meistens ich. Das war gar kein Problem, ich dachte kurz daran, wie traurig es wäre, nicht ins Wohnzimmer zu dürfen, und schon kullerten mir die Tränen über die Wangen. Ich schluchzte ganz bitterlich. Natürlich gehörte das zu unserem Plan und war vorher abgesprochen zwischen uns Kindern. Und fast immer funktionierte es. Meinen Vater rührte mein Kummer, so dass er schließlich seufzend die Wohnzimmertür öffnete und uns hereinließ. »Na schön, dann spielt hier ein bisschen, aber passt gut auf, dass nichts kaputtgeht.« Wir schworen hoch und heilig, uns in Acht zu nehmen, und soweit ich mich erinnere, ist auch nie etwas beschädigt worden.

Die schweren Möbel hatten etwas Außergewöhnliches an sich, jedenfalls kam es uns so vor. Wie die Könige fühlten wir uns, wenn wir zwischen ihnen hin und her schritten oder sie mit großer Ernsthaftigkeit umrundeten. Der Geruch des geölten und polierten Holzes und die eigenartige Muffigkeit der Polster weckten in uns den Eindruck, in einem ganz besonderen Raum zu sein. Wir selbst schienen ebenfalls etwas ganz Besonderes zu sein. Und das waren wir auch, jedenfalls in den Augen meines Vaters. Ich glaube, er hat in jedem Einzelnen von uns etwas gesehen, wovon wir selbst nichts wussten. Er hat, sogar als wir noch sehr klein waren, in die Zukunft geschaut und sich vorgestellt, was aus uns würde. Das waren keine – vielleicht hochfliegenden – Träume eines liebenden Vaters, sondern er hat unser Wesen erkannt, so wenig ausgeprägt es für einen anderen Menschen auch gewesen sein mag. Er wusste, wer wir waren. Dabei hat er keinen Unterschied zwischen den Mädchen und den Jungen gemacht. Eine meiner Halbschwestern zum Beispiel hat er schon bald in sein Geschäft mitgenommen und ihr gezeigt, wie man Kunden bedient und Filme und anderes Zubehör verkauft. Er hat von Anfang an erkannt, dass sie ein Talent dafür hatte, mit Menschen umzugehen, und außerdem gut organisieren konnte.

Auch was mich angeht, war ihm alles klar. Eines Tages nahm er mich bei der Hand und ging mit mir in ein Geschäft. Es war kurz vor meiner Einschulung, ich muss also fünf Jahre alt gewesen sein. In dem Laden wurde alles Mögliche verkauft, ihn interessierten aber nur die Schreibwaren. Wir standen vor der Ladentheke, und mein Vater äußerte seine Wünsche: einen Bleistift, einen Radiergummi, einen Block. Alles war vorrätig, mein Vater bezahlte und gab mir die Sachen. Ich glaube, ich habe auch eine Schultasche bekommen. Ich war wahnsinnig stolz und unglaublich aufgeregt, dass jetzt ein neuer Lebensabschnitt beginnen würde. Allein die Tatsache, dass mein Vater nur mit mir und nur für mich in einen Laden gegangen war, beeindruckte mich enorm. Das war schon etwas Besonderes. Die vielen großen Kinder und seine zahlreichen Verpflichtungen nahmen ihn normalerweise sehr in Anspruch, da blieb oft nicht viel Zeit für uns Kleine.

Zu Hause nahmen wir die Sachen aus der Tasche, und er erklärte mir, warum er mir einen Bleistift geschenkt hatte, keinen Kugelschreiber. »Mit einem Bleistift kannst du immer verändern, was du geschrieben hast. Du kannst korrigieren, wenn du einen Fehler gemacht hast. Und du kannst es schöner schreiben, wenn es nicht ganz gelungen ist. Es ist ganz wichtig, dass du dich immer bemühst, die Sachen richtig und gut zu machen. Hast du mich verstanden?« Ich nickte heftig. Dass er mir nicht nur etwas für meine schulische Laufbahn sagen wollte, sondern ein Motto für mein ganzes Leben mitgab, das habe ich erst viel später begriffen.

»Merk dir eins«, fuhr er fort, »du wirst Direktorin werden.« Ich war verwirrt, weil ich keine Vorstellung von dem hatte, was eine Direktorin ist. Dunkel ahnte ich, dass es etwas Wichtiges und Großes war.

»Padar«, so nannten wir unseren Vater respektvoll, »Padar, was meinst du damit? Soll ich jetzt etwas machen?«

»Ja, du setzt dich an den großen Tisch und bist Direktorin. Wiederhole: ›Ich bin Direktorin.‹«

Bestimmt zehnmal musste ich es sagen. Anfangs verhaspelte ich mich, aber dann sprach ich es flüssiger, und zum Schluss kam es mir ganz selbstverständlich von den Lippen: Ich bin Direktorin.

»Sehr gut, Nadia. Aber denk daran: Du wirst nicht von allein Direktorin, sondern musst viel lernen, viel arbeiten, gerecht sein. Versprich mir das.«

Erfüllt von der Bedeutung der Stunde versprach ich es ihm. Ich habe es nie vergessen, auch wenn es mir phasenweise nicht gegenwärtig war. Heute weiß ich, was eine Direktorin ist. Im strengen Sinne bin ich keine geworden, aber so etwas Ähnliches, nämlich die Chefin meines eigenen Unternehmens. Und das verdanke ich meinem Vater. Natürlich, gearbeitet habe ich selbst dafür. Aber dass er mir dieses Ziel und die Gewissheit eingepflanzt hat, »Direktorin« zu werden, das geht auf ihn zurück. Auch die Verpflichtung, daran zu arbeiten, mein Versprechen zu erfüllen. Oft war es sehr schwer, manchmal war ich verzweifelt. Doch stets war mir klar, dass ich mein Versprechen halten musste. Das stand unverbrüchlich fest. Diese Gewissheit hat mir auch die Kraft gegeben, tatsächlich immer durchzuhalten und wieder aufzustehen, wenn ich am Boden lag.

An meinem ersten Schultag lag das natürlich alles noch in weiter Ferne. Ich war aufgeregt und freute mich, weil ich jetzt in der Schar der Geschwister eine Stufe aufgerückt war. Als Schulkind gehörte man halt nicht mehr zu den ganz Kleinen. Zur Einschulung begleitete mich meine große Halbschwester Malia. Sie sah unglaublich gut aus, war westlich gekleidet und zog alle Blicke auf sich, sogar anerkennende Pfiffe hörte man hin und wieder. Auf dem Weg kaufte sie mir noch ein paar Süßigkeiten, und dann traten wir durch das Schultor. Es war ziemlich viel los in der Schule, rund 200 Kinder, Jungen und Mädchen, alle aus Shourbazar. Wir hatten keine Schultüten so wie hier in Deutschland, und insgesamt lief alles viel weniger aufwendig ab. Weil normalerweise auch die Kinder schon im Haushalt oder in den Werkstätten und Läden der Familien gebraucht wurden, war Schule für viele ein echter Luxus, da wurde kein Geld für unnützes Zeug ausgegeben. Aber im Schulhof gab es immerhin viele alte Bäume, ein paar Tische für Tischtennis in den Pausen, einige Wippen und anderes Spielgerät – ich war begeistert.

Von nun an traf ich mich jeden Morgen mit den anderen Kindern im Schulhof, wir wuselten durcheinander, bis die Klassenlehrerinnen kamen. Sie waren nicht traditionell gekleidet, sondern trugen, ganz im westlichen Stil, Rock und Bluse. Wir Kinder kamen in schwarzen Schuluniformen. Die Lehrerinnen standen am Beginn eines jeden Schultages mit ihrer Liste im Schulhof und riefen ihre Schützlinge beim Namen, in alphabetischer Reihenfolge. Jeder musste sagen: »Anwesend.« Dann stellte man sich vor seiner Lehrerin auf. Wenn alle Klassen geordnet waren, gingen wir in die Aula. Vorne stand der Direktor, und jeden Tag ging ein anderes Kind zu ihm hin, stellte sich neben ihn und sagte etwas auf. Ein Gedicht oder den Ausspruch eines berühmten Denkers, Philosophen oder sonst eines bedeutenden Menschen. Das war das Motto des Tages, besser gesagt: eine Art Leitstern. Wir wünschten einander im Chor einen wunderschönen Tag und viel Freude beim Lernen. Danach sind wir alle in unsere Klassen marschiert, haben uns zu zweit an die Tische gesetzt und mit dem Arbeiten begonnen. Mir hat das immer sehr gefallen. Es war ein feierlicher, aber nicht unbedingt ernster Anfang, man war ermutigt und ging mit frischem Eifer ans Werk. Und man hatte etwas zum Nachdenken, falls einem im Unterricht langweilig wurde. Das kam aber selten vor. Und selbst wenn: Ich hatte ja Bibi, meine allerbeste Freundin, die neben mir saß.

Heute würde man sagen, dass Bibi ein Mädchen mit Migrationshintergrund war. Sie hatte nämlich indische Urgroßeltern, und die Familie feierte ihre Feste weiterhin auf indische Art, sehr groß und üppig und mit strengem Zeremoniell. Ich erinnere mich an riesige Hochzeiten mit Hunderten von Gästen. Bibi war die einzige Freundin, bei der ich übernachten durfte. Damals spielte die Religion in Afghanistan längst keine so große Rolle wie heute. Ich gehörte zu einer moslemischen Familie, wenn auch zu keiner besonders frommen, und sie war Hindu. Das war überhaupt kein Problem, keiner kam in Konflikt mit seinen Überzeugungen, kein Vater hätte seinem Sohn oder seiner Tochter den Umgang mit einem Kind anderer Religion verboten. Bibi hat mir sehr viel bedeutet. Jahrzehnte später, als ich schon längst in Deutschland lebte, erließ die Religions- und Sittenpolizei der Taliban eine Verordnung, dass die Minderheit der Hindu in Afghanistan eine Kennzeichnung tragen müsste. Ein gelbes Zeichen auf der Brust, so wie die Juden während des Nationalsozialismus einen gelben Stern auf der Kleidung tragen mussten. Ich fand diesen Verstoß gegen die Menschenrechte schrecklich und habe wie viele andere in Frankfurt dagegen demonstriert. Ich habe es für alle Menschen und für alle Hindus in Afghanistan getan, für meine Freunde, aber ganz speziell für meine Bibi. Weil ich so schöne Zeiten mit ihr erlebt habe und sie mir so nahestand.

Bei uns zu Hause ging es nicht sehr religiös zu. Wir waren Moslems, das war klar. Ohne Religion zu sein, das gab es gar nicht. Wir hielten einige Regeln ein, waren aber nicht besonders fromm. Beispielsweise fastete mein Vater während des Ramadans nicht immer, sondern spendete stattdessen für die Armen Essen und Kleider. Tagelang wurde dann gekocht und genäht, damit alles da war, wenn die Menschen an die Tür klopften und um Almosen baten.

Wenn mein Vater manches vielleicht nicht sehr ernst nahm, so war für ihn eine Sache doch wichtig: den Hadsch zu machen, die Pilgerfahrt eines Moslems nach Mekka. Einmal im Leben sollte jeder Moslem dorthin reisen, zum Geburtsort des Propheten Mohamad, und die heiligen Stätten besuchen. Die Erfüllung dieser Pflicht gehört zu den fünf Grundsäulen des Islams, und auch mein Vater war willens, dem nachzukommen. Er muss Anfang 50 gewesen sein, als er sich entschloss, die Reise anzutreten.

Ein Mekka-Pilger führt in der Regel seine Wallfahrt nicht allein durch, sondern in einer Gruppe, zumal die Reise in jedem Jahr nur zu einem bestimmten Zeitpunkt stattfinden kann, dann also ein regelrechter Ansturm auf die heiligen Stätten entsteht. Es gibt viele Agenturen, die auf Pilgerfahrten spezialisiert sind und solche Gruppenreisen für den Hadsch organisieren. Als es Zeit für meinen Vater war, verabschiedete er sich von uns allen. Er war gut vorbereitet, hatte alles geregelt, was zu regeln war, und die Verantwortung für die Familienangelegenheiten auf die verschiedenen Köpfe übertragen. Die Kinder ermahnte er, brav zu sein und während seiner Abwesenheit keine Dummheiten zu machen. Er freute sich auf die Reise und war in stolzer Erwartung, dass er seine religiöse Pflicht erfüllen würde. Er verließ das Haus mit seinen beiden Taschen – und das war das letzte Mal, dass ich ihn sah. Er hat Mekka nie erreicht. Er starb, bevor die Reise begann.

Der Tod meines Vaters veränderte alles. Natürlich verstand ich das nicht sofort. Ich konnte mir ja kaum vorstellen, was das hieß: Mein Vater ist tot. Aber ich begriff, dass etwas unendlich Trauriges passiert war, das alle bis ins Mark erschütterte.

Mein Vater erlitt einen Schlaganfall, als er sich auf dem Flughafen gemeinsam mit den anderen Pilgern zum Abschiedsgebet niederbeugte. Sein Gepäck war schon eingecheckt und flog nach Mekka, er selbst wurde in ein Krankenhaus in Kabul gebracht. Wir hatten zu Hause kein Telefon, ich weiß nicht mehr, wer die Nachricht überbrachte. Ich weiß aber noch, wie alle im ersten Moment erstarrten und dann in Schreien und Weinen ausbrachen. Wir Kinder heulten mit, obwohl wir zunächst gar nicht wussten, worum es ging. Alle standen unter Schock.

Meine Mutter war im vierten Monat schwanger, mit ihrem dritten Kind. Die Nachricht, dass mein Vater mit dem Tode rang, erschütterte sie so sehr, dass sie Blutungen bekam und selbst ins Krankenhaus gebracht werden musste. Ich weiß nicht, ob sie ihn noch besuchen und sich verabschieden konnte. Wenige Tage später ist er gestorben. Meine Mutter war Witwe, mit 22 Jahren.

Von einem Tag auf den anderen war nichts mehr wie vorher. Der Schmerz dieses Verlustes war unendlich groß. Wir vermissten ihn so sehr, den Frauen fehlte der Mann und uns der Vater. Er war der Mittelpunkt unseres Daseins gewesen – alles war auf ihn ausgerichtet. Und nun war er für immer fort. Dazu kam natürlich, dass er nicht nur als Ehemann, Ratgeber, Erzieher, Freund und Vorbild fehlte: Auch unser aller Ernährer war gestorben. Das bedeutete, dass ab sofort gespart werden musste. Wir mussten alle aus unserem schönen Haus in Shourbazar ausziehen und in kleineren Häusern unterkommen. Unser großes Familienhaus wurde vermietet, damit etwas Geld für die Frauen hereinkam. Meine Mutter zog mit uns Kindern nach Naubade de Afghanan, heute Salangwat, in das Viertel, in dem mein Vater damals das Haus für meine Großeltern gekauft hatte.

Dann fing das Warten an. Ich war ja noch klein und erinnere mich nicht an die Einzelheiten, aber ich habe diese Wochen als unglaublich zäh sich hinziehende, schwarze Zeit im Gedächtnis. Es war eine Art Schwebezustand, aber natürlich keine freudige Erwartung, sondern ein von Trauer erfülltes, banges und gleichzeitig nervöses Ausharren. Die Familie wartete zunächst auf meinen großen Bruder, den ältesten Sohn meines Vaters, der zu dieser Zeit in Amerika studierte. Er war jetzt das Familienoberhaupt. Außerdem warteten alle auf das Ende der Schwangerschaft meiner Mutter, denn das Erbe konnte nicht verteilt werden, solange dieses Kind noch nicht geboren war, weil sein Geschlecht den Anteil am Erbe bestimmte. Einem Sohn steht ein Anteil zu, einer Tochter nur ein halber. Und so warteten alle: Bekommt Safura einen Sohn oder eine Tochter? Für uns bedeutete es etwas mehr, für die anderen weniger, wenn das Kind männlich würde.

Ich frage mich, wie meine Mutter diesem Druck standgehalten hat. Es muss furchtbar für sie gewesen sein, denn selbstverständlich war ihr klar, dass die anderen auf ein Mädchen und damit auf einen etwas größeren eigenen Anteil am Erbe hofften. Es war schrecklich. Meine Mutter war ja noch so jung, sie war in Trauer, weil sie das Wichtigste in ihrem Leben verloren hatte, und sie war jetzt für zwei, bald drei Kinder allein verantwortlich. Natürlich hatte sie noch ihre Familie, und während sie im Krankenhaus war, kamen meine Schwester und ich zu unseren Großeltern in das Haus, das mein Vater gekauft hatte. Aber wenn ich mir vorstelle, dass sie mit dieser Katastrophe fertig werden musste, dass sie dieses Kind austrug, das seinen Vater nie sehen würde, und dass sie sich zweifellos fürchtete vor diesem ganz anderen Leben, das sie nun erwartete ...

Fünf Monate nach dem Tod meines Vaters kam mein Bruder Kabir auf die Welt.

Kurz danach war es so weit. Die Verteilung des Erbes fand statt, und meine Mutter kehrte noch einmal in das Haus zurück, in dem sie die glücklichen Jahre mit meinem Vater verbracht hatte. Der Tag endete schrecklich. Ich habe im wahrsten Sinne des Wortes Narben davon behalten, die mich immer an diesen Tag erinnern werden. Meine Schwester und ich durften natürlich nicht mit zu dem Erbteilungstreffen, das war nur für die Erwachsenen. Wir warteten bei meiner Großmutter. Alle waren furchtbar nervös, schließlich ging es um die Zukunft unserer Familie. Heute sollte sich entscheiden, ob wir arm oder sehr arm durch den Tod meines Vaters würden. Es wusste ja niemand genau, wie viel Geld da war, und die vielen Nachkommen machten auch ein großes Erbe klein.

Ich habe die Situation noch ganz genau vor Augen: Meine Großmutter wurde immer unruhiger, weil meine Mutter so lange ausblieb. Sie setzte sich, stand wieder auf, ging irgendwohin, ohne etwas zu tun, machte Schränke auf und wieder zu. Ich merkte, dass sie wahnsinnig besorgt war. Wie konnte ich ihr helfen? Was konnte ich tun, damit sie sich beruhigte?

Ich wusste, was die Frauen für uns Kinder immer getan hatten, wenn wir krank oder ängstlich waren: Sie kochten uns einen Tee. Dasselbe wollte ich nun für meine Großmutter tun. Ich kochte einen Tee. Das heißt, ich wollte ihr einen Tee kochen. Wir hatten damals einen Gaskocher, der auf einem Brett stand, und ich musste auf einen Stuhl klettern, um den Kessel auf den Kocher zu stellen. Es dauerte eine ganze Weile, bis das Wasser endlich kochte, ich hatte viel zu viel eingefüllt. Ich war ärgerlich, weil es so lange dauerte und ich doch unbedingt meiner Großmutter mit einem Tee helfen wollte. Als das Wasser brodelte, krabbelte ich wieder auf den Stuhl, um den Kessel vom Kocher zu nehmen und das Wasser in die Kanne zu gießen. Ich war vorsichtig, meine Mutter hatte mir immer eingeschärft, gut aufzupassen. Die Hitze schlug mir ins Gesicht, als ich versuchte, das schwere, glühend heiße Ding anzuheben. Mit aller Kraft stemmte ich den Kessel hoch. Der Stuhl fing an zu wackeln, ich geriet in Panik – und dann kam es, wie es kommen musste: Der Kessel kippte um, und das kochende Wasser ergoss sich über meinen rechten Arm.

Im ersten Moment passiert gar nichts, dann schießt der Schmerz durch meinen ganzen Körper. Es ist ungeheuerlich und mit nichts vergleichbar, was ich je erlebt oder gespürt habe. Ich stehe in Flammen. Die Luft bleibt mir weg, ich glaube, sterben zu müssen. Und dann fange ich an zu schreien. Ich schreie wie noch nie in meinem Leben. Ich schreie meinen Schmerz hinaus, meine Angst, meinen maßlosen Schrecken. Meine Großmutter läuft herbei, und ich sehe die Panik in ihrem Gesicht, als sie erfasst, was passiert ist. Sie redet auf mich ein: »Um Gottes willen, wie konnte das passieren? Nadia, Kleines, lass mich schauen, weine nicht. Bestimmt ist es nicht so schlimm, lass mal sehen, es wird gleich gut.« Aber ihre Stimme ist hoch und schrill, ihre Augen sind weit aufgerissen, und es ist schlimm, es ist das Allerschlimmste, was mir je passiert ist. Ich schreie und keuche, weil alles so unglaublich weh tut, und lasse sie nicht an mich heran.

Endlich kommt meine Mutter. Schon als sie in die Straße einbiegt, hört sie mein Weinen und rennt los. Sie begreift sofort, was geschehen ist, und versucht erst gar nicht, zu Hause irgendeine Art von Erster Hilfe zu leisten. Zwei Krankenhäuser werfen uns nach wenigen Minuten aus dem Wartesaal, weil ich nicht aufhöre zu schreien. Im dritten Krankenhaus schaut sich ein Arzt meinen Arm an und sagt: »Da kann man nichts machen. Der Arm muss ab. Da ist zu viel Fleisch verbrüht, das geht ja bis auf den Knochen.« Ich verstehe nicht, was das heißt, »der Arm muss ab«. Die Wunde fühlt sich sowieso gar nicht mehr an wie mein Arm, es gibt nur noch ein einziges schmerzendes Toben, das durch meinen ganzen Körper rast.

Aber meine Mutter versteht sehr wohl. Und sie antwortet in aller Entschiedenheit: »Nein, kommt nicht in Frage. Der Arm bleibt dran. Machen Sie einen Verband darum und sonst nichts.«

Eine gerade 22 Jahre alte Witwe, Analphabetin, soeben zum dritten Mal Mutter geworden, mit einem brüllenden Kind an der Hand, widerspricht einem Arzt, einem Mann und Akademiker, und gibt ihm obendrein Anweisungen. Ein unglaublicher Vorfall, eine unerhörter Affront. Der Arzt hält kurz die Luft an, zuckt die Achseln und schickt uns dann zu einer Krankenschwester, die einen Verband um meinen Arm wickelte.

Ich weiß gar nicht, wie ich die nächsten Monate überstand, ob ich Schmerzmittel bekommen habe. Es hängt der Nebel unaufhörlicher Schmerzen über dieser Zeit. Nach zwei oder drei Tagen jedenfalls fing der Arm an zu stinken, es war furchtbar. Meine Mutter schnitt die Verbände auf. Der Anblick muss ziemlich scheußlich gewesen sein – alles war entzündet und brandig. Was tun? Jetzt gab es nur noch einen, der uns helfen und die drohende Amputation abwenden konnte: Meine

Mutter brachte mich zu einem Naturheiler, einem alten Bekannten meines Vaters. Der schaute sich die Bescherung an, seufzte schwer und meinte dann: »Versuchen wir's.« Er rührte zwei Salben an, eine rosafarbene und eine grüne. Die grüne für morgens, die rosafarbene für abends. Drei Monate lang musste ich zweimal täglich meine Wunden eincremen. Es war der reine Horror. Die Schmerzen ließen lange Zeit kaum nach, der Arm war quasi nicht zu gebrauchen. Und das im ersten Schuljahr, in dem ich ja schließlich Schreiben lernen musste. Ich glaube, wir haben monatelang geweint.

Danach habe ich nur noch langärmlige Kleider getragen, weil ich mich geschämt habe: Die Narben sahen so hässlich aus, ein Anblick, den ich keinem zumuten wollte, auch mir selbst nicht. Jahre später hat die Mutter einer Schulfreundin die Operation bezahlt, mit der die Verwachsungen und Narben geglättet wurden, so dass ich den Arm wieder zeigen und außerdem gut bewegen konnte. Aber wenn man genau hinschaut, sind die Spuren auch heute noch zu sehen.

Was die schwere Zeit der Heilung nicht leichter machte: Inzwischen war auch das Erbe eingetroffen – wenn man es so nennen kann. Uns standen zwei Lkw-Ladungen mit Hausrat, Geschirr etc. zu. Theoretisch. Praktisch war es so, dass mein Onkel die fünf Monate, die die Familie auf die Geburt meines Bruders warten mussten, für sich genutzt hatte. Er hatte einen großen Teil unseres Erbes verspielt, genauer gesagt einen Lkw voll. Uns blieb nur noch der Inhalt des zweiten, und der war auch nicht mehr komplett. Die Folge war, dass bei uns alles nur halb oder unvollständig vorhanden war. Ein Teller aus diesem Geschirr etwa musste mit einer Tasse aus dem anderen Geschirr kombiniert werden, weil die richtigen Teile im anderen Lkw waren, der im Glückspiel verlorengegangen war.

Es fehlte an allem und von allem etwas. Wir waren arm geworden.

2. Kapitel

KINDERSPIELE

Meine Mutter hatte es nicht leicht mit mir. Ich war mehr Junge als Mädchen und ziemlich unternehmungslustig, vor allem, nachdem mein Arm so weit verheilt war, dass ich wieder herumtollen konnte. Schließlich gab es ja auch unser neues Viertel zu erkunden. Naubade de Afghanan lag an einem Berghang, ungefähr auf der Mitte. Die Häuser standen dicht nebeneinander, die Straßen waren enger, als ich es bis dahin kannte. Die steile Lage am Berg machte es für die älteren Leute oft sehr anstrengend, zu ihren Häusern zu gelangen. Aber für uns Kinder ergab sich dadurch im Winter ein besonderes Vergnügen: Wir klemmten uns ein Stück Plastik unter den Po, und dann rutschten wir mit Geschrei und Gejuchze um die Wette die vereisten Gassen hinunter.

Ob Winter oder Sommer, ich war dauernd unterwegs, und es zog mich sehr oft zu meiner großen Liebe. Vielleicht sehnte ich mich nach einem großen Ziel und einem festen Halt, nachdem mein Vater gestorben war, vielleicht war ich aber auch nur begeistert von der Schönheit meiner Freundin: Ich war verliebt in die Sonne.

Sooft ich konnte, bin ich morgens in der Dämmerung aus dem Haus gelaufen, hoch hinauf auf den Berg. Ich flitzte durch die engen Gassen, wo schon der frühmorgendliche Betrieb in Gang war. Die Händler brachten ihre Waren auf Karren zu den Läden, Menschen gingen zur Arbeit oder zum Markt. Zwar existierte durchaus Autoverkehr in Kabul, aber durch unsere Straßen fuhr nur selten ein Fahrzeug. Straßenlaternen gab es nicht, die meisten Leute hatten eine Petroleumlampe in der Hand. Ich brauchte keine, ich fand meinen Weg auch so, unter dem Licht, das aus den Lampen der anderen Fußgänger fiel. Oft warf mir einer einen Gruß zu: »Schau an, Nadia ist mal wieder unterwegs.« Oder: »Da ist ja unsere Frühaufsteherin wieder, bleib doch lieber in deinem warmen Bett.« In unserem Viertel kannte jeder jeden, und alle passten auf, dass mir nichts passierte.

Ich hatte meine Lieblingsstelle, und dort erwartete ich den Sonnenaufgang. Es war für mich das Schönste, was ich mir denken konnte. Ich fieberte dem Moment entgegen, in dem sich die Sonne als kleiner glutroter Streifen über den schneebedeckten Gipfeln ankündigte und von einer Sekunde auf die andere alles, was bis dahin grau war, Farbe annahm, erst ganz zart, noch kaum von der Dämmerung zu unterscheiden, aber dann immer kräftiger erstrahlte. Die Erscheinung war jedes Mal gleich, dennoch war ich aufs äußerste gespannt, wann sich der leuchtende Streifen rundete, zu einem Halbkreis formte und sich schließlich wie in einer enormen Kraftanstrengung als gleißend gelborange Scheibe von der Silhouette der Berge löste und in den Himmel stieg. Ich schaute von meinem Hochsitz auf Kabul hinunter, auf die engen Gassen der Altstadt mit den schönen Herrenhäusern und auf die neuen Viertel, in denen mehrstöckige moderne Bauten um die Wette wuchsen. Ich kam mir unendlich frei vor, unendlich erhoben über die Welt da unten. Ich war glücklich.

Meine Mutter muss schier durchgedreht sein, wenn sie mich wecken wollte und das Bett leer vorfand. Das Kabul von damals war zwar nicht zu vergleichen mit der zerstörten, von Gewalt geprägten Stadt von heute, doch für ein kleines Mädchen von sieben oder acht Jahren war es auch in ruhigeren Zeiten nicht direkt empfehlenswert, in der Morgendämmerung allein umherzustreifen. Meine Mutter hat furchtbar geschimpft, immer wieder, und mich angefleht, ein braves Kind zu sein und mich nicht in Gefahr zu begeben. Trotzdem: Ich war nicht zu halten und lief immer wieder hoch, auch wenn ich wusste, dass ich ihr Schmerz zufügte, weil sie sich solche Sorgen machte. Aber ich konnte nicht anders. Ich liebte die Sonne und wollte ihr so nahe wie möglich sein. Und es war ja nicht nur die Sonne: Die Berge rings um Kabul waren die Schönheit selbst. Majestätisch standen sie da, unverrückbar, sehr nah und gleichzeitig sehr fern, unendlich viel größer als alles, was es sonst gab. Manche waren grau, andere dunkelgelb oder von einem leidenschaftlichen Rot, einige trugen ein tiefgrünes Kleid, etliche der Gipfel waren schneebedeckt. Ich konnte mich einfach nicht sattsehen. Vielleicht tröstete meine Mutter sich mit dem Gedanken, dass ich von der vielen Lauferei auf die Berge wenigstens schöne Beine bekäme. Möglicherweise wäre es auch ohne diese Exkursionen dazu gekommen, jedenfalls war ich als Jugendliche dann sehr froh, dass meine Beine tatsächlich tadellos waren.

Im Rückblick denke ich manchmal, dass mir meine Beine großartige Dienste erwiesen haben. Weil sie mich dahin gebracht haben, wohin ich wollte. Und kräftig genug waren, außer mir auch noch einen anderen zu tragen. Ganz wörtlich war das zu verstehen bei einem meiner Lieblingsspiele: Aspaktschubi, dem Pferdchenspiel. Wahrscheinlich spielen alle Kinder auf der Welt Ross und Reiter, jedenfalls die meiner Generation. Und bei uns in Kabul war es nicht anders. »Aspak« heißt Pferd und »tschubi« so viel wie »hölzern, aus Holz«, also quasi »Steckenpferd«. Das Spiel war einfach, es gab eigentlich keine Regeln. Einer war das Pferd, nahm den anderen auf den Rücken und schleppte ihn durch die Gegend. Der »Reiter« dirigierte das »Pferd« hin und her, feuerte es an und tätschelte es ab und zu. Manchmal veranstalteten wir auch Wettrennen, oder es kam sogar zu kleinen Kämpfen. Mein Schulkamerad Mirweiss und ich waren unzertrennlich und das ideale Team. Ich war zwar auch bei den anderen sehr beliebt, weil meine dicken Zöpfe sich hervorragend als Zügel eigneten. Aber meistens bildeten Mirweiss und ich das Aspaktschubi.

Jahrzehnte später kam es zu einer kuriosen Begegnung. Auf einer afghanischen Hochzeit in Frankfurt sah ich einen Mann hereinkommen und dachte mir sofort: »Das ist er!« Ich lief auf ihn zu, er sah mich, reagierte aber nicht. Ich rief: »Ich bin es, erkennst du mich nicht?«

Er schaute etwas irritiert. Ich schüttelte ihn am Arm und schrie geradezu: »Ich bin doch dein Aspaktschubi, weißt du nicht mehr?«

Da erkannte er mich, Mirweiss und ich fielen einander um den Hals und lachten und weinten zugleich, und er fragte immer wieder, wo meine Zöpfe geblieben seien. Es war schon komisch: Ich war zu dieser Zeit längst verheiratet, hatte zwei Kinder, er war ebenfalls verheiratet, und unser beider Kindheit lag Lichtjahre hinter uns – trotzdem war alles sofort wieder da. Die Schulzeit, die unbeschwerten Stunden, die wir miteinander verbracht hatten, und die Erinnerung an unser Kabul, in dem wir die ersten Schritte ins Leben gemacht hatten, auch als Pferdchen und Reiter.

Aspaktschubi war lustig, richtig aufregend aber war etwas anderes: das Drachenspiel. Damals hatte keiner, den wir kannten, einen Fernseher, die meisten nicht einmal ein Radio. Unterhaltung gab es nur, wenn man sie sich selbst verschaffte, und das Drachenspiel war Unterhaltung vom Feinsten, weil es gefährlich war. Spiel ist deshalb nicht das richtige Wort, es war eher ein Drachenkampf. Hier in Deutschland lässt man ja die Drachen steigen und zupft an der Schnur, damit sie skurrile Bewegungen machen, ab und zu vielleicht sogar einen Salto schlagen. In Kabul ging es beim Drachensteigenlassen um Sieg oder

Niederlage. Jeden Abend trafen sich die Jungen aus der Nachbarschaft auf einem der Dächer, ein paar freche Mädchen waren auch dabei, ich sowieso. Die Dächer in Kabul waren meistens nicht schräg, sondern flach. Sie gehörten zum Haus und waren in den Sommermonaten quasi ein weiterer großer, offener Raum. Viele hatten Sonnendächer, die aus Stoffbahnen über das Dach oder zumindest einen Teil davon gezogen waren. Dort traf man sich, aß, plauderte mit den Nachbarn, empfing Freunde und genoss die langsam herabsinkende Abendkühle. Oder man begann eben von dort seinen Drachenkampf. Überall auf den Dächern fanden sich Kinder und Jugendliche zusammen, die Drachen in die Luft steigen ließen, und oft war der Himmel ganz bunt vor lauter Drachen.

Für die Drachenkämpfe brauchte man immer zwei Kinder oder Jugendliche. Einer hielt das Querholz, um das die Schnur gewickelt wird, der andere zog und ruckte an der Schnur, um den Drachen in bestimmte Bewegungen zu versetzen und ihn zu lenken.

Die Drachen bestanden aus Bambusstreben und Transparentpapier, das es in vielen kräftigen Farben gab. Meistens war ein Motiv auf dem Papier angebracht, Fische oder Hunde oder etwas anderes, und die Schwänze waren lang und sehr imposant. Die Drachen kämpften miteinander im Wind, und man musste seine Schnur und den Drachen sehr geschickt handhaben. Das Ziel bestand darin, den eigenen Drachen länger als alle anderen in der Luft zu halten und im Zweikampf den Drachen der Rivalen zum Absturz zu bringen. Es kam darauf an, die beiden Drachen oder die Schnüre ineinander zu verhaken und dann mit viel Kraft und Geschick die Schnur des anderen Drachen zu zerreißen, damit er wegtrieb oder herunterfiel. Das war eine heikle Angelegenheit, denn schließlich sollte ja der eigene Drachen nicht zu Schaden kommen. Jedes Team hatte seine Taktik und schwor auf bestimmte Tricks, die streng geheim gehalten wurden. Wenn es einem gelungen war, die Schnur des gegnerischen Drachen zum Reißen zu bringen, musste man scharf aufpassen und genau verfolgen, wohin er trudelte, und dann sehr schnell zum möglichen Absturzort rennen. Es stürmten immer mindestens zehn oder zwanzig Kinder zu der Stelle, oft auch ein paar Erwachsene. Wer den abgestürzten Drachen erwischte, durfte ihn behalten.

Entscheidend für den Ausgang des Kampfes war also die Schnur. Sie musste die stärksten Belastungen aushalten – und möglichst die Schnur des anderen Drachen durchtrennen. Beim afghanischen Drachenkampf gibt es deshalb keine einfachen Paketschnüre oder Bindfäden, sondern messerscharfe, teilweise kilometerlange Stricke. Und darin lag meine Chance: Ich präparierte die Schnüre selbst, damit sie die richtige Schärfe bekamen und die Stricke der anderen wie mit einem Säbel durchtrennten. Normalerweise stellten die Männer diese Schnüre her, aber das beeindruckte mich nicht weiter, und ich legte los: Alte Glasscherben zerrieb und zermahlte ich, bis sie zu feinem Staub wurden. Dann zog ich die Schnüre zuerst durch Leim und anschließend durch den Glasstaub. Zum Trocknen hängte ich sie oben auf unserem Dach über zwei Haken. Die Schnüre waren unglaublich scharf, ich brauchte bei meiner Arbeit dicke Handschuhe, weil ich mir sonst sofort die Hände aufgeschnitten hätte. Es war schwierig, das richtige Maß zu finden. Die Schnüre mussten stark sein, durften aber nicht steif werden. Sie mussten flexibel bleiben, damit sie das Ziehen und die Rucke richtig übertrugen. Außerdem durften sie nicht zu schwer werden, weil man sonst die Spindeln, um die sie gewickelt waren, nicht mehr heben konnte.

Ich arbeitete hingebungsvoll daran, die Qualität immer weiter zu verbessern, und meine Schnüre wurden wirklich erstklassig. Das merkten auch die anderen Kinder. Und das war die Geburt meiner ersten Geschäftsidee: Ich machte die Schnüre nicht nur für mich, sondern verkaufte sie meterweise für ein paar Afghani. Mein Geschäft boomte. Und zwar so sehr, dass ich mit der Lieferung bald nicht mehr nachkam; ich ging ja auch in die Schule und konnte mich nicht den ganzen Tag meiner Produktion widmen. Um die Bestellungen der anderen Kinder und manchmal auch Erwachsenen zu erfüllen, benötigte ich Unterstützung: Ich vergab Aufträge an andere. Die kleinen Kinder, die sowieso den ganzen Tag draußen herumliefen, sammelten Flaschen und Scherben für mich. Sie bekamen etwas Geld dafür. Die Größeren, die sich an den Sammlungen beteiligten, wollten oft gar kein Geld, sondern einige Meter von den fertigen Schnüren.

Und noch jemand gehörte zu meiner kleinen Fabrik: Für das Zermahlen der Scherben stellte ich eine Heimarbeiterin an, meine Großmutter. Ich dachte ganz praktisch. Sie war sowieso den ganzen Tag zu Hause und konnte das gut erledigen. Meine Großmutter war – in meinen damaligen Augen – eine uralte Frau. Sie hatte einen krummen Rücken und ging ganz gebeugt, als hätte sie ihr Leben lang schwere Lasten geschleppt. Aus ihren großen Taschen, die auf die Röcke ihrer Kleider genäht waren, zog sie die schönsten Dinge für uns heraus, kleine Kuriositäten, die sie irgendwo gefunden hatte, aber vor allem: Süßigkeiten. Schier unerschöpflich waren diese Taschen. Doch nicht nur deswegen wurde sie von uns Kindern hochgeschätzt. Beinahe noch schöner waren die Geschichten, die sie uns erzählte, wilde Abenteuer oder die Heldentaten längst vergangener Zeiten. Sie war eine großartige Erzählerin und zog uns stets in ihren Bann, im Kopf reisten wir mit ihr in ferne Länder und waren selbst die Prinzen und Prinzessinnen ihrer Phantasien. Sie zeigte uns die Sterne, nannte ihre Namen und erzählte uns, was das Leben wohl für uns bereithielte. Atemlos hingen wir an ihren Lippen.

Sie hatte aber auch etwas unfreiwillig Komisches an sich:

ihre Zahnlücke. Es war eine ziemlich große Lücke in der oberen Reihe, durch die man sogar ihre Zunge sehen konnte. Oft drängte die sich sogar durch die Lücke hindurch. Häufig versuchten wir, meine Großmutter zum Reden zu bringen, nur damit wir ihre rosa Zunge vorschnellen sahen. Das erschien uns wahnsinnig lustig, und wir konnten uns kaum halten vor Lachen. Zum Glück hat sie es uns nie übel genommen, sondern weiterhin erzählt und uns an den Schätzen in ihren Rocktaschen teilhaben lassen.

Als ich mit der Idee ankam, dass sie den Glasstaub für die Drachenschnüre herstellen sollte, ließ sich meine Großmutter auf den Vorschlag ein und verwandelte Hunderte von alten Flaschen und Körbe voller Scherben in allerfeinsten Glasstaub. Es war auch für sie ein guter Handel, denn schließlich behielt ich den Gewinn nicht für mich, sondern gab ihn meiner Mutter. Das war mein größter Wunsch: Mami zu helfen und ihr das Leben ein bisschen leichter zu machen. Ich selbst war ja noch klein, vielleicht acht oder neun Jahre alt, aber die Verantwortung, zum Überleben der Familie und zur Unterstützung meiner Mutter beitragen zu müssen, die spürte ich ganz deutlich. Dieses grundsätzliche Verantwortungsgefühl hat mich mein ganzes Leben begleitet. Manchmal denke ich, dass ich mir zu viele Sorgen um das Leben anderer mache, dass ich mich zu sehr in der Pflicht fühle, für andere da zu sein. Aber ich glaube, ich kann nicht anders, ich bin von Anfang an so gewesen, und wahrscheinlich bleibe ich so bis zum Ende meiner Tage.

Die Drachenkämpfe gehörten zu den alten afghanischen Traditionen. Unter den Taliban jedoch wurden sie verboten. Sie behaupteten, diese Spiele verstießen gegen die Gebote des Islams. Erst 2001, nach dem Sturz der Taliban, durften die bunten Drachen wieder in den Himmel steigen und miteinander kämpfen.

Dass meine kleine Fabrik so wunderbar funktionierte und

über den Spaß hinaus auch noch Geld in die Familie brachte, beflügelte mich. Und als die nächste Chance kam, entdeckte ich sie sofort und griff zu. Wir kannten noch aus meines Vaters Zeit zwei deutsche Frauen. Sie waren Nonnen oder Schwestern oder Diakonissen, genau kann ich es nicht mehr sagen. Jedenfalls trugen sie lange graue Kleider und immer blütenweiße Häubchen. Keine Ahnung, wie sie es geschafft haben, diese gestärkten Häubchen immer so blitzendweiß hinzubekommen. Aus irgendwelchen Gründen hatten sie auch ein paar Ausgaben der Zeitschriften »Brigitte« und »Burda«, die sie mir überließen. Und als ich die sah, war mein erster Gedanke: »Wahnsinn, wir werden reich!«

Lesen konnte ich die »Brigitte« natürlich nicht, ich verstand ja kein Wort Deutsch. Aber an den Texten und Reportagen war ich auch gar nicht interessiert. Ich war fasziniert von den Bildern. Von den Kleidern, den Tischdecken, den Kissenhüllen, den reich bestickten Schürzen und den vielen anderen wichtigen Sachen für die deutsche Frau. In den sechziger Jahren war der »schöne Haushalt« ein Topthema. Und die schöne Hausfrau gehörte dazu, deshalb gab es immer Schnittmuster und alles Mögliche in den Heften, damit man dieses Ideal verwirklichen konnte.

Auf den Gedanken, dass sich das alles auch hervorragend auf Afghanistan anwenden ließ, ist in der Redaktion von »Brigitte« in Deutschland sicher kein Mensch gekommen. Mir hingegen stand das Potential, das in diesen Heften für uns steckte, sofort klar vor Augen. Die Bastelvorschläge für die kreative Frau fand ich am besten. Zum Beispiel gab es eine Anleitung, um große Puppen anzufertigen. Die Puppen waren allerdings kein Spielzeug, sondern sehr nützliche Aufbewahrungsschränke. Aus Watte formte ich einen Kopf, zog Stoff darüber und malte dann ein Gesicht auf – streng nach den »Brigitte«-Mustern. Ich befestigte Haare aus Wolle auf dem Kopf, und meine Mutter nähte eine Art Kleid. Das fiel über ein Gehäuse, das aus einem Rahmen und ein paar Holzböden bestand. Somit war das Ganze ein prima Regal von ungefähr 80 Zentimeter Höhe, sehr ausgefallen und individuell gestaltet. Das war der Clou. Der Erfolg war sensationell. Ich weiß nicht, wie viele Puppen wir über die Jahre verkauften. Es müssen Hunderte gewesen sein. Wir haben mit der Regalpuppen-Produktion angefangen, als ich neun oder zehn Jahre alt war, und mit 16 habe ich immer noch neue Gestalten entworfen. Später, als ich verheiratet war, habe ich sie für uns privat gemacht. So standen in unserem Schlafzimmer eine weibliche Puppe für mich und eine männliche für Jamil. In meiner befanden sich BHs und Unterwäsche, in Jamils Puppe seine Socken und andere Kleinigkeiten.

Außerdem produzierten wir Taschen und Tischdecken. Es war eine richtige Manufaktur, die da in Gang gekommen war. Meine Mutter fertigte große Lederhandtaschen an, und ich designte, nach dem Vorbild aus »Brigitte«, Blumen, die als Applikation daraufgenäht wurden. Es war gar nicht so einfach, denn die Blumenmuster auf den Bildern in der Zeitschrift waren ja viel kleiner, ich musste sie vergrößern, aber in der richtigen Proportion. Meine Tanten wirkten auch mit. Jede machte das, was sie am besten konnte. Die eine war unglaublich gut an der Nähmaschine, die andere konnte knifflige Handarbeiten am besten, eine war mit den Blumen beschäftigt, eine andere mit den Stickereien auf den Tischdecken, ich strickte zwischendurch und so weiter. Wir haben die Taschen und teilweise auch die anderen Erzeugnisse an Läden und Antiquitätengeschäfte verkauft, die wiederum westliche Touristen bedienten oder die Ware sogar nach Europa lieferten.

Ich finde es sehr lustig, mir vorzustellen, dass das ursprüngliche »Brigitte«-Design nach verschiedenen Bearbeitungsstufen wieder in europäischen, vielleicht sogar deutschen Händen landete und die Besitzer stolz auf ihre echt afghanischen Stücke waren. Und jeder war zufrieden!

Jahrzehnte später habe ich noch einmal so eine kleine Manufaktur betrieben, da waren wir schon als Flüchtlinge in Frankfurt. Jamil und ich gingen die Schäferstraße entlang, als ich auf einmal einen Wollladen sah. Wir waren arm wie die Kirchenmäuse, und ich dachte, ein Versuch könne nicht schaden. Ich ging in den Laden und sagte, in eher holprigem Deutsch: »Ich kann sehr gut und sehr schnell stricken. Lassen Sie mich etwas für Sie arbeiten.«

Die Besitzer schauten ein bisschen verdutzt, nickten freundlich und antworteten vage, dass bei nächster Gelegenheit … Ich ließ mich aber nicht so einfach abwimmeln, sondern drängte ihnen meine Adresse geradezu auf. »Hier ist meine Telefonnummer, wenn Sie etwas hören, rufen Sie mich an.«

Als mich am nächsten Tag ein Fotograf anrief, fiel ich beinahe in Ohnmacht. Er sollte die Werbung für Perwoll neu gestalten und eine Anzeige oder so etwas entwickeln und brauchte dafür einen Pullover mit einem bestimmten, sehr komplizierten Muster. Ob ich das machen könne? Natürlich! Der Haken war nur: Das Werk musste in zwei Tagen fertig sein. Ich geriet nun doch ein bisschen ins Schwitzen, tat aber so, als wäre alles kein Problem. Als ich auflegte, hatte ich schweißnasse Hände.

Allein war das nicht zu bewerkstelligen, das war klar. Ich brauchte unbedingt Hilfe. Also habe ich das Perwoll-Team zusammengestellt. Jamils Mutter lebte in einem Asylantenlager in der Nähe von Michelstadt, ungefähr 70 Kilometer entfernt – Jamil schaffte sie herbei. Außerdem stieß noch eine Frau aus der Nachbarschaft dazu. Ich habe den beiden das Muster erklärt, und dann haben wir drei gestrickt, dass die Nadeln glühten. Meine Schwiegermutter arbeitete an den Ärmeln, die Nachbarin machte den Rücken, und ich fertigte das Vorderteil mit dem Muster aus zwei verschiedenen Wollfäden an. Jede Minute kontrollierte ich, ob alles richtig war und wir nicht aneinander vorbeistrickten, das wäre ja das Schlimmste gewesen, wenn die mühsam gefertigten Teile nicht zueinander gepasst hätten. Wir haben es tatsächlich geschafft. Als ich den Pullover zum festgesetzten Termin in den Laden trug, trauten die Leute ihren Augen nicht. Ich konnte meine Handgelenke kaum noch bewegen, aber der Pulli war ein echtes Schmuckstück. Sie zahlten mir für meine damaligen Verhältnisse unglaublich viel Geld. Wir – die Manufaktur, Freunde und Nachbarn – haben dann ausgiebig gefeiert, mit der größten Champagnerflasche, die ich je gesehen habe und die wir zusätzlich zum Honorar geschenkt bekommen hatten. Dass es Champagner war, wusste ich nicht, das kannte ich gar nicht. Wir hielten es für eine große Flasche Sekt – und feierten damit eine wunderbare Party.

Bei solchen Gelegenheiten zahlten sich meine Erfahrungen aus frühester Jugend aus, in der wir alle zusammen an den Taschen und Regalpuppen gearbeitet haben. Ich bin es gewohnt, aus Nichts etwas zu machen und andere einzubinden, die dazu beitragen können, aber selbst niemals auf die Idee gekommen wären. Das, was dann entsteht, ist für alle gut. Ich bin zutiefst davon überzeugt: Jeder kann zu den verschiedensten Aufgaben etwas Spezifisches, Eigenes beisteuern, das alle gebrauchen können. Und was man allein nicht schafft, bringt man gemeinsam zustande.

Ich verdiente als Jugendliche nicht nur mit meinen handwerklichen Fähigkeiten Geld für meine Familie, sondern auch mit einer Art Schreibdienst, und das kam so: Nach der sechsten Klasse war ich von der Grundschule in die Oberschule gewechselt. Heute ist es das Wirtschaftsgymnasium Lycée Jamhuriat, damals war es die berufsbildende Oberrealschule, die Maktab-e Bilqis, benannt nach der Tochter des Königs Zahir Schah. In der zehnten Klasse musste man sich entscheiden, ob man eine Laufbahn als Sekretärin anstrebte, Hauswirtschaft oder Schneidern lernen wollte. Die Gründung dieser Schule ging ursprünglich auf eine Deutsche zurück, deshalb wurden teilweise deutsche Normen zugrunde gelegt und bei den Fremdsprachen Deutsch und Englisch zur Wahl gestellt. Obwohl ich ein »Brigitte«-Fan war, nahm ich Englisch, weil ich mir dachte: »Was soll ich mit Deutsch?« Damals war Deutschland für mich ein unendlich weit entferntes Phantomgebilde. Wer hätte ahnen können, dass es einmal ganz real für mich werden würde?

Dass ich überhaupt in diese Schule gehen konnte, war schon ein kleines Wunder. Meine Schuluniform hatte meine Mutter aus Flohmarktkäufen genäht, und Bücher besaß ich keine, ebenso wenig wie die meisten anderen Schülerinnen. Aber im Mangel lag auch dieses Mal mein Glück. Für jede Klasse gab es ein oder zwei, allerhöchstens drei Lehrbücher. Die Lehrerin stellte sich deshalb vor die Klasse, legte das Buch auf das Pult und las daraus vor oder referierte den Inhalt. Wir Mädchen waren verpflichtet, alles mitzuschreiben. Die Mitschriften dienten als Grundlage für die Prüfungen und wurden außerdem separat benotet. Die etwas besser gestellten Schülerinnen waren sich oft zu fein dafür, ordentliche Mitschriften zu führen. Aber ich war mir nicht zu fein und schrieb nicht nur für mich, sondern auch für andere. Für jedes Fach und jede Prüfung habe ich bestimmt zehn oder zwanzig Abschriften angefertigt. Ich war ziemlich gut organisiert und immer einen Tag vor dem Termin fertig, so dass die Mädchen auch noch ein wenig Zeit hatten, den Stoff zu überfliegen und wenigstens ein bisschen zu lernen.

Dafür bekam ich 50 Afghani oder den Gegenwert in Form eines Kugelschreibers oder eines Fässchens Tinte oder dergleichen. Das hat unserer Familie sehr geholfen. Obwohl es manchmal ziemlich hart war, weil ich das ja meistens in den Abendstunden oder nachts erledigen musste. Strom gab es nur bis acht oder neun Uhr, danach zündete meine Mutter die Petroleumlampe an, und in ihrem diffusen Licht füllte ich Seite um

Seite. Oft schlief ich ein, und meine Mutter musste mich mit ein paar Spritzern Wasser ins Gesicht wieder wecken.

Aber für mich war es trotzdem gut, nicht nur wegen des Geldes, das ich zum Familienunterhalt beisteuern konnte. Ich profitierte von diesen schier endlosen Abschriften, weil sich mir der Stoff unauslöschlich einprägte. Ich stand in allen Fächern immer gut, weil ich – nicht ganz freiwillig – so viel wiederholte.

Und es lohnte sich noch in anderer Hinsicht. Der älteste meiner Halbbrüder, der heute Professor in Jacksonville, USA, ist, hat uns Geschwister immer zum Lernen angehalten, auch als wir nach dem Tod meines Vaters schon längst nicht mehr im selben Haus lebten. Und damit die Sache noch ein bisschen mehr Zug bekam, spornte er uns durch die Aussicht auf Belohnung an. Für jedes »sehr gut« auf dem Zeugnis bekam ich 100 Afghani von ihm. Wir konnten das Geld gut gebrauchen, aber es war mehr als das: Er drückte damit aus, dass die Leistung anerkannt wurde, und diese Bestätigung beflügelte mich über den reinen Verdienst hinaus.

Überhaupt, meine großen Brüder waren schon sehr beeindruckend, jeder auf seine Weise. Und jeder hatte seine Art, mich zur Arbeit zu animieren oder, anders gesagt, mir den Zusammenhang zwischen Leistung und Lohn zu zeigen. Mein Bruder Munir zum Beispiel wendete folgende Methode an: Er besaß ein Motorrad, und für mich war es das Schönste, wenn er mich damit von der Schule abholte, nachmittags oder abends. Munir war groß und schlank und erschien stets im Anzug. Sein schwarzes Haar trug er schulterlang mit einem abgeschrägten Pony. Die grünbraunen Augen sah man kaum, weil er dauernd eine schwarze Sonnenbrille aufsetze. Kurzum: Er sah wahnsinnig gut aus und wirkte unglaublich lässig, wenn er auf seiner Maschine saß – der afghanische Alain Delon. Die anderen Mädchen bebten vor Neid, was mir durchaus schmeichelte. Aber ich musste auch etwas dafür tun, dass er mich abholte: entweder seine Schuhe putzen oder seine Anzüge bügeln. Das Bügeln war damals eine Quälerei. Das Bügeleisen war wirklich aus Eisen, es wog etliche Kilo. Man musste das Oberteil aufklappen, glühende Holzkohle hineingeben und dann das schwere Ding möglichst feinfühlig über den Stoff ziehen, damit es keine Falten oder gar Brandspuren gab, wenn man zu lange an einer Stelle blieb. Aber ich hätte noch viel anstrengendere Aufgaben erledigt, denn die Belohnung war einfach zu schön. Auf dem Motorrad ging es zum InterContinental-Hotel, das etwas oberhalb der Stadt lag. Allein schon der Weg dorthin war atemberaubend. Wir fuhren durch eine Allee mit Bäumen, deren Blüten süßlich-herb dufteten, die Blumen am Straßenrand leuchteten, und der Wind wehte mir bei der schnellen Fahrt ins Gesicht.

Wir hielten irgendwo an, wo es schön war, und dann packte ich meine Blätter aus. In den Tagen zuvor hatte ich nämlich Gedichte gesammelt, die mir gefielen, manchmal sogar meine eigenen kleinen Versuche dazwischengefügt. Mein Bruder blieb auf dem Motorrad sitzen oder legte sich ins Gras daneben, und ich kletterte in einen Baum. Ich machte es mir auf einem Ast bequem und ließ einen Faden hinunter. Er rollte eins meiner Blätter zusammen, band den Faden darum, und ich zog es hoch. Dann setzte ich mich in Positur und begann, das Gedicht oder die Geschichte vorzutragen. Es war unendlich wunderbar, wie ich da oben auf dem Baum saß und dieser schöne Mann zu mir aufblickte, während ich vorlas. Er hörte sehr aufmerksam zu, und wenn ich fertig war, sagte er: »Toll. Das nächste Gedicht, bitte!« Ich war glücklich.

Ich kannte das Wort damals nicht, aber ich glaube, dass ich einfach ergriffen war von der Romantik, die in dieser Situation steckte. Es war das totale Kontrastprogramm zu meinem Alltag. Es spielte keine Rolle mehr, dass unsere kleine Familie dauernd Geldprobleme hatte, dass ich so viel arbeitete. Das normale Leben war gar nicht mehr vorhanden. Ohne dass ich es bewusst wahrnahm, wuchs in mir die Überzeugung, dass das wahre Glück nur in einer tiefen Übereinstimmung zwischen zwei Menschen zu finden war. Wahrscheinlich war ich auf eine ganz unschuldige Weise ein bisschen verliebt in meinen Bruder. Er war 25 und ein richtiger Mann, ich war zwölf Jahre alt und fing langsam an, erwachsen zu werden.

3. Kapitel

VERLOBT

Auch wenn ich mich auf den Ausflügen mit meinem Halbbruder schon wie ein junges Mädchen fühlte: Meine erste Periode bekam ich erst, als ich 13 oder 14 Jahre alt war. Es war eine kuriose Geschichte. Dadurch, dass wir nicht mehr in dem großen Haushalt lebten, sondern in der kleinen Familie mit meiner jüngeren Schwester und dem noch viel kleineren Bruder, hatte meine Mutter wahrscheinlich einfach vergessen, mich aufzuklären, und sonst war keiner da, der es übernommen hätte. In dem großen Haus meines Vaters wäre das bestimmt anders gewesen, da gab es größere Schwestern und andere Mütter und natürlich die älteren Brüder, da hätte man bestimmt etwas mitbekommen vom weiblichen Erwachsenwerden. Aber so übernahm ein komischer Zufall meine Aufklärung.

Eines Tages bekamen wir Besuch von meinem Halbbruder Bashir, der in Amerika lebte. Er hatte seinen siebenjährigen Sohn George bei sich, der sein ganzes kleines Leben lang in den USA gelebt hatte und natürlich perfekt Englisch sprach. Ich war begeistert und unheimlich stolz. Ich bin beinahe geplatzt, so stolz war ich. Mein Bruder und seine Frau unterhielten sich mit meiner Mutter, und ich schleppte derweil den Sohn, meinen Neffen, zu Nachbarn und Freunden, um ihn zu präsentieren. »Hört mal her, wie der Englisch kann!« Ich habe ziemlich angegeben und ihn dauernd etwas sagen lassen. Und weil dieser Neffe so exotisch und so kostbar war und damit ich noch mehr von ihm hatte, setzte ich ihn auf meine Schultern oder trug ihn auf dem Arm und schleppte ihn den ganzen Tag herum. Ich war todtraurig, als sie abends wieder gingen.

Am nächsten Morgen war meine Unterhose rot vor Blut. Ich erschrak zutiefst. Meine Güte, hatte ich einen Fehler gemacht? Hatte ich das Herumschleppen übertrieben? Klar, das Kind war immerhin sieben Jahre alt und ziemlich schwer, aber mir hatte nichts weh getan. Ich zog den einzig möglichen Schluss: Ich litt an inneren Blutungen, weil ich so maßlos gewesen war und das Gewicht des Neffen irgendwelche Organe beschädigt hatte. Allein bei dem Gedanken wurde mir schon schlecht. Andererseits: Ich hatte keine Schmerzen. Konnte man innere Blutung haben ohne Schmerzen?

Auf jeden Fall musste ich etwas unternehmen, um die Blutung zu stoppen. Ich stieg in den Keller. Dort bewahrten wir Hausrat und Zeug auf, das nicht täglich gebraucht wurde, in der kleinen Wohnung hatten wir ja kaum Platz. Der Keller war ein dunkler, gruseliger Ort, in den ich nur auf Anordnung meiner Mutter oder im Notfall ging. Das hier war jetzt ein Notfall. Ich krabbelte also in der Dunkelheit herum und fischte ein Stück Stoff aus einem Haufen. Das klemmte ich mir zwischen die Beine und hoffte das Beste. Doch vergebens, die Blutungen hörten nicht auf. Schließlich fasste ich mir ein Herz und ging zitternd zu meiner Mutter. »Mami, ich weiß auch nicht, aber ich habe doch gestern den ganzen Tag George auf dem Rücken gehabt …« Vor Zittern konnte ich kaum sprechen.

»Ja, und jetzt hast du Rückenschmerzen oder was?«

Stärkeres Zittern. »Nein, ich hab' was anderes …«

»Ja, was denn, nun sag's schon!«

Ich tat, was ich in solchen Fällen immer tue: Ich fing an zu weinen. Meine Mutter war ratlos. Schließlich rückte ich mit der Sprache raus: »Ich habe innere Blutungen, mir läuft das Blut zwischen den Beinen heraus.«

Seltsamerweise war meine Mutter über diese schreckliche Nachricht sehr erleichtert. »Ach, mein Schatz, du hast deine Tage bekommen. Das ist nichts Schlimmes, sondern ganz normal. Du bist jetzt eine Frau geworden. Ich hätte dich darauf vorbereiten müssen.«

Zuerst habe ich gar nichts begriffen, war aber froh, dass das Herumtragen meines Neffen keine gravierenden Folgen hatte. Meine Mutter weihte mich in die grundlegenden Zusammenhänge ein und erklärte mir, worauf ich aufpassen musste, was ein Eisprung ist und so weiter. Es war damals gar nicht selbstverständlich, dass eine Frau über die physiologischen Abläufe so genau Bescheid wusste. Aber mein Vater hatte ihr das alles erklärt, er wollte, dass sie eine aufgeklärte, moderne Frau war, obwohl sie ja weder lesen noch schreiben konnte. Sie hat diese Bildungslektionen sehr genossen und konnte darauf ihr Leben lang bauen. Alle Nachbarn in unserer Straße zollten ihr Respekt dafür. Dass sie nach meinem Vater keinen anderen Mann mehr wollte, kann man verstehen, obwohl es auf der rein praktisch-finanziellen Ebene vielleicht manches leichter gemacht hätte. Aber sie meinte immer: »Wenn man einmal so ein wunderschönes Pferd hatte, dann gibt man sich nicht mehr mit einem Kamel oder Esel zufrieden. Also bleibe ich lieber allein.«

Die Sache mit dem Stoffstreifen hatte ich prinzipiell schon richtig gemacht. Es gab in Afghanistan ja keine Binden oder Tampons, sondern wir benutzten, wie seit Urzeiten, Stoff, allerdings nicht irgendeinen Fetzen aus dem Haufen im Keller, sondern weiße, starke Baumwolle. Man hatte ein Quadrat von ungefähr 60 mal 60 Zentimetern, das faltete und rollte man zu einem Streifen zusammen und steckte es in die Unterhose. Das Waschen war natürlich aufwendig, außerdem wurden diese Binden gebügelt, um Keime, die eventuell beim Waschen nicht vernichtet worden waren, durch das heiße Eisen abzutöten.

Viel Arbeit, aber da wir es nicht anders kannten, dachten wir auch nicht weiter darüber nach.

Der kleine George hat von alldem natürlich gar nichts mitbekommen. Ich habe ihn nie wiedergesehen, weil er in die USA zurückgekehrt ist und bis heute dort lebt. Vor einiger Zeit haben wir mal miteinander telefoniert. Mittlerweile ist er ein erwachsener Mann, verheiratet und hat zwei Kinder. Ich habe ihm erzählt, dass er an meinen »inneren Blutungen« schuld war, und wir haben viel gelacht.

Nachdem ich das erste Mal meine Periode bekommen hatte und somit eine Frau war, hätte ich ans Heiraten denken können, aber dazu hatte ich gar keine Lust. Ich war fest entschlossen, mir damit Zeit zu lassen. Meine Schwester Maria heiratete schon mit 14 Jahren. Für afghanische Verhältnisse nicht besonders jung, aber für jemanden aus einer Familie wie der unsrigen einfach zu früh – schließlich hatte mein Vater großen Wert auf die Bildung der Frauen, »seiner« Frauen gelegt. Ich fand ihr Vorhaben jedenfalls falsch und war strikt dagegen. Meiner Ansicht nach hätte sie weiter in die Schule gehen sollen, um später mehr aus ihrem Leben machen zu können. Aber sie wollte unbedingt heiraten. Vielleicht hat zu ihrer Entscheidung auch unsere Armut beigetragen; möglicherweise hoffte sie, dass ein Ehemann ihr die Möglichkeit eröffnete, in bessere Verhältnisse zu kommen. Ich dachte mir von vornherein, dass sie einen Fehler machte, und wir stritten uns heftig. Sie warf mir vor, dass ich nur neidisch sei, weil ich selbst keinen Mann hatte. Das war natürlich Unsinn. Außerdem gab es durchaus Anwärter. Ich war zwar mit 16 Jahren noch immer unverheiratet, aber schon verlobt gewesen. Genau genommen sogar viermal.

Es hört sich vielleicht komisch an, aber damals war es gar nicht lustig, weil ich mich nicht freiwillig verlobt hatte. Die erste Verlobung kam durch meinen Onkel zustande. Das war der, der die Hälfte unserer Erbschaft verspielt hatte, und auch jetzt war sein Motiv Geld. Er kam eines Tages zu uns und verkündete im Brustton dessen, der eine gute Tat getan hatte, dass er meine Verlobung arrangiert habe. Und zwar mit einem ganz reizenden jungen Mann aus guter Familie. Die 30.000 Afghani Brautgeld hatte sie auch schon an meinen Onkel bezahlt, also war die Sache perfekt und ich verlobt. Mir blieb die Luft weg. Nach dem ersten Schrecken protestierte ich und weigerte mich rundheraus, den Mann zu heiraten. Ich kannte ihn überhaupt nicht. Es ging auch gar nicht darum, ob er ein guter oder schlechter Mensch war. »Der kann sein, wie er will. Er kommt nicht in Frage. Ich heirate den Mann nicht. Ich will mir meinen Ehemann selbst aussuchen!« Das schlug ein wie eine Bombe. Afghanistan war zwar in den sechziger, siebziger Jahren nicht so rückschrittlich, wie es heute nach den Taliban erscheint, aber die Traditionen galten doch viel. Und dazu gehörte, dass die Familien über Heiraten entschieden. Dass sich eine auserkorene Braut ohne triftigen Grund weigerte, war Rebellion.

Meine Mutter fing an zu weinen, der Onkel tobte, die ganze Familie dachte, ich hätte den Verstand verloren, und alle redeten tagelang auf mich ein. Aber ich gab nicht nach, und mein Onkel musste das Geld zurückzahlen. Wahrscheinlich hatte er schon einen Teil davon ausgegeben, und es war alles hoch peinlich für ihn.

Die zweite Verlobung kam quasi unterwegs zustande. Ich war beim Bäcker gewesen, in dessen Ofen wir unser Brot backen ließen, und auf dem Rückweg sprach mich ein Mann an, groß, dunkel, gut aussehend und in Uniform. Er fragte nach dem Weg und wessen Tochter ich sei.

»Mein Vater war der Fotograf Nur Mohamad.«

»Ah, Mohamad! Dann kenne ich deine Eltern. Ich bin ihnen vor Jahren auf der Straße nach Paghman begegnet. Sie hatten eine Autopanne, und ich konnte ihnen glücklicherweise aus der

Patsche helfen. Ich hoffe, du hast nichts dagegen, dass ich deine Familie kennenlernen möchte, oder?«

Ich antwortete ausweichend, schließlich kannte ich den Mann ja gar nicht. Zwei Wochen vergingen. Dann war, als ich eines Tages aus der Schule kam, die Familie vollständig versammelt. Ich fragte, was los sei.

»Pst, der General ist da!«

»Welcher General?«

»Der General. Er hat dich gesehen und will dich zur Frau haben. Wir haben ›ja‹ gesagt! Ist das nicht ein großes Glück? So ein bedeutender Mann will ein armes Mädchen wie dich. Der General …«

Er saß in unserem winzigen Wohnzimmer. Ich ging auf ihn zu: »Sie sind meinetwegen gekommen? Sie wollen mich heiraten und haben auch schon die Zusage der Familie bekommen?«

»Ja, wir kennen uns doch.«

»Pustekuchen! Wir kennen uns überhaupt nicht! Wir haben uns zufällig getroffen, Sie haben nach dem Weg gefragt, und wir sind ins Gespräch über meine Eltern gekommen. Das war schon alles. Und jetzt soll ich mit Ihnen verlobt sein? Kommt nicht in Frage. Das mache ich nicht. Ich bitte Sie, stehen Sie auf, ziehen Sie Ihre Schuhe wieder an und verlassen Sie das Haus.«

Das war ein glatter Rauswurf. Und damit ein ungeheuerlicher Verstoß nicht nur gegen eine einzige wichtige afghanische Regel, sondern gleich gegen mehrere. Es war absolut undenkbar, gegen die heilige Gastfreundschaft auf diese brutale Art zu verstoßen. Man wirft einfach niemanden aus seinem Haus hinaus. Das war unerhört. Als wäre das nicht genug, verschlimmerte sich die Sache noch dadurch, dass ich unmündiges Mädchen einem verdienten älteren Mann die Tür wies. Und das, nachdem er einen Heiratsantrag gemacht hatte, um den sich selbst viel bessergestellte Familien als unsere gerissen hätten.

»Du sagst mir, ich soll gehen? Noch nie im Leben hat mich eine Frau, die aus dem Nichts kommt, so behandelt ... Ich wollte deiner Schönheit ein Zuhause geben, und du weist mich zurück? Was für ein Affront!« Wutschnaubend stürmte er aus dem Haus.

Nachdem er weg war, fielen die anderen regelrecht über mich her. Es war die Hölle. Sie waren so schockiert von meinem Verhalten, dass es schier über ihren Verstand ging. Es gab Geschrei und Geschimpfe, dass mir die Ohren weh taten. Mein Bruder brüllte, ich sei wohl wahnsinnig geworden. Warum ich so eine Partie verschmähte, warum ich weiter nachts die Hefte meiner Mitschülerinnen schreiben und bunte Blumen auf Taschen flicken wollte. Und ich schrie zurück: »Das ist mir ganz egal. Was geht es mich an, dass er ein General ist? Ich liebe ihn nicht, das ist das Entscheidende. Ich will mit Liebe leben!«

»Was ist das für ein Blödsinn? Warum nutzt du nicht den Weg raus aus dieser Armut?«

»Weil es meine Armut ist, die mir gehört. Jawohl, diese Armut ist meine Sache. Darauf kommt es an. Ich schaffe den Weg raus, ihr werdet es sehen. Ich schaffe es aus eigener Kraft und brauche dafür keinen alten General.«

Es ging noch Stunden und Tage so weiter. Die Familie war wirklich in einer Krise, weil meine Entscheidung und mein Verhalten auf sie wirkten, als käme ich von einem anderen Stern. Dass mir die Unabhängigkeit wichtiger war als ein besseres Leben, konnten sie einfach nicht nachvollziehen.

Meine dritte Verlobung war dagegen relativ harmlos. Eines Tages befand ich mich auf dem Nachhauseweg von der Schule und bog in eine große Straße, da hielt ein unglaubliches langes schwarzes Auto vor mir. Der Chauffeur stieg aus, machte die hintere Tür auf, und der Ehemann von Shaima, einer meiner Mitschülerinnen, kam heraus. Sie hatte jahrelang mit ihren Eltern in Moskau gelebt, und ich gab ihr ein bisschen Privatunterricht, damit sie wieder den Anschluss fand. Shaima stieg auf der anderen Seite aus, und ihr Mann sagte zu mir: »Ich wollte meine neue Verlobte begrüßen. Ich habe schon viel von dir gehört, und Shaima schätzt dich sehr.«

Ich weiß nicht, wie er auf die Idee kam, dass ich seine zweite Frau werden könnte. Vielleicht hat Shaima ihn darauf gebracht, vielleicht war sie einsam und wollte jemanden in ihrer Nähe, den sie kannte. Der Mann bekleidete einen hohen Posten und war deutlich älter als sie. Bis heute ist mir der Hintergrund des Ganzen schleierhaft. Die Situation war sowieso sehr seltsam, man sprach kein junges Mädchen auf der Straße als seine Verlobte an. Das hätte alles über die Familie gehen müssen. Ich brauchte also nicht sehr viel Mut, um ihn zurückzuweisen: »Vielen Dank, das ist sehr freundlich von Ihnen. Aber seien Sie mir nicht böse, ich möchte das nicht. Ich habe nichts gegen Sie, ich kenne Sie ja gar nicht. Ich möchte aber meinen Mann selbst aussuchen. Bitte respektieren Sie das.«

Widerstrebend nickte er, und die beiden fuhren ab. Ob Shaima mit ihm glücklich geworden ist, weiß ich nicht. Ich hoffe es für sie.

Die vierte Verlobung wurde wieder über die Familie eingefädelt, dieses Mal über den Schwiegervater meiner Schwester. Er präsentierte mir einen Bräutigam, der eine Zierde der Männerwelt war, gut aussehend, verantwortungsvoll, mit Universitätsabschluss. Wirklich ein Bild von einem Mann, und wenn ich ihn selbst entdeckt und mir die Entscheidung freigestanden hätte, wäre ich sicher ernsthaft in Versuchung geraten. Wahrscheinlich hätte ich ihn mit Kusshand genommen. Aber so …

Der Schwiegervater meiner Schwester hatte nämlich die 50.000 Afghani Brautgeld schon kassiert – und zum größten Teil bereits ausgegeben. Da ich mich weigerte, seinen Kandidaten zu nehmen, geriet er ernsthaft in Bedrängnis. Er beschwor mich, an die Ehre meiner Schwester zu denken und auch an meine eigene. Schließlich hatte ich schon drei Männer abgelehnt, und mein Ruf war vollkommen ramponiert. Man rückte in die Nähe einer Hure, wenn man sich so verhielt. Und die Aussichten, dann noch einen guten Mann zu finden, waren gering. Aber trotzdem, ich wollte einfach keinen Mann, den ich mir nicht selbst ausgesucht hatte.

Nun gut, ich lenkte immerhin so weit ein, dass es zu einem Treffen zwischen mir und ihm kam, und wir beredeten das Ganze. Er hatte mich ebenso wenig ausgesucht wie ich ihn. Er war weder in mich verliebt, noch hielt er mich für besonders interessant. Der Schwiegervater meiner Schwester hatte seiner Familie vorgeschwärmt, was für ein gutes Mädchen ich sei, eine fleißige Schülerin und hübsch und sonst was. Reden konnte er sehr gut, und die Eltern des Bräutigams sahen mich im hellsten Licht erstrahlen und rieten ihrem Sohn dringend dazu, mich zu nehmen. Der ließ sich überreden. Aber ich erklärte ihm, dass das falsch sei. »Wissen Sie, es ist zu schade, dass wir einander nicht auf andere Art begegnet sind. Wenn wir uns irgendwo zufällig kennengelernt hätten, dann hätte ich mich sicher sehr für Sie interessiert. Sie sind ein Mann, wie ich ihn mir wünsche. Gut aussehend, intelligent, gebildet. Aber wissen Sie, warum ich Sie nicht heirate? Weil es fremdbestimmt ist. Das will ich nicht. Und für Sie ist es auch nicht gut, Sie können ja gar nicht mit mir zurechtkommen, weil Sie Ihre Entscheidung einem Fremden überlassen haben. Suchen Sie sich selbst eine Frau, eine, die Sie wollen, die Ihnen gefällt. Das wird Sie glücklich machen.«

Er war geradezu erleichtert, dass ich es so sah und dass ich ihm empfahl, ebenso zu handeln wie ich. Er bedankte sich bei mir, und wir sind in Frieden auseinandergegangen.

Ich weiß nicht, was mir den Mut gab, mich so »unafghanisch« zu verhalten, den Ehemann abzulehnen, den meine Familie ausgesucht hatte. Und das nicht nur einmal, sondern mehrmals. Ich bin ja in und mit den Traditionen groß geworden, und niemand sonst lehnte sich dagegen auf, auch meine Freundinnen nicht. Überdies fügte ich meiner Familie mit meinem Verhalten auch Schaden zu, und speziell meiner Mutter brach es schier das Herz. Sie machte sich große Sorgen und fürchtete, dass ich mit meiner Ablehnung der Konventionen mein Glück zerstörte. Aber ich wollte mich einfach nicht zwingen lassen.

Ich glaube, ich habe eine Veranlagung dafür, Dinge anders zu sehen und das, was ich vorfinde, anders zu kombinieren. Das ist normalerweise sehr nützlich und auch erfreulich, diese Fähigkeit hat mir im Leben oft geholfen. Manchmal bringt es mich aber auch in Schwierigkeiten, oder es verursacht meiner Umwelt Probleme, so wie bei meinen Verlobungen. Aber insgesamt bin ich froh über diesen Zug an mir.

Nachdem also erst mal Ruhe auf dem Heiratsmarkt eingekehrt war, konzentrierte ich mich darauf, einen anderen Weg ins Erwachsenenleben zu finden.

4. Kapitel

ERWACHSEN WERDEN

Meine Lieblingsbeschäftigung in der Schule war der Umgang mit Zahlen. Rechnen, Wirtschaft, Finanzen – das waren meine Leib- und Magenfächer. Zahlen sind zuverlässig, eindeutig, universell. Das gefiel mir. Unsere Schule hatte damals über Lehrer und Förderer einen starken Bezug zu Deutschland, deshalb richtete man sich in der Auswahl des Unterrichtsstoffs so weit wie möglich an deutschen Lehrplänen aus. Es gab verschiedene Schwerpunkte, und ich konzentrierte mich mit Leidenschaft auf alles, was mit Organisation, Rechnungswesen und Ökonomie zu tun hatte. Das hat mir oft im Leben geholfen, es später sogar erleichtert, in Deutschland Fuß zu fassen. Ich wollte nämlich nie von der Sozialhilfe leben und habe mir stattdessen stets überlegt: Was kann ich hier, in diesem fremden Land, machen? Mein Deutsch lässt noch zu wünschen übrig, aber gerechnet wird überall auf der Welt gleich. Also wäre doch ein Job als Kassiererin im Rahmen des Möglichen. Tatsächlich arbeitete ich relativ bald in einem Baumarkt und später in einer Eisenwaren- und Holzhandlung – auch wenn der Chef zunächst sehr skeptisch war und ich ihn nur durch harte Arbeit überzeugen konnte.

Als ich meinen Abschluss an der Schule machte, lag der Baumarkt aber noch in weiter Ferne, im wahrsten Sinne des Wortes, nämlich auf einem anderen Kontinent. Ich gehörte zu den besten Absolventinnen, wusste aber nicht so recht, was ich danach unternehmen sollte. Ich war 17 Jahre alt, und es begann ein neuer Lebensabschnitt. Zwar war ich entschlossen, nicht so bald zu heiraten, aber alles Übrige war eher unklar. Nach der Zeugnisausteilung gab es ein großes Fest, und alle erzählten, wohin sie in den bevorstehenden Ferien fahren würden. Nach Pakistan, Indien, eine sogar nach Spanien. Das war für mich natürlich undenkbar. Ich würde zusehen müssen, dass ich eine Arbeit fand.

Noch während der Feier winkte mich Semin Jon Askar, die Direktorin, zu sich. »Nadia, meine Liebe, hör mal zu. Du bewirbst dich beim Wirtschaftsministerium, und zwar jetzt gleich. Alle Einserschülerinnen werden zur Bewerbung zugelassen. Du musst dort eine Prüfung ablegen. Und du wirst bestehen, da bin ich ganz sicher. Die Voraussetzungen sind gut, du hast hier doch Rechnen, Buchhaltung, Finanzen und Englisch gelernt. Das ist längst nicht in allen Schulen so. Also geh hin, sie suchen eine Chefsekretärin für die neu gegründete Import-Export-Abteilung. Das wäre doch ideal für dich. Und du bestehst die Prüfung!«

Meine Güte, das kam plötzlich. Keine Ahnung, warum sie mir das nicht früher gesagt hatte. So konnte ich mich nicht mehr vorbereiten, weil ich gleich im Anschluss an die Feier zum Ministerium fahren sollte. Außerdem musste ich mir blitzschnell Geld für den Bus besorgen, ich besaß nicht einen Afghani. Und um zu Fuß zu gehen, war der Weg zu weit und die Zeit zu knapp. Zum Glück lieh mir meine Freundin Asma 5 Afghani für die Fahrt.

Natürlich war ich ziemlich nervös, aber das Gespräch in der Personalabteilung ging vorbei wie im Flug. Mein Zeugnis war sehr gut, deshalb fragten sie mich nach meinen Lieblingsfächern, gaben mir ein paar Aufgaben zur Probe, schauten sich meine Handschrift an, sprachen ein bisschen Englisch und machten sich ein Bild davon, ob ich in der Lage war, gut zu formulieren. Nach einer Stunde waren sie fertig und sagten: »Geben Sie uns Ihre Telefonnummer, wir rufen Sie an, um Ihnen das Prüfungsergebnis mitzuteilen.« Schön und gut, aber wir hatten gar kein Telefon. Was tun? Sie wollten unbedingt eine Telefonnummer. Glücklicherweise konnte ich die Nummer meiner Schwester Maria auswendig, also nannte ich die.

Ich musste zu Fuß nach Hause zurück, weil die 5 Afghani von Asma nur für die Hinfahrt gereicht hatten. Unterwegs ging ich alle Fragen und meine Antworten im Kopf noch einmal durch, grübelte, was ich hätte besser machen können, wo ich nicht ganz präzise oder ein bisschen unsicher gewesen war. Doch jetzt war nichts mehr zu ändern, es blieb mir nichts als Warten. Und das konnte dauern. Der Prüfer hatte mich auf ungewisse Zeit vertröstet – ein paar Tage oder auch Wochen würden sie schon benötigen, bis sie mir das Ergebnis mitteilen könnten.

Jeden Tag trabte ich zum Haus meiner Schwester und setzte mich vors Telefon, immer in Erwartung eines Anrufs vom Ministerium. Nichts tat sich, alle möglichen Menschen riefen an, aber niemand von der Personalabteilung. Meine Schwester wurde schon ein bisschen ungehalten, weil ich jeden Tag bei ihr aufkreuzte. Dann, nach einer schier endlosen Woche, kam die Erlösung: Ich hatte bestanden, und sie wollten mich als Chefsekretärin!

Ich hatte so gewünscht und gehofft, die Stelle zu bekommen, dass die Nachricht mich im ersten Moment geradezu betäubte. Natürlich hatte ich nichts anderes gewollt, aber als es dann Realität wurde, war ich zunächst kaum in der Lage, etwas zu fühlen. Doch dann war ich einfach nur noch glücklich. Wir waren unsere Geldprobleme los, ich konnte für uns sorgen, ich hatte eine Stelle, um die mich jeder beneidete – das Leben war schön! So schön, dass ich erst einmal richtig weinen musste.

Ich sollte sofort anfangen. Und prompt tauchte ein Problem auf: Ich hatte keine richtige Kleidung. Mit meiner Schuluniform konnte ich schließlich nicht als Chefsekretärin auftreten. Die Improvisationskunst meiner Mutter bewährte sich wieder einmal. Wir gingen auf den Flohmarkt und fanden einen wunderbaren Stoff, orange. Ein richtig knalliges Orange. Heute würde ich sagen, ganz schön gewagt für eine Stelle im Ministerium, aber damals fand ich es todschick. Meine Mutter nähte mir aus dem Stoff eine Weste, eng tailliert, und eine Hose mit riesigem Schlag. Dazu stöberten wir noch ein Paar Schuhe mit Plateausohlen auf. Es war unglaublich. Begeistert und stolz geschwellt ging ich zu meiner neuen Wirkungsstätte. Ich war tatendurstig und bereit für alles, was da kommen sollte.

Wenn ich vorher gewusst hätte, was mich erwartete, wäre ich vielleicht weniger euphorisch gestimmt gewesen. Es war nämlich so: Meine Abteilung war ganz neu – es gab nichts, was einen einengte, aber auch nichts, worauf man sich stützen konnte. Alles war unberührtes Terrain. Wir waren in einer großen, dreistöckigen Villa untergebracht. Im Foyer standen zwei Männer in einer Art Livree, die die Besucher in Empfang nahmen. Im Erdgeschoss befand sich ein Büro mit zwei Sekretärinnen, eine für Englisch und eine für Persisch. Dann kam mein Büro, eine Art Vorzimmer, und danach das Büro von meinem Chef, dem großen Boss. Im ersten und zweiten Stock waren die anderen Mitarbeiter verteilt, insgesamt ungefähr zehn Leute. Die Villa war erstklassig ausgestattet, das Mobiliar vom Feinsten. Alles war in schwarzem Leder gehalten, und auf den Böden lagen persische Teppiche. Auch mein Schreibtisch war schwarz, aus einem guten Holz. Damals gab es noch keine Computer, aber ich hatte eine Schreibmaschine: eine große, graue Adler. Wenn ich heute darüber nachdenke, scheint mir, dass es schon viele deutsche Berührungspunkte in meinem Leben gab, bevor ich auch nur einen Fuß nach Deutschland gesetzt hatte.

Unsere Abteilung sollte vor allem dafür sorgen, dass der Export von afghanischen Trockenfrüchten und Gemüse ins Ausland in Schwung kam. Aus allen 26 Provinzen wurden die Waren, die sich für den Verkauf eigneten, nach Kabul gebracht, von uns in Empfang genommen, geprüft und kategorisiert und dann die Verschickung nach Kanada, Amerika und in andere Länder organisiert. Wir durften natürlich immer wieder probieren, und noch heute meine ich den Geschmack der grünen Rosinen und der Mandeln auf der Zunge zu spüren, der einzigartig war. Süß und ein wenig herb zugleich, saftig und füllig war das Aroma der Früchte – mir schien, dass es der Reichtum Afghanistans war, von dem ich kostete.

Doch zunächst einmal musste ich die erste Aufgabe bewältigen, die auf unsere neue Abteilung zukam, und das war wirklich ein harter Brocken: Wir sollten ein Jahresbudget für unsere Abteilung aufstellen, mussten Zielsetzungen, Pläne, Projekte, die dafür benötigten Gelder, die laufenden Kosten und vieles mehr festlegen. Aber wie? Es handelte sich ja um das Budget für eine Abteilung, die ihre Arbeit noch gar nicht richtig aufgenommen und keine Erfahrungen aus dem abgelaufenen Jahr hatte, die als Grundlage zu verwenden gewesen wären. Eigentlich eine unlösbare Aufgabe. Ich überlegte: Was hätte mein Vater gemacht? Wie wäre er an die Sache herangegangen?

Ich nahm allen Mut zusammen und sagte zu meinem Chef, der mit seinen gut 50 Jahren deutlich älter war als ich: »Das kriegen wir hin.«

»Wie wollen Sie das machen? Sie haben doch keine Ahnung von den Dingen hier. Und Sie haben überhaupt noch nie ein Budget aufgestellt.«

»Warum soll es nicht gehen? Wir haben keine Erfahrungen, das stimmt. Aber die anderen Abteilungen haben sie. Warum sollten wir nicht darauf zurückgreifen? Also schaue ich zunächst in alle anderen Bereiche und informiere mich, wie die vorgehen. Ich frage zuerst die Chefsekretärinnen, wie sie das machen, worauf ich achten muss, welche Posten es überhaupt gibt. Dann gehe ich zu deren Chefs und frage bei ihnen, welche Beträge sie jeweils ansetzen.«

Er fing an, sich für die Sache zu erwärmen, und ich setzte nach. »Sehen Sie, das hat doch nur Vorteile. Wir sind neu und können uns damit einen Namen machen. Es fördert unseren Ruf, wenn wir selbständig genug sind, etwas allein zu bewältigen, wofür es noch keine Vorlagen gibt. Wir zeigen, dass wir etwas auf die Beine stellen können. Das ist doch das beste Image für unsere Abteilung, das man sich vorstellen kann.«

Damit hatte ich ihn überzeugt. »Die Idee ist prima. Ich helfe Ihnen und rufe alle meine Kollegen in den anderen Abteilungen an, um sie darauf vorzubereiten, dass Sie kommen und Ihre Fragen stellen.«

Und dann zog ich tage- und wochenlang von einem Büro zum anderen, ich redete mit allen und mit jedem, stellte unsere Abteilung vor, erzählte von unseren Ideen und Aufgaben und dass wir dafür ein Budget erstellen mussten – ob sie mir dabei helfen könnten? Es war wirklich aufregend! Ich lernte alle Leute kennen, die für uns wichtig waren. Und alle lernten unsere Abteilung kennen und bekamen ein Bild von uns und unseren Vorhaben. Ich fragte, notierte, sammelte, sortierte, änderte, stellte neu zusammen, strich aus, was nicht passte, improvisierte, ergänzte und erfand notfalls, wenn sich eine Lücke gar nicht schließen ließ.

Zum Schlafen kam ich kaum noch. Meine Mutter war entsetzt: »Kind, was ist das für eine unmenschliche Arbeit? Lass das bleiben, du ruinierst deine Gesundheit. Warum machst du das? Das schaffst du doch gar nicht. Du kippst mir noch um.«

»Mami, das verstehst du nicht. Wenn das alles gelingt und wenn ich das schaffe, dann ist unsere Abteilung etabliert. Dann sind wir richtig fein heraus. Und, Mami: Es macht mir so viel Spaß! Ich finde es toll. Bisher war alles Theorie, jetzt bin ich in der Praxis. Das ist etwas ganz anderes, eine vollkommen neue

Welt. Ich rede mit unglaublich vielen guten Leuten, von denen ich nie gedacht hätte, dass ich mal mit denen an einem Tisch sitzen würde. Es ist wahnsinnig!«

Als ich ihr die Namen von einigen der Leute nannte, war sie schwer beeindruckt. Lauter bekannte Familien der oberen Klasse. Sie sagte nichts mehr, hoffte das Beste, wartete jeden Abend auf mich und war froh, wenn ich heil nach Hause kam.

Eines Tages, nach ungefähr drei Monaten, ging ich zum Mittagessen in die Kantine für die Mitarbeiter des Ministeriums. Es war kein richtiger Speisesaal, eher eine Art Container, und befand sich außerhalb des eigentlichen Gebäudes. Der Erste, den ich treffe, schüttelt mir die Hand. Der Zweite winkt mir zu und sagt: »Prima!« Und so geht es weiter. Ich weiß überhaupt nicht, was los ist. Jeder schaut zu mir hin. Ich frage mich, ob der Reißverschluss meiner Hose vielleicht offen steht oder sonst etwas Peinliches an mir ist. Ich bin vollkommen verwirrt. Endlich klärt mich jemand auf. »Nadia, das ist ja großartig. Ich gratuliere dir zu deinem Ehrenpreis. Du kannst stolz auf dich sein. Und wir sind alle stolz auf dich!«

Offenbar hatte jeder die Mitteilung, die am offiziellen Schwarzen Brett veröffentlicht wurde, gelesen – jeder außer mir. Ich hatte einen Ehrenpreis des Wirtschaftsministers für meinen Fleiß bekommen! Mein Foto war abgebildet, ebenso mein Abschlusszeugnis, und der Grund für meine Auszeichnung wurde genannt: Als Neuling hatte ich es geschafft, in drei Monaten ein Budget aufzustellen.

Ich konnte es kaum fassen. Damit hätte ich nie im Leben gerechnet. Ich hatte mich ins Zeug gelegt und natürlich gehofft, dass meine Arbeit anerkannt würde. Aber ein Ehrenpreis? Ich musste es mir ein paar Mal vorsagen, damit ich es glauben konnte. Ein Ehrenpreis für mich!

Die Auszeichnung wurde offiziell in Anwesenheit aller anderen Mitarbeiter ausgesprochen. Und das war noch nicht alles.

Ich erhielt 30.000 Afghani! Das war so viel Geld, wie man sonst in einem Jahr verdiente. Und das alles nur, weil ich meine Arbeit gemacht hatte, so gut ich konnte. Ein Fahrer brachte mich nach Hause, denn das Geld hatte ich in bar bekommen. Chefsekretärin hin oder her, ich raste hoch in unsere Wohnung und schrie wie ein junges Mädchen, das ich ja auch war: »Mami! Mami! Schau her, was ich habe. Einen Beutel voll Geld! Was willst du haben, was wünschst du dir? Hier sind 30.000 Afghani.« Und mit großer Geste warf ich den Beutel auf den Tisch.

Meine Mutter dachte im ersten Moment, ich sei durchgedreht, wahrscheinlich aufgrund der vielen Arbeit. Erst nach einer Weile erfasste sie aus meiner atemlosen Erzählung, dass wir uns in gerade diesem Moment in einem Märchen befanden. Dass meine Arbeit, über die sie immer gejammert hatte, uns 30.000 Afghani beschert hatte. Dass das alles noch viel besser war als ein Traum oder ein Märchen, weil es tatsächlich echt war. Hier lag das Geld. Es war in Tausenderscheinen aufgeteilt, und wir zählten gemeinsam: eins, zwei, drei … bis wir bei dreißig ankamen. Und dann zählten wir noch einmal und noch einmal, einfach weil es so schön war. Uns gehörten tatsächlich 30.000 Afghani. Es war ein einziger Begeisterungsrausch, und immer wieder fing eine von uns an zu weinen, vor lauter Glück.

Ein Großteil des Geldes verließ uns sofort wieder, weil wir endlich unsere Schulden damit bezahlen konnten, für einen Teil kauften wir ein paar Sachen, die schon lange gefehlt hatten, und einen dritten Teil legten wir als eiserne Reserve beiseite. Es ging uns so gut wie noch nie seit dem Tod meines Vaters.

Das Geld allein war schon wunderbar, doch es gab noch ein Extra für mich: Ich wurde auf Kosten des Ministeriums ins American Center geschickt, um einen Englischkurs zu machen. Das sollte mein Leben von Grund auf verändern.

5. Kapitel

JAMILJAN

Einen Englischkurs für Erwachsene im American Center konnten sich nur die wirklich Reichen leisten. Es wurde der beste Unterricht in ganz Afghanistan geboten, und er war sehr teuer. Niemals hätte ich einen Fuß dorthin setzen können, wenn das Ministerium nicht die Gebühren übernommen hätte. Mir war von Anfang an klar, dass ich dort ein kleiner grauer Spatz unter vielen schönen Pfauen sein würde, aber das störte mich nicht, ich war ja zum Lernen dort. Dieser Ausflug zurück in die Schulzeit machte mich richtig froh, nach den Strapazen der letzten Monate würde das Lernen geradezu erfrischend sein. Und ich kam mal wieder aus den Bürogebäuden heraus. Ich freute mich auf den Unterricht und war zudem erfüllt von der Verpflichtung, die auf mir lag: Ich lernte ja nicht für mich zum privaten Vergnügen, sondern für das Ministerium, für meinen Chef und für alle, die befürwortet hatten, dass ich teilnehmen durfte.

Als der Unterricht begann, nahm ich meine alte Technik aus der Schule wieder auf und schrieb alles mit, was gesagt und geübt wurde. Ich schaute nicht links und nicht rechts und notierte jede Silbe. Und wie damals in der Schule gab es auch jetzt wieder Interessenten für meine Mitschriften: Eines Tages kommt einer meiner Mitschüler zu mir – der, der am besten von allen aussieht. Und meiner Erinnerung nach entspann sich dann ein komischer kleiner Dialog mit ungeahnten Folgen: »Du schreibst so schön!«

»Ja, das fällt mir leicht. Ich bin daran gewöhnt, schon von der Schulzeit her.«

»Kann ich mir eins von deinen Heften mal ausleihen?«

»Warum das denn?« Er hatte doch schließlich ein Buch!

»Du schreibst mit, was der Lehrer sagt. Und das steht nicht alles im Lehrbuch, das möchte ich aber auch lernen.«

»Na gut, meinetwegen. Aber ich muss das Heft unbedingt zurückhaben, ich bin nicht aus privaten Gründen hier, sondern vom Wirtschaftsministerium geschickt.«

Am nächsten Tag kommt er zu meinem Tisch und legt das Heft zurück. Doch ehe ich es einstecken kann, ist der Lehrer da und nimmt es an sich. Er blättert in dem Heft herum und sagt plötzlich: »Schau an, schau an. Da ist ja ein Gedicht. Und ich glaube, der Mann, der es geschrieben hat, ist schwer verliebt.« Dann liest er es laut vor.

Ich wäre am liebsten im Boden versunken vor Scham. Doch nach einer kleinen Weile dachte ich mir: So, so, jetzt weiß ich wenigstens, woran ich bin.

Der Verfasser des Gedichts sagte kein Wort. Er war der schönste Mann, den ich jemals gesehen hatte. Und wenn das Gedicht nicht trog, war er verliebt in mich.

Natürlich war er mir sofort aufgefallen. Er fiel jedem sofort auf, weil er eine absolute Ausnahmeerscheinung war: helle Haut, volle dunkle Haare, strahlend grüne Augen und die elegante Leichtigkeit, die einem mitgegeben wird, wenn man aus bestem Hause stammt und die Sicherheit einer guten Erziehung genießt. Er wusste, dass er gut ankam, und unterstrich seine Wirkung noch durch die Lässigkeit, mit der er sich anzog: Jeans, sehr eng, Cowboystiefel, olivfarbene Jacke, Rollkragenpullover in Grün, richtiggehend ins Auge stechend. Für afghanische Verhältnisse sehr auffallend. Die Botschaft, die in alldem steckte, lautete für mich: 1. Der ist reich, richtig reich, und gehört zur Oberklasse. 2. Damit ist klar, dass er auf keinen Fall und niemals für mich in Frage kommt. 3. Zwischen uns liegt ein Abstand, so groß wie zwischen Himmel und Erde.

Meine neue Freundin Faima und ich redeten, wie junge Mädchen das eben so machen, dauernd über Männer, und in dem Moment, in dem wir dieses Prachtexemplar von Mann sahen, war uns beiden klar, dass er vollkommen außerhalb unserer Reichweite lag. Gut aussehend, klug, sensibel, reich – wir radierten ihn sofort aus unseren Köpfen. Schließlich gab es außer uns noch jede Menge Mädchen, die im American Center Unterricht nahmen und alle zur richtigen Liga gehörten. Die schicke Autos fuhren, erstklassige Klamotten trugen, sich weltgewandt in gehobener Gesellschaft bewegten und gut aussahen. Die schlank und groß waren und sehr helle Haut hatten – während ich klein und drahtig war und sehr dunkelhäutig, beinahe wie ein Mädchen vom Land. Immerhin hatte ich sehr schöne Augen und lange und dichte Haare. Hässlich war ich beileibe nicht, aber dem Schönheitsideal der Oberschicht entsprach ich zweifellos nicht.

Doch dann kam die Sache mit dem Gedicht. Der Sohn einer der besten Familien in ganz Afghanistan hatte mir ein Liebesgedicht geschrieben. Wer hätte das gedacht? Ich jedenfalls nicht.

Obwohl ich vorher schon diese Anrufe bekommen hatte. Nachmittags, wenn kein Unterricht war und ich im Ministerium arbeitete, rief mich jemand an. Anfangs wusste ich nicht, dass er es war, wie ich auch zunächst nicht wusste, dass er aus so einer hochgestellten Familie stammte. Es klingelte das Telefon, und statt der üblichen Anfragen aus den anderen Abteilungen nach irgendwelchen Akten oder Vorgängen sagte eine Stimme: »Nadia? Nadia! Weißt du, dass du das schönste Mädchen von allen bist? Deine Augen sind wie Mond und Sterne zugleich. Weißt du, dass alle Männer hinter dir her sind, weil du so schön bist?« Und so weiter.

Ich fragte: »Wer ist denn da? Sagen Sie mir Ihren Namen! Nein? Dann beschreiben Sie sich doch bitte.«

Daraufhin beschrieb er sein Aussehen, aber nicht nur das. Ein paar Anrufe später gestand er mir auch seine Wünsche, nämlich dass er meine Augenlider küssen wollte und dass er sich so sehnte nach mir.

Jamil bestreitet bis zum heutigen Tage, der Anrufer gewesen zu sein. Aber wer wäre sonst in Frage gekommen? Ich war todsicher, dass er hinter diesen Anrufen steckte.

Dennoch tat ich so, als wäre nichts. Wenn wir uns im Unterricht begegneten, lächelten wir uns zu, sagten aber nichts. Bis er sich dann mein Heft auslieh und die Sache mit dem Gedicht öffentlich wurde. Und damit war allen klar, dass er sich in mich verliebt hatte. Einigen der anderen Mädchen gefiel das ganz und gar nicht, das merkte man. Dass ich kleine dunkle Arbeitsbiene ihnen vorgezogen wurde, kränkte und ärgerte sie. Das war im System einfach nicht vorgesehen.

Als Faima und ich danach aus dem Klassenzimmer kamen, standen Jamil und sein Freund Maruf draußen und warteten auf uns. Sie fragten, ob wir mit ihnen einen Kaffee trinken würden. Da wir zu zweit waren, stimmten wir zu und gingen mit in die Cafeteria. Es gab viele Tische, jeweils mit vier Stühlen, also genau richtig für unsere kleine Gruppe. Überall hingen große Poster von Filmschauspielern. Am häufigsten waren Bilder von Charlie Chaplin zu sehen, er war damals unser aller Idol. Die Männer wählten einen Tisch aus und bestellten Kaffee für uns. Wir amüsierten uns prächtig, lachten viel – und flirteten ein bisschen. Maruf interessierte sich anscheinend für Faima.

Hinterher gingen wir noch ins Kino des American Center. Es gab einen Film von Charlie Chaplin. Ich saß im Dunklen neben diesem Traummann, einfach so. Mir schlug das Herz bis zum Hals, ich hatte keinen blassen Schimmer, was ich machen sollte und was da überhaupt geschah. Von dem Film habe ich jedenfalls nichts mitbekommen, ich war nur damit beschäftigt, die Fassung zu wahren.

Als ich Jamil zuflüsterte: »Ich kann das nicht glauben, ich zittere!«, antwortete er: »Mir geht es ebenso, auch für mich ist es ganz neu.« Da saßen wir also nebeneinander im Kino und zitterten, ein Abstand von wenigen Zentimetern zwischen uns. Berührt haben wir einander aber nicht, geschweige denn Händchen gehalten oder uns gar geküsst. So weit waren wir noch längst nicht. Wir zitterten wie Espenlaub, taten aber alles, um so normal wie möglich zu wirken.

Am nächsten Tag bekam ich dann wieder ein Gedicht. Wie schön es sei, in meiner Nähe zu weilen. Wie aufregend meine Gegenwart sei. Und noch einiges mehr. Es folgten Spaziergänge im Park, Plaudereien in der Cafeteria, manchmal zu viert, meistens aber zu zweit. Und jedes Mal verfasste Jamil danach ein Gedicht. Er war ein begnadeter Lyriker, und seine Gedichte waren feinsinnig, wurden aber hinsichtlich seiner Leidenschaft immer deutlicher. Kurzum: Es war der Himmel auf Erden. Ich sammelte alle Gedichte in einem Ordner und heftete die Kopien meiner Briefe an ihn dazwischen ab. Es war das Archiv unserer wachsenden Liebe. Als ich Afghanistan ein paar Jahre später verlassen musste, schloss ich den Ordner auf dem Dachboden meines Onkels ein. 2002, nach dem Ende der Talibanherrschaft, reiste mein Bruder nach Kabul, und ich bat ihn, den Ordner zu suchen und mir mitzubringen. Das Haus meines Onkels stand noch, aber es war alles weg: der Ordner, Fotos und Negative von meinem Vater und etliche andere Erinnerungsstücke, alles weg. Wahrscheinlich vernichtet. Aber ich hoffe immer und stelle mir vor, dass jemand den Ordner an sich genommen hat und unsere Briefe und Gedichte liest wie einen Roman, den Roman unserer Liebe. So wären sie nicht ganz verloren.

Ich war zwar ein kluges Mädchen, aber sehr, sehr brav und in Liebesdingen vollkommen unbedarft. Unser erster Kuss entsprach deshalb auch nicht ganz dem Üblichen. Nach einem Spaziergang küsste mich Jamil beim Abschied auf die Wange. Ich war vollkommen durcheinander – seine Lippen auf meiner Wange! Was sollte ich jetzt tun? Auch seine Wange küssen? Oder etwa seinen Mund? Unmöglich, das brachte ich nicht über mich. Das traute ich mich einfach nicht. Ich war außer mir. In meiner Not nahm ich seine Hand und drückte einen Kuss darauf, dann lief ich weg. Mein erster Kuss – ein Handkuss!

Am nächsten Tag kam Jamil in den Unterricht – mit eingegipstem Unterarm. Ich schaute zu ihm rüber, und er drückte einen Kuss auf den Gips. Ich war ganz verwirrt und sehnte das Ende der Stunde herbei, damit ich Jamil fragen kann, was passiert war. Vielleicht ist er hingefallen oder von jemandem angegriffen und verwundet worden.

Endlich ist die Stunde vorbei. Ich laufe sofort zu ihm. »Jamiljan!«, so lautet die Koseform seines Namens, »was ist passiert? Hattest du einen Unfall? Bist du gestürzt?«

»Nein. Nichts davon. Ich habe einen Engelskuss bekommen. Und damit er nicht verfliegt, habe ich den Arm in Gips. Wer weiß, wann ich den nächsten Kuss bekomme.« Dieser verrückte Mensch ist nach meinem Handkuss sofort zum Arzt gegangen und hat sich einen Gips anlegen lassen, von den Fingerspitzen bis zum Ellbogen. Weil dem Engelskuss nichts passieren und er auf keinen Fall abgewaschen werden durfte. Jamil war ein unglaublicher Charmeur und hatte es faustdick hinter den Ohren. Und er war bezaubernd. Einen Monat lang trug er den Arm in einer Schlinge, ließ sich von den anderen, die nichts vom Engelskuss wussten, bemitleiden, und drückte, wann immer ich zu ihm hinsah, einen Kuss auf seinen Gips.

Wir trafen uns, sooft wir konnten. Gleichzeitig war ich aber von heftigen Zweifeln geplagt. Nicht, dass ich mir meiner Gefühle zu Jamil nicht sicher gewesen wäre, aber welche Zukunft hatte denn diese Liebe? Keine! Überhaupt gar keine! Er war reiche Oberklasse, alte Familie mit besten Verbindungen, gebildet und für eine glänzende Karriere bestimmt. Und ich war Nadia Sayar, vaterlos und in Armut aufgewachsen, fleißig und ehrgeizig, aber ohne jeden Hintergrund für die Verbindung mit einem solchen Mann. Und in Afghanistan gelten die Familie und die Herkunft bis heute unglaublich viel. Man ist nie nur man selbst, man ist immer in erster Linie der »Sohn von …«, die »Tochter von …«, »aus der Familie von …«. Wie sollten wir unter diesen Umständen unser beider Leben vereinen? Es war absolut aussichtslos.

»Jamiljan, es geht jetzt drei Monate mit uns. Und es ist wunderschön. Aber ich kann so nicht weitermachen, es gibt keine Zukunft für uns. Zwischen uns herrscht ein so großer Abstand, wir können nicht zusammenbleiben, es führt zu nichts. Lass uns Schluss machen damit.«

»Nadia! Was tust du mir an? Das geht nicht. Ich liebe dich so sehr, eher bringe ich mich um, als mich von dir zu trennen!« Dass er sich umbrachte, wollte ich natürlich nicht, also habe ich die Trennung erst einmal aufgeschoben. Aber trotzdem, so ging es nicht weiter.

Kurz darauf sitzen wir allein in Marufs Haus auf der Couch. Jamil rückt ziemlich nah an mich heran, streichelt meine Hand und kommt immer näher. Jetzt wird es brenzlig. Womöglich kommt jetzt der Moment, den ein anständiges Mädchen fürchtet wie nichts anderes. Was tun? Ich bitte ihn, mir ein Glas Wasser zu holen. Widerstrebend geht er Richtung Küche, und kaum hat er das Wohnzimmer verlassen, schnappe ich mir meine Schuhe und renne in Blitzgeschwindigkeit aus dem Haus. In olympiareifem Tempo flitze ich durch die Straßen und springe in den nächsten Bus nach Hause. Doch als ich aussteige, steht Jamil schon vor unserer Tür. Er besaß natürlich ein Auto und hatte darauf spekuliert, dass ich nach Hause flüchtete. Also war es ein Leichtes für ihn, mich abzufangen, obwohl ich gerannt war wie noch nie.

Wir lachen beide aus vollem Herzen. Aber dann werde ich ernst: »Jamil, es muss sich etwas ändern. Wir werden überall gesehen. Ich bekomme einen ganz schlechten Ruf. Ein Mädchen ohne Vater, das auf der Straße mit einem Mann gesehen wird, der nicht ihr Bruder ist – das geht nicht. Ich werde als Nutte beschimpft und noch Schlimmeres. Wenn wir beide jetzt ... Das geht nicht. Ich will Jungfrau bleiben. Ich möchte heiraten.«

Jamil war kein bisschen überrascht. »Na, dann heiraten wir eben!«

Meine Güte! Hatte er das wirklich gesagt? Das kam ja einem richtigen Heiratsantrag gleich.

Aber so einfach ist das Heiraten nicht in Afghanistan. Es reicht nicht, dass sich zwei Menschen versprechen wollen, beieinander zu bleiben. Heiraten ist eine Familienangelegenheit und damit zugleich hochoffiziell. Es müssen bestimmte Regeln und Abläufe eingehalten, außerdem verschiedene Verwandte in die Eheanbahnung einbezogen werden. Jamil ging zu seinem Schwager Jawed, dem Mann seiner Schwester: »Was soll ich machen? Nadia will nicht mit mir schlafen, sondern zuerst verlobt und verheiratet sein. Wir sind jeden Tag zusammen und wollen uns nicht mehr trennen.«

Die beiden beratschlagten lange und beschlossen dann, dass sie zu meinem Halbbruder Bashir gehen würden, er war ja das Familienoberhaupt und musste gefragt werden. Keine Ahnung, ob Jamil und sein Schwager die Sache vielleicht nicht ganz ernst nahmen oder einfach so aufgeregt waren, dass sie aus der Rolle fielen, jedenfalls war es ein mittleres Desaster, was sie da anrichteten. Es war eine spontane Idee, und Spontaneität und ein Brautgespräch verhalten sich zueinander ungefähr so wie Feuer und Wasser. Aus einem Impuls heraus zu einem Familienoberhaupt zu gehen und um die Hand einer Frau aus dem

Clan zu bitten – so etwas gehörte sich ganz und gar nicht. Eigentlich hätten wir vorher den Autoritäten die ganze Sache erklären müssen, damit für die offizielle Aktion alles vorbereitet werden konnte. Aber einfach so, von jetzt auf gleich – unmöglich, unser Benehmen!

Als Jamil und sein Schwager ins Haus von Bashir kommen, sind nur er und seine Frau da. Normalerweise wären etliche Familienmitglieder zu der Zeremonie gebeten worden, aber da sie nicht angemeldet waren, ging das eben nicht. Immerhin hat mein Bruder es noch irgendwie geschafft, die traditionellen Süßigkeiten, die für ein Brautgespräch vorgeschrieben sind, zu besorgen. Keine Ahnung, wie ihm das gelungen ist.

Über das, was sich im Folgenden abspielte, kursieren in unserer Familie verschiedene Versionen. Die Situation war in jeder Hinsicht seltsam und es mag sein, dass sich der eine stärker an einen bestimmten Aspekt erinnert als der andere. Wir haben diese Episode einander so oft erzählt und im Nachhinein so viel darüber gelacht, dass sie mir ganz lebhaft als komisches, geradezu absurdes Ereignis vor Augen steht.

Schwager Jawed hat die Aufgabe, im Namen von Jamil meinen Bruder Bashir um meine Hand zu bitten. Anscheinend ist er von der Schwierigkeit dieser Aufgabe geradezu überwältigt, jedenfalls hält er sich nicht groß mit Vorreden und feinen Floskeln auf, sondern kommt sofort zur Sache: »Wir möchten deine Schwester als Frau für meinen Schwager haben.« Zu weiteren Ausführungen ist er nicht mehr in der Lage. Er sinkt erschöpft auf die Couch und wird offenbar sofort von einem tiefen Schlaf überwältigt.

Meine Familie ist starr vor Staunen und wahrscheinlich auch Entsetzen. Sie hatten mit allem Möglichen gerechnet, aber mit so etwas sicher nicht. Jamil vergeht geradezu vor Scham. Er ist völlig alleingelassen, das Verhalten seines Schwagers ist ihm schrecklich peinlich, er weiß kaum, wie ihm geschieht. Und natürlich fürchtet er, dass sie im nächsten Moment aus dem Haus geworfen werden. Um von seinem Begleiter abzulenken und um seine Verlegenheit zu überspielen, versucht er es mit Höflichkeit und unverbindlichen Bemerkungen. Aber natürlich ist so eine Situation nicht mehr zu retten und Jamil stolpert von einem Fettnapf in den anderen, es ist eine Katastrophe. Keine Ahnung, wie mein Bruder das alles ausgehalten und was er sich gedacht hat. Überzeugt, dass jetzt eh schon alles egal ist, packt Jamil den Stier bei den Hörnern und kommt noch einmal zum Kern der Sache. Er holt tief Luft, und trägt vor, dass wir uns seit sechs Monaten kennen, einander lieben und heiraten wollen. Mein Bruder runzelt die Stirn: »Davon wussten wir nichts, wir waren in Amerika …«

Doch ehe er seine Bedenken formulieren kann, fällt ihm seine Frau ins Wort, ein ziemlich unerhörtes Vorgehen: »Moment, Bashir, jetzt denk mal kurz darüber nach, wie es bei uns war. Denk dran, wie verliebt du warst, und entscheide dann über Nadia und Jamil.« Für eine Afghanin wirklich eine sehr gewagte Einmischung.

Mein Bruder besinnt sich kurz und sagt dann laut und mit fester Stimme: »Ja. Ich habe nichts gegen diese Heirat einzuwenden. Wir stimmen zu.«

Kaum dringt das Ja-Wort zu Jamils Schwager auf der Couch, setzt sich dieser mit einem Ruck aufrecht hin, packt – wie es Brauch ist – die Süßigkeiten ein und meint: »Schön, dann können wir ja jetzt gehen.« Die ganze Aktion verpasst, seine Pflicht nicht annähernd erfüllt, aber dann so tun, als hätte er die Arbeit getan … Es war wirklich unglaublich.

Blieb noch die Aufgabe, unser Vorhaben Jamils Familie schonend beizubringen. Das war der härteste Brocken, zumal wir bereits gegen eine wichtige Regel verstoßen hatten. Die korrekte Reihenfolge wäre nämlich gewesen: Erst werde ich Jamils Familie vorgestellt, dann wendet sich Jamil – Zustimmung vorausgesetzt – an meine Familie und hält um meine Hand an. Mit unserem Schritt hatten wir das alles außer Kraft gesetzt, und das war wirklich ein starkes Stück. Jamils Vater war schon lange tot, jetzt lag die Verantwortung bei seiner Mutter. Sie wusste von mir und ich hatte den Eindruck, dass sie von Anfang an gegen eine Heirat war. Nicht weil sie mich für dumm oder schlecht oder mit sonstigen Makeln behaftet hielt, sondern weil sie einfach den sozialen Unterschied, den gesellschaftlichen Abstand zwischen uns für zu groß hielt. Daraus konnte ihrer Ansicht nach nichts werden. Und nun musste man ihr also beibringen, dass wir bereits Nägel mit Köpfen gemacht hatten.

Jamils Familie wohnte in Korte Ce, einem guten Viertel. Er und sein Schwager Jawed machten sich auf den Weg, und möglicherweise tranken sie unterwegs noch ein bisschen, sicherheitshalber, damit der Mut sie nicht plötzlich verließe. Zu Hause gingen sie schnurstracks ins Wohnzimmer, legten die Süßigkeiten auf den Tisch, und Jawed sagte zu Jamils Mutter: »Jamil hat sich mit Nadia Sayar verlobt, die beiden werden heiraten. Ihre Familie ist einverstanden.« Das nennt man schonend …

Jamils Mutter war eine sehr feine, gebildete Person. Sie führte das große Haus mit Umsicht und ausgezeichnetem Geschmack, sie hatte einfach Stil.

Aber jetzt verlor sie die Fassung, weil unsere Eigenmächtigkeit sie vor vollendete Tatsachen stellte. Sie explodierte geradezu. Sie hielt alle für vollkommen verrückt und das ganze Unternehmen für einen Riesenfehler. Ihr ältester Sohn und ein Niemand wie ich – darauf konnte einfach kein Segen liegen. Jamils Mutter war keine überhebliche oder dünkelhafte Person. Aber aus ihrer Lebenserfahrung heraus war sie offenbar überzeugt, dass die Ehe zwischen zwei Menschen aus so unterschiedlichen Verhältnissen nicht funktionieren konnte. Und dann die formlose Art der Verlobung. Sie hätte sich für die Brautwerbung und Verlobung ihres Sohnes auf jeden Fall das traditionelle Vorgehen gewünscht, mit allen Feierlichkeiten, die nun mal dazugehörten. Dazu zählte unbedingt, dass die Älteren diesen wichtigen Schritt absegneten. Es war eine Frage der Ehre und des Respekts, den man der Familie schuldete. Und den hatten wir in für sie sehr schmerzlicher Weise vermissen lassen.

Später habe ich mich wunderbar mit Jamils Mutter verstanden, aber damals kannten wir uns noch nicht, und sie wehrte sich mit Händen und Füßen dagegen, dass ihr Liebling Jamil ein kleines armes Mädchen heiratet, obwohl ihn etliche von den Mädchen aus den »richtigen« Familien mit Kusshand genommen hätten. Jamil redete mit Engelszungen auf sie ein, aber sie lehnte die Sache rundheraus ab. Ihr Urteil stand fest: Einer Ehe von zwei Menschen aus so unterschiedlichen Verhältnissen war kein Glück beschieden, und sie machte sich wahnsinnige Sorgen, dass Jamil sehenden Auges in sein Unglück laufe.

Schließlich schaltete sich einer ihrer Verwandten ein, der mit einer Frau verheiratet war, die zum Glück fast ebenso dunkelhäutig war wie ich. Er sagte, dass er die Braut sehen wolle, ehe die Familie ihre Zustimmung gäbe. Na gut, darauf mussten wir uns einlassen, anders ging es offenbar nicht. Die große Frage, von deren Beantwortung noch mehr abhing als sonst in offiziellen Angelegenheiten, war: Was ziehe ich an? Bescheiden, aber nicht zu bescheiden sollte es sein. Ich musste gut aussehen, durfte aber nicht so wirken, als ob ich vor allem Klamotten im Kopf hätte. Ich überlegte hin und her, aber zum Glück war meine Kleiderauswahl noch immer sehr überschaubar, so viel verdiente ich im Ministerium nun auch wieder nicht. Schließlich zog ich ein weinrotes Samtkleid an, ganz einfach geschnitten, klassisch – perfekt. Und es klappte. Jamils Onkel starrte mich an und sagte dann: »Meine Güte, so viel guten Geschmack hätte ich meinem Neffen gar nicht zugetraut! Woher hast du denn diese Frau?«

Damit war alles klar, und die Zusage wurde offiziell von verschiedenen Familienmitgliedern in Empfang genommen. Jetzt waren wir also verlobt!

Jamil war noch nie bei uns zu Hause gewesen, er wusste gar nicht, in welcher Armut wir lebten, die Brautverhandlungen hatten ja bei meinem großen Bruder stattgefunden. Er beriet sich mit seiner Mutter über den ersten Besuch bei uns. Sie hatte ganz genaue Vorstellungen. Traditionell war es so, dass Jamil eine Menge Geschenke mitbringen musste: ein Geschenk für seine zukünftige Schwiegermutter, eins für meine Schwester, eins für meinen Bruder und für mich Schuhe, Kleider und etwas ganz Besonderes, eine Halskette. Macht zusammen ungefähr 100.000 Afghani. Jamil rief mich an und erzählte mir von seinen Geschenkaufträgen. Ich fand das verrückt. »Jamil, was brauche ich ein Collier, wenn ich dich habe? Lass das doch und gib nicht so viel Geld für diesen Blödsinn aus. Wir sind jetzt offiziell verlobt, und du kannst deine Braut einfach so besuchen. Keiner kann etwas dagegen haben.«

Jamil war erleichtert. Am nächsten Tag kam er an und brachte doch ein Geschenk mit: eine Wassermelone. Und zwar die größte, die er hatte auftreiben können, schließlich sollte es nicht heißen, dass er ein Geizhals wäre. Allein konnte er sie gar nicht tragen, also schleppten er und ein Gehilfe diese riesige Melone. Nur war unsere Wohnung so klein, dass dieses Monster nicht durch die Tür passte! Wir mussten sie im Treppenhaus aufschneiden und teilen und in Einzelstücken in die Wohnung bringen. Aber trotzdem war es die größte Melone, die man je gesehen hatte.

Von da an blieb Jamil bei uns. In der kleinen Wohnung. Weil ich arbeitete und alles finanzierte, hatte ich ein Zimmer für mich. Auch sehr klein, aber für mich allein und nach meinem Geschmack eingerichtet, alles in Gelb, die Wände wie der Sonnenaufgang und der Sonnenuntergang. In einer Ecke stand ein winziger Schreibtisch, den ich vom Flohmarkt hatte, wie übrigens das meiste bei uns vom Trödel kam, aber schön zurechtgemacht und mit Phantasie aufgemöbelt wurde. Überall hatte ich niedliche kleine Kissen zum Kuscheln platziert, natürlich in Gelb. Der Hit war ein Poster von Raquel Welch, das ich an die Tür geklebt hatte. Sie war sehr jung – und vollkommen nackt. Nur einen Arm hatte sie über die Brüste gelegt und eine Hand auf ihre Scham. Ich wette, das gab es nirgendwo sonst in Kabul.

Traditionell darf in der Zeit zwischen Verlobung und Hochzeit, dem Namsadi, der Bräutigam ins Haus der Braut kommen. Dass Jamil jedoch bei mir blieb, war für afghanische Verhältnisse absolut unerhört. Aber er hatte sogar den Segen meiner Mutter. An dem Abend, an dem er die Melone brachte, hatte sie ihn eingeladen zu bleiben, wenn er mit unseren beengten Verhältnissen zurechtkäme. Das war schon ungewöhnlich. Aber meine Mutter hatte keine Sorge, dass die Verlobung platzen würde. Ich hatte schon vier Verlobungen hinter mir, die nichts galten, und bei dieser jetzt lagen die Dinge vollkommen anders, das war ihr vollkommen klar. Sie hatte Vertrauen zu mir, vor allem seit ich im Ministerium für meine Arbeit ausgezeichnet worden war. Sie ließ mich machen, weil sie daran glaubte, dass ich wusste, was ich tat.

Es war aber nicht jeder so großzügig im Denken wie sie. Mein Schwager etwa, der Mann meiner Schwester Maria, war ein engstirniger Mensch. Eines Tages sah er Jamil und mich auf dem Heimweg vom American Center. Er sagte etwas zu den herumlungernden Kindern und auf einmal waren 20 Bälger hinter uns her, die uns mit Steinen bewarfen und Schmähungen riefen wie »Solche Nutten wollen wir nicht« und »Wer sittenlos ist, wird bestraft« und so weiter. Ich erschrak zutiefst, Verzweiflung packte mich. Jamil verfrachtete mich in ein Taxi. Als ich nach Hause kam, war mein Schwager schon dort und schrie herum, dass ich eine Schande für die Familie sei, dass ich den guten Ruf des Hauses ruinieren würde, meinen eigenen sowieso, der sei ja aber eh schon schwer ramponiert, und noch einiges mehr in der Tonart. Meine Mutter weinte, weil er sie so unter Druck setzte. Ich schrie zurück, dass Jamil mein Verlobter sei und jemanden wie meinen Schwager das alles gar nichts anginge. Es war ein großer, scheußlicher Krach, in dessen Verlauf viele Tränen flossen. Irgendwann zog mein Schwager ab. Meine Mutter erwähnte diesen Vorfall nie mehr, aber ich wusste, dass ihr das zusetzte, trotz ihrer Überzeugung, dass unsere Verlobung richtig sei.

Jamil blieb bei uns. Und ich blieb trotzdem noch eine ganze Weile Jungfrau. Nicht, weil ich so tugendhaft war, sondern weil sich die kleine Wohnung mit meiner Mutter und meinem Bruder im Nebenzimmer nicht gerade für Intimitäten eignete. Und der erste ernsthafte Versuch scheiterte schließlich an einem Einbrecher. Eines Abends waren wir gerade in der Stimmung, wir trieben unsere Spielereien ein bisschen weiter als sonst, die Küsse waren etwas heftiger und die Umarmungen unbeherrschter. Da hörte ich meine Mutter im Flur schreien. »Jamil, Jamil, schnell! Ein Einbrecher!«

Wie der Blitz fuhren wir vom Bett hoch und fischten nach unseren Kleidern, die wir einander im Eifer des Gefechts, besser gesagt der Leidenschaft, vom Leib gezerrt und irgendwo hingeworfen hatten. In Knäueln lagen sie verdreht und durcheinander halb unterm Bett und halb über dem Schreibtisch. Wir zerrten daran herum, suchten den Eingang in Ärmel und Hosenbeine – und währenddessen schrie und weinte meine Mutter aus Leibeskräften. »Wo seid ihr? Was macht ihr denn? Kommt schnell! Nun beeilt euch doch!«

Kein Wunder, dass der Einbrecher den ungemütlichen Ort so schnell wie möglich verließ. Zumal er in der Zwischenzeit auch bemerkt haben musste, dass es bei uns nichts zu holen gab. Als Jamil und ich endlich halbwegs bekleidet aus meinem

Zimmer stürzten, war er jedenfalls über alle Berge. Meine Mutter, die sonst kaum je schimpfte, war ziemlich sauer. »Ja, ja. Macht ja nichts, wenn mir dieser Lümmel eine Todesangst einjagt. Lasst euch nur hübsch Zeit! Da hat man endlich mal einen Mann im Haus, doch statt dass er uns beschützt, bleibt er einfach im Zimmer, bis alles vorbei ist!« Und so weiter und so fort. Jamil und ich standen da und mussten ganz furchtbar lachen. Wir bekamen uns kaum noch ein, was meine Mutter noch wütender machte. Aber ihr zu erzählen, dass wir splitterfasernackt gewesen waren und die Kleider nicht schnell genug fanden – das ging einfach nicht. Heute denke ich mir, dass sie es ohnehin wusste.

Meine Unschuld verlor ich dann kurze Zeit später, ohne dass wir von Einbrechern gestört wurden. Wir liebten uns in einer Hühnerfarm. Ich hab' es noch heute ganz genau vor Augen. Es flogen zwar nicht die Federn um uns herum, aber ein ausgefallenes Liebesnest war es natürlich schon. Der Hintergrund war folgender: Obwohl wir ja verlobt waren, wollte ich mich nicht unbedingt immer in der Öffentlichkeit mit Jamil zeigen, schon gar nicht in Bars und Cafés. Die Sache mit Marias Mann saß mir noch in den Knochen. Jamil kam daher auf die Idee, ein Haus zu mieten, ein bisschen außerhalb. Es hatte einen großen Garten, und um dem Ganzen einen offiziellen Anstrich zu geben, züchtete er dort Hühner. Er ließ ein paar Reihen mit Hühnerställen bauen und brachte tatsächlich eine ganze Menge Hühner dazu, ihre Eier zu legen. So konnte er seiner Mutter immer einen schönen Grund nennen, tagsüber unterwegs zu sein: Er musste nach den Hühnern sehen. Eine Zeitlang war es unser Codewort, wenn wir es nicht mehr aushielten und unserem Verlangen nachgeben wollten: Lass uns nach den Hühnern sehen.

Ich war das glücklichste Mädchen der Welt. Ich war im siebten Himmel und tauchte ein in die Annehmlichkeiten einer reichen Familie. Wir machten viele Ausflüge, meistens mit einer fidelen Gruppe von jungen Leuten. Setzten uns einfach in Jamils VW-Bus und fuhren in die Berge, veranstalteten Picknicks und amüsierten uns. Natürlich führten wir auch ernsthafte Gespräche und heftige Debatten. In Afghanistan gab es zu dieser Zeit, Ende der siebziger Jahre, starke politische Veränderungen. Mein Land näherte sich der Linie der Sowjetunion an, obwohl wir blockfrei blieben. 1978 kam die kommunistische Partei DVPA an die Macht, was einige sehr begrüßten. Auch in der Oberschicht von Kabul gab es viele junge Leute, die trotz ihrer Herkunft sehr linksorientiert waren, wenn auch nicht unbedingt kommunistisch. Es gab verschiedene Flügel der linken Bewegung, und Jamil und ich nahmen oft an Demonstrationen teil.

Ein wichtiges Ereignis, das meine ganze Aufmerksamkeit in Anspruch nahm, stand noch bevor: unsere Hochzeit. Wenn schon eine Verlobung in Afghanistan keine Privatangelegenheit ist, dann ist es eine Hochzeit noch viel weniger. Und wenn ein Sohn aus gutem Haus heiratet, dann läuft die Vorbereitungsmaschinerie auf Hochtouren. Jamil und ich wollten ursprünglich gar keine so große Hochzeit veranstalten, aber gegen seine Mutter war kein Widerstand möglich – höchstens auf subversive Art. Wir bekamen 100.000 Afghani von ihr, um die Feier standesgemäß auszurichten. Damit sollten wir unter anderem die Anzahlung für das Hotel leisten, in dem die Feierlichkeit vonstatten gehen sollte. Jamil hatte aber noch eine bessere Idee: »Lass uns doch jetzt schon ein bisschen vorfeiern, ganz locker mit unseren Freunden.«

Gesagt, getan. Wir luden alle aus unserem Bekanntenkreis ein – und der war nicht gerade klein, sondern umfasste quasi die gesamte bessere Jugend Kabuls. Verlobte, Verliebte, Singles, alle sollten mitkommen zu einem großen Picknick in den Bergen. Wir besorgten Whisky, Sekt, Wodka und Wein in großen

Mengen, was gar nicht so einfach war, denn Alkohol wurde nicht überall verkauft. Es gab zwar Läden, aber vielfach konnte man Alkohol offiziell gar nicht erwerben, sondern musste ihn aus verdeckten oder verschiedenen privaten Quellen besorgen. Außerdem gehörte zu einer guten Party etwas zu rauchen, und das besorgte Jamil selbstverständlich auch. Und Fleisch und Brot und Musik und dies und das. Wir fuhren hinaus in die Berge – keine Ahnung, wie viele Autos sich da über die Straßen schoben. Ich glaube, wir feierten zwei Tage lang. Genau weiß ich es nicht mehr, obwohl ich selbst weder trank noch rauchte. Es war phantastisch. Und das Ergebnis war ebenfalls spektakulär: Wir waren pleite, das Geld für die Hochzeit war weg, restlos aufgegessen und vertrunken und verraucht mit unseren Freunden.

Es war absolut ausgeschlossen, Jamils Mutter zu erzählen, dass wir ihr schönes Hochzeitsgeld mit einer wilden Party durchgebracht hatten. Sie war zwar eine großzügige Frau, aber das hätte sie niemals akzeptiert. Wir überlegten hin und her, und schließlich kam Jamil auf die glorreiche Idee, seine Hühner zu verkaufen. Für jedes geschlachtete Huhn bekam man etwa 30 Afghani. Das große Hühnersterben nahm seinen Lauf – nur um nachträglich unser Vergnügen zu finanzieren. Aber selbst das blutige Opfer Hunderter von Hühnern brachte keine 100.000 Afghani ein. Auf mehr als 50.000 kamen wir einfach nicht, und damit war weder eine Hochzeit im Hotel Kabul noch gar im Hotel InterContinental zu finanzieren – das waren die besten Hotels der Stadt, und wer auf sich hielt, feierte dort. Die beiden schieden also definitiv aus. Am Ende wurden wir mit dem Hotel Ariana einig, und Jamils Mutter erzählten wir, dass im InterContinental bereits seit einem Jahr alles ausgebucht war und im Hotel Kabul seit sechs Monaten. Leider, leider mussten wir daher ausweichen auf das Hotel Ariana, aber das sei ja auch ganz schön. Sie war ziemlich sauer, wahrscheinlich schwante ihr, dass wir das Geld verjubelt hatten. Schließlich fügte sie sich in ihr Schicksal, es blieb ihr ja keine andere Wahl. Wir begannen also mit den Vorbereitungen.

Das Hochzeitskleid anzufertigen war eine Wissenschaft für sich. Es kam dafür nur der beste Schneider Kabuls in Frage, der Dior von Kabul sozusagen. Er war der Schneider der Königsfamilie. Und jetzt ging ich zu ihm, Nadia Sayar. Mir, ausgerechnet mir, sollte er das Kleid für den wichtigsten Tag meines Lebens anfertigen. Der Mensch, der alles einkleidete, was Rang und Namen hatte. Natürlich war es nicht einfach mit ein paar Anproben getan. Der Mann war ein Künstler, und seine Kunst erforderte alle Aufmerksamkeit und Hochachtung der Welt, auch von mir. Manchmal schien es mir so, als wäre er die Hauptperson, nicht ich. Wenn ich zu den Anproben kam, lagen immer weiße Tücher auf dem Boden, damit der Stoff nicht beschmutzt wurde. Assistentinnen hüpften um uns herum und reichten Maßbänder, Nadeln und was er sonst alles so brauchte, um mich zur schönsten Braut der Welt zu machen. Ich muss mindestens zehnmal bei ihm gewesen sein.

Anfangs war ich ziemlich unsicher, weil ich noch niemals zuvor jemandem begegnet war, der so aussah wie er. Er war groß und stattlich, ich reichte ihm kaum bis zur Brust. Sein Bart wuchs nicht einfach vor sich hin, sondern war ein imposanter, stets sorgfältig gepflegter und frisierter Backenbart, an dem jedes Härchen genau so lang war, wie es der Schwung der Linie verlangte. Und immer trug er eine schwarz-rote Samtjacke über seinem Hemd. Für Kabuler Verhältnisse war er eine extrem extravagante Erscheinung, vielleicht doch eher eine Art Karl Lagerfeld und weniger Christian Dior.

Er präsentierte eine Unzahl an Stoffen, Webarten, Mustern und Qualitäten und entschied sich schließlich für einen speziellen weißen Taft. Der Schnitt war raffiniert, ich war ja eher klein und sollte ein Kleid bekommen, das mich optisch streckte. Die Taille war ganz schmal, der Rock lang und der Ausschnitt ziemlich weit. Darüber kam eine weiße Perlenstickerei, so dass ich nicht frivol aussah, sondern wie eine Kostbarkeit erschien. Jedes Detail wurde genau geprüft, besprochen und so lange geändert, bis es den Vorstellungen des Meisters entsprach. »Nadia, was machen wir mit deinem Hals? Hier muss noch etwas hin.« »Nadia, wie kannst du so dastehen? Wie soll ich ein Kleid für dich schaffen, wenn du nicht die Haltung einer Königin annimmst?« »Wir müssen uns etwas ausdenken für deine Schultern, Nadia.« »Dein Haar sitzt nicht richtig. Wie sollen wir den Gesamteindruck erfassen, wenn dein Haar unordentlich ist?« Und so ging es die ganze Zeit. Vor jeder Anprobe musste ich zum Friseur gehen und die Haare aufstecken lassen, damit wir die Wirkung abschätzen konnten und alles zusammenpasste. Es war Schwerstarbeit, für alle Beteiligten.

Den Hut fertigte die Schwägerin meiner Schwägerin an. Sie schuf ein luftiges Gebilde mit sehr feinen Federn, die quasi um mich herumschwebten. Der Brautstrauß bestand aus weißen Rosen und war mit langen grünen Bändern gebunden, die bis zum Boden fielen. Es war ein Traum! Ein Märchen, ein Traum, eine andere Welt – ich weiß nicht, wie ich meinen damaligen Zustand beschreiben soll. Es war ja nicht einmal so, dass mein sehnlichster Wunsch in Erfüllung gegangen wäre. Auf solche Wünsche wäre ich im Leben gar nicht gekommen! Das war etwas völlig Undenkbares, das war ein Ereignis aus einer ganz anderen Sphäre. Meine Mutter hatte immer gemeint, dass ich nie einen Mann bekommen würde, dass meine Arbeit und meine Selbständigkeit jeden Mann abschrecken würden. Und sollte das nicht reichen, dann würden meine aufgelösten Verlobungen jeden anständigen Bewerber in die Flucht schlagen. Wenn sie früher so gejammert und ihre Bedenken geäußert hatte, neckte ich sie immer und meinte: »Mami, mach dir keine Sorgen. Was brauche ich einen Mann? Ich bekomme doch einen Prinzen!« Und nun hatte ich tatsächlich einen. Einen wunderbaren Prinzen, der mich heiratete.

Mein Hochzeitstag ist mir einerseits als ganz scharf gestochenes Bild in Erinnerung geblieben, andererseits aber liegt eine Art Schleier darüber, der alles weichzeichnet. Ich habe diesen Tag so intensiv erlebt wie keinen anderen, gleichzeitig war ich auf eine Weise entrückt, als ob ich gar nicht anwesend wäre, sondern mich selbst wie von außerhalb betrachtete. Ich war 18 Jahre alt, befand mich auf einer Märchenhochzeit, die meine eigene war, schaute auf mich und die ganze Gesellschaft und fragte mich, wie ich dorthin gekommen war. Als Halbwaise, die mit ihrer Mutter und ihrem Bruder in einer winzigen Zweizimmerwohnung lebte und mit einer Arbeit als Sekretärin den Lebensunterhalt für alle drei verdiente. Ich befand mich in einer Art Trance. In einem gleichzeitig wahnsinnigen und sanften Rausch des Glücks.

Die Zeremonie fand im großen Saal des Hotels statt. Das war üblich so. Die Ehe wird durch den Segen des Imams geschlossen. Die Registrierung auf dem Standesamt erfolgt ein paar Tage später und ist im Grunde nur ein Verwaltungsakt. Die eigentliche Sache findet mit vielen Gästen in einem öffentlichen Raum statt, und bei uns war es eben der große Saal des Hotels Ariana. In Afghanistan oder zumindest im Kabul der siebziger Jahre gab es vor diesem letzten Akt ein Vorspiel, das beinahe genauso ausgekostet wird wie die Hochzeit selbst. Die Brautleute kommen nämlich nicht von zu Hause aus, sondern vom Friseur. Für Europäer sicher komisch, aber bei uns ist es Sitte, dass die Braut am Hochzeitstag mit ihren Freundinnen in den Friseursalon geht. Auf dem Land und in sehr traditionellen Familien veranstalten die Frauen am Vortag noch einen sogenannten Hennatag, an dem die Frauen einander die Hände und Füße mit Henna bemalen. Das kam für mich aber nicht in Frage.

In Afghanistan ist man nie allein, und vor der Hochzeit sowieso nicht. Freundinnen, Geschwister, Verwandte, Freunde von Verwandten und alle möglichen anderen Leute sind ständig um einen herum. Wenn man also den Friseur anruft und sagt: »Ich brauche einen Termin für meine Hochzeit«, dann weiß der Bescheid. Er schließt seinen Laden für den ganzen Nachmittag und Abend und reserviert alles für die Braut, andere Kunden haben keine Chance. Denn eine Braut, die zum Friseur geht, ist immer in Begleitung. Ein Schwarm von zehn bis zwanzig Freundinnen begleitet sie. Für den Bräutigam gilt dasselbe, nur dass er, wenn er genügend Freunde hat – und das ist in der Regel der Fall –, zu einem anderen Friseur geht, weil die ganze Gesellschaft gar nicht in einen Laden passen würde.

Das Haar der Braut wird also im Rahmen einer kleinen Party beim Friseur feierlich gebürstet, hergerichtet, gesteckt und in vollendete Form gebracht. Mein königlicher Schneider beehrte uns selbstverständlich auch mit seiner Anwesenheit. Er hatte ja ganz genaue Vorstellungen von dem Kunstwerk, das aus mir werden sollte, und hätte niemals zugelassen, dass sein Werk etwa durch einen schlampigen Friseur in seiner Wirkung beeinträchtigt würde. Das Ganze dauert natürlich Stunden. Aber schließlich ist man doch fertig, und es wird eine Nachricht an den Bräutigam und seine Freunde geschickt: »Die Braut ist so weit!« Man trifft sich vor dem Hotel oder Haus, in dem die Zeremonie stattfinden wird, und geht dann gemeinsam hinein.

Ich war so unglaublich aufgeregt, dass ich am ganzen Leib zitterte. Ich war sicher die schönste Braut der Welt, in meinem herrlichen weißen Kleid aus Taft und mit den aufgestickten Perlen, den weißen Rosen und dem zauberhaften Hut. Aber ich strahlte auch von innen heraus. ICH trete gemeinsam mit IHM vor den Tisch des Imams. Mit diesem Märchenprinzen, der meine große Liebe ist und der erste Mann in meinem Leben. Ich fühlte mich so schön wie nie zuvor, ich war die Schönheit selbst, weil an mir und mit mir gerade ein Wunder geschah.

Die Hochzeitsgäste waren natürlich alle schon längst da, und als wir den Saal betreten, stimmt der Sänger »Astaa boro« an, das traditionelle Hochzeitslied. »Geh ganz langsam, schreite in Ruhe voran«, so könnte man es übersetzen. Das Brautpaar bewegt sich also ganz langsam nach vorn, wo eine Art Altar aufgebaut ist und etwas erhöht zwei Sessel stehen, damit alle das Brautpaar sehen können. Jamil trug einen wunderbaren Anzug, grau, mit einem champagnerfarbenen Hemd. Anstelle des Gürtels hatte er ein weinrotes Band um die Taille gebunden. Weil man normalerweise während des Abends die Kleidung wechselt, hatte er einen zweiten Anzug dabei, ganz und gar champagnerfarben. Ich selbst hätte der Sitte nach später ein grünes Kleid anziehen sollen, aber aus irgendwelchen Gründen blieb ich den ganzen Abend in meinem Brautkleid. Später habe ich meine Witzchen damit gemacht, dass ich zur silbernen Hochzeit dann endlich ein grünes Kleid tragen werde. Heute habe ich drei grüne Kleider im Schrank. Keines von ihnen brauchte ich für meine silberne Hochzeit. Es hat keine gegeben. Aber an so etwas denkt man nicht, wenn man seiner Trauung entgegengeht.

Die vielen Gesichter, während wir nach vorne gehen, meine Mutter, die selig ist. Wahrscheinlich hat sie auch an ihre Hochzeit gedacht, an meinen Vater. Vielleicht hat sie mit ihm eine kleine innere Zwiesprache gehalten, hat ihn gefragt, ob er nicht stolz auf uns beide ist. Hat ihn daran erinnert, dass es bei ihnen ähnlich war: sie ein junges Mädchen aus ärmlichen Verhältnissen, er ein angesehener Mann, der weit über ihr stand und ein stattliches Vermögen besaß. Hat sich gemeinsam mit ihm gefreut, dass ich einen Menschen gefunden hatte, der mein Glück sein würde.

Als wir vor den Imam traten, wurde es ernst, denn vor allem anderen ging es noch um etwas sehr Wichtiges: um Geld. Es musste die Summe ausgehandelt werden, die Jamil zahlen müsste, falls er sich von mir scheiden ließe. Das hatte damals vor allem symbolischen Wert, weil es unter den Kommunisten nicht mehr üblich war, ein Brautgeld zu vereinbaren. Die Braut durfte nicht für sich selbst verhandeln, sondern musste sich vertreten lassen. Ich hatte den Vater meiner Schwägerin und den Ehemann einer meiner Halbschwestern zu Vertretern ernannt. Jamil konnte für sich selbst sprechen, hatte aber auch zwei Berater bei sich. Eigentlich hätte alles unter den Männern abgemacht werden müssen, aber Jamil forderte, dass ich dabei bleiben durfte. Zähneknirschend akzeptierten der Imam und die Vertreter der Familie diese Forderung, doch nur unter der Bedingung, dass ich meinen Mund halten würde – nicht gerade meine stärkste Seite.

Die später ausgefertigten Urkunden existieren nicht mehr, irgendwo auf dem Weg von Afghanistan nach Deutschland sind sie unter die Räder gekommen. Aber ich erinnere mich noch ganz genau daran, wie das Handeln los geht: »Lass uns 100.000 Afghani ansetzen«, meint einer von meinen Leuten. »Nein, 80.000 ist besser«, meint Jamils Seite. Da mischt sich Jamil ein: »Ich will, dass 300.000 Afghani eingesetzt werden.« Die anderen erstarren. Ist der Mann verrückt geworden? So laufen doch keine Verhandlungen ab. Das ist ein genau abgezirkeltes Hin und Her: Der eine macht ein Angebot, der andere fordert mehr, der eine gibt ein bisschen nach, der andere kommt ein Stückchen entgegen, und so erreicht man in sorgfältig abgemessenen Schritten nach einer Weile die Summe, die jede Seite für akzeptabel hält. Und jetzt erhöht Jamil, der den Regeln zufolge die Summe hätte drücken müssen, seinen im Fall der Fälle zu zahlenden Obolus – und zwar auf das Dreifache. Das hatte es noch nie gegeben! Nun gut, wenn er unbedingt will. Ja, Jamil will unbedingt: »Meine Frau ist mir unendlich viel mehr wert als 100.000 Afghanis. Selbst 300.000 sind viel zu wenig.« Um noch Schlimmeres zu verhüten, beeilen sich die anderen, Jamils Vorschlag zuzustimmen, unterschreiben das Dokument, und der Handel ist perfekt. Der Imam rezitiert ein paar Verse aus dem Koran, und alle beten für das Glück des jungen Paares.

Ein paar Tage später mussten wir die Vereinbarung beim Standesamt beglaubigen lassen. Das erledigten wir allein, keiner unserer Verwandten, der an der Verhandlung vor dem Imam teilgenommen hatte, war dabei. Der Beamte nahm den Vertrag und war kurz davor, sein Siegel aufzubringen, da erhob ich meine Stimme: »Bitte, warten Sie einen Moment. Da steht doch 300.000 Afghani. Können Sie eine Null wegstreichen und 30.000 Afghani daraus machen?« Der Beamte dachte, ich sei irrsinnig oder betrunken! So etwas Absurdes hatte er noch nie gehört. »Doch, bitte streichen Sie die Null. Ich liebe diesen Mann und heirate ihn nicht wegen seines Geldes.« Und so sind auf unserem offiziellen Heiratsdokument nur 30.000 geblieben.

Doch zunächst einmal wurde gefeiert. Es war ein rauschendes Fest, die Tische bogen sich unter den Schüsseln und Tellern, es gab bestimmt 30 verschiedene Vorspeisen und Gerichte, Fisch, Fleisch, Gemüse, Reis und alles, was das Herz begehrte. Anschließend wurde getanzt, und eine meiner Halbschwestern führte einen indischen Tanz auf. In Kabul konnte natürlich kein Musiker so etwas spielen, deshalb kam die Musik zu ihrem Tanz von einer Kassette. Es war eine ziemlich gewagte Darbietung, absolut außergewöhnlich. Wahrscheinlich runzelten einige der älteren Leute die Stirn. Ich glaube, wir waren mit unserer Freizügigkeit für viele eine echte Zumutung. Es waren sicher auch einige Neider da, die uns unser Glück nicht gönnten, speziell mir nicht. Dass ich, ein kleiner Habenichts, nun hier stand und den schönsten Mann der Stadt heiratete – das hat sicher vielen nicht gepasst. Aber ich merkte es kaum. Ich war einfach nur glücklich und dachte immer: »Gleich ist die Nacht zu Ende, und dann ist alles vorbei …«

Tatsächlich fiel die Nacht unserer Hochzeit kürzer aus als üblich. Wir heirateten gut drei Monate nachdem die kommunistischen Gruppen Partscham und Khalq die Macht in Afghanistan übernommen hatten; der vorherige Präsident Daoud und ein großer Teil seiner Familie wurden bei dem Staatsstreich getötet. Jetzt, im Sommer, gab es bereits Unruhen. Zum einen stritten sich die Flügel über ideologische Differenzen und natürlich über Posten, zum anderen stieß das sozialistische Reformprogramm bei vielen Afghanen auf Unmut, in einigen Provinzen kam es zu Aufständen. Eine Folge dieser angespannten Situation waren nächtliche Ausgangssperren. Für unsere Hochzeit bedeutete das: Der sonst übliche Shorgascht, die Fahrt durch die Stadt, musste ausfallen.

Also kein fröhlicher Autokorso mehr durch die Stadt, kein ausgelassenes Hupen und Lärmen. In Deutschland veranstaltet man ja Ähnliches, aber in Kabul dauerte so etwas deutlich länger, normalerweise mehrere Stunden. Der Shorgascht fand bei uns daher nicht statt, und noch Jahre später sagte Jamil immer, wenn wir uns in einer deutschen Stadt verfahren hatten und durch die Straßen kurvten: »Mein Schatz, das mache ich nur, weil damals unser Shorgascht ausgefallen ist. Den hole ich jetzt extra für dich nach.«

Wir sind also direkt nach der Hochzeit heimgefahren, in Jamils Elternhaus, ehe die Sperren in Kraft traten. Daran, ins Bett zu gehen, war allerdings nicht zu denken. Jamils Freunde hatten nämlich unser Schlafzimmer zugesperrt, auch eine dieser alten Sitten. Einer steckte dem anderen den Schlüssel zu, und wir standen da und kamen nicht hinein. Sie hatten ihren Spaß, wir das Nachsehen. Jamil musste betteln und flehen und schließlich den Schlüssel »freikaufen« – mit Süßigkeiten aus dem Vorratsschrank seiner Mutter.

Jetzt galt es nur noch, ein letztes Problem zu lösen: Es musste ein »Beweis« für meine Jungfräulichkeit fabriziert werden. Letztlich wussten wir gar nicht ganz genau, ob es überhaupt von uns erwartet wurde, Jamils Familie gehörte durchaus zu den aufgeklärten Kreisen; aber sicherheitshalber wollten wir doch der Tradition entsprechen. Ich war ja längst keine Jungfrau mehr, aber die Verwandten und weit entfernten Zweige der Familie, die teilweise vom Land kamen und sehr traditionell dachten, erwarteten möglicherweise, dass die Braut als Jungfrau in die Ehe ging. Die Bettbeschau nach der Hochzeitsnacht war für sie Bestandteil der Prüfung: War Blut auf dem Laken, konnte man beruhigt sein. War kein Blut zu sehen, dann hatte entweder der Ehemann seine Aufgabe nicht erfüllt, oder – noch schlimmer – die Braut war keine Jungfrau mehr gewesen. Ich glaube, das ist in vielen Ländern so, und bei uns eben noch bis vor kurzem, in manchen Familien wahrscheinlich bis heute.

Eine heikle Situation. Woher jungfräuliches Blut nehmen, wenn keine Jungfrau mehr vorhanden ist, aber mindestens 50 Verwandte aus der Provinz darauf warten, am Morgen unser Bett in Augenschein zu nehmen? Einer der Freunde hatte die rettende Idee: »Wir schlachten ja sowieso das Huhn für die Schwelle. Da können wir doch etwas Blut abzweigen und aufs Bett schmieren.« Das war ein alter Hochzeitsbrauch: Die Schwelle des Hauses wird mit dem Blut eines Huhns bestrichen, oft auch die Schuhe der Braut, und so betritt sie das Haus ihres Mannes. Es soll die Fruchtbarkeit der Verbindung beschwören. Wir hätten das wahrscheinlich gar nicht gemacht, wir waren ja moderne Menschen, aber so kam uns dieser Brauch sehr gelegen, und man konnte zwei Fliegen mit einer Klappe schlagen.

Wenn ich es mir recht überlege, haben Hühner bei meiner weiblichen Entwicklung eine große Rolle gespielt. Erst die Entjungferung auf der Hühnerfarm und jetzt die »Wiederherstellung« meiner Jungfräulichkeit mit Hilfe eines Huhns. Nur: Jamils Freunde hatten ihre Schwierigkeiten mit dem Schlachten. Sei es, dass sie keine Übung hatten, weil in den besseren städtischen Familien die Söhne natürlich nicht mehr selbst schlachteten, sei es, dass sie einfach ziemlich beschwipst waren – jedenfalls gelang es ihnen nicht, das Blut des Schwellenhuhns aufzufangen. Ein Huhn nach dem anderen musste dran glauben, und jeder Versuch scheiterte. Jamils Mutter verstand überhaupt nichts mehr: »Seid ihr noch bei Trost? Warum bringt ihr ein Huhn nach dem anderen um? Eins reicht doch für die Schwelle. Das ist schon das fünfzehnte. Was macht ihr da?«

Jamil versuchte, sie zu beruhigen: »Mutter, das machen wir nur, weil deine Schwiegertochter so wertvoll ist, deshalb reicht ein Huhn nicht.« Wahrscheinlich hielt sie ihn für verrückt.

Irgendwann war es dann aber geschafft. Gholam schlug mit einem großen Messer einem Huhn den Kopf ab, Daoud hielt blitzschnell das Gefäß an den offenen Hals und bekam genug von der kostbaren Flüssigkeit zusammen. Damit hatte das große Schlachten ein Ende. Die armen Hühner, welch trauriges Schicksal! Für uns aber hat es sich gelohnt. Am nächsten Morgen kamen tatsächlich ziemlich früh sämtliche Tanten, Großtanten, Cousinen, Schwägerinnen und so weiter ins Haus, um einen prüfenden Blick auf das Bett zu werfen. Und das Hühnerblut tat seine Wirkung. Sie waren überzeugt, dass alles seine Richtigkeit gehabt hatte, und legten Geld und Gold für die Brautleute aufs Bett, wie es sich gehörte.

Nun waren wir also verheiratet. In rasender Geschwindigkeit hatte sich mein Leben vollkommen verändert. Ich war die glücklichste Frau der Welt, die den schönsten und besten Mann der Welt bekommen hatte. Ein wunderbares Leben erwartete mich. Ich war Jamils Frau.

Anderthalb Monate nach unserer Hochzeit verließen wir Kabul und zogen nach Baghlan im Nordosten Afghanistans. Baghlan war das Zentrum des Zuckerrohranbaus, und Jamil hatte einen Posten in der dortigen Zuckerraffinerie bekommen. Nadia Qani – ein anderer Mensch, ein neues Leben.

6. Kapitel

IM PARADIES

Ich freute mich auf Baghlan. Wir würden dort eine eigene Wohnung beziehen, und ich konnte es kaum erwarten, endlich mit Jamil allein zu leben, als Ehefrau und Ehemann. Bis es so weit war, wohnten wir im Haus meiner Schwiegermutter. Wenn ich nicht so unsicher und so schüchtern gewesen wäre, dann hätte ich die anderthalb Monate bei Jamils Familie viel mehr genießen können. Das Haus war so groß, dass die kleine Zweizimmerwohnung meiner eigenen Familie etliche Male dort hineingepasst hätte. Vor dem Wohnzimmer erstreckte sich eine große Terrasse, die mit Rosenbüschen eingefasst war. Schimmerndes Hellrot der Blüten und kraftvolles Grün – vor den Augen der Bewohner breitete sich ein Meer von Rosen aus. Ihr Duft war betörend und ihr Anblick ein leuchtender Kontrast zu den staubigen Straßen Kabuls.

Meine Schwiegermutter hatte Stil, und ihr sicherer Geschmack zeigte sich auch daran, wie sie das Haus führte und wie sie es eingerichtet hatte. Alles war von ausgesuchter Qualität, nicht protzig, aber doch auffallend gut. Ihre Lieblingsfarben waren Beige und Champagner, und zur Hochzeit ihres Sohnes hatte sie sämtliche Zimmer neu streichen lassen, damit alles perfekt sei. So viel Vornehmheit schüchterte mich aber noch mehr ein. Ich war zwar durch meine Arbeit im Ministerium auch mit höhergestellten Personen in Kontakt gekommen und auf offiziellen Veranstaltungen gewesen, bei denen ich mich gut geschlagen hatte, doch hatte stets meine Arbeit im Vordergrund gestanden. Ich wusste, was ich zu tun hatte und dass ich mich auf meine beruflichen Fähigkeiten verlassen konnte. Das hier war etwas anderes. Ich war die neue Schwiegertochter und nicht aus allerbestem Hause. Es verlor zwar keiner ein Wort darüber, aber ich fühlte mich beobachtet und wollte mich auf keinen Fall blamieren.

Die Bewährungsprobe kam ein paar Tage nach unserer Hochzeit: gemeinsames Frühstück mit der ganzen Familie. Ich sollte feines Porzellan benutzen, möglicherweise unbekannte Gerichte essen – und das alles in einer Gesellschaft, die mir genau auf die Finger schauen und jede meiner Bewegungen registrieren würde. Schon der Gedanke daran ließ mir die Haare zu Berge stehen. Aber es war nicht zu vermeiden. Jamil lachte nur, als ich ihm von meinen Sorgen erzählte, und meinte, das seien alles Hirngespinste. Ich sollte einfach auf ihn schauen und alles so machen wie er, damit sei jedes Problem aus der Welt geschafft. Ich bezweifelte das, redete mir aber selbst gut zu: »Nadia, was soll das? Das sind doch keine Monster, sondern das ist deine neue Familie. Es wird schon alles klappen. Es ist nur ein Klacks gegen alles, was du im Ministerium gemacht hast.« Ich glaubte mir selbst nicht ganz, aber es half alles nichts, ich musste in die Höhle des Löwen.

Morgens früh um halb acht Uhr betraten Jamil und ich das Wohnzimmer, in dem sich auch der große Esstisch befand. An diesem Tag waren die Glastüren geöffnet worden, und der Tisch stand auf der überdachten Terrasse. Eine neue, reich bestickte Decke verhüllte ihn, die Servietten aus demselben Stoff lagen an den Plätzen, und sogar die Stühle waren mit Kissen aus demselben Stoff belegt. Alles war aufeinander abgestimmt und an der richtigen Stelle, genau so, wie es immer in »Brigitte« und »Burda« vorgeführt worden war. Es wurde aufgetragen, was die Küche hergab: mindestens zehn Sorten Gebäck, die süßen

Sorten namens Kolcha ebenso wie die salzigen, Shor na shirin. Außerdem Eier in allen Variationen, gekocht, gerührt und gebraten. Zwischen den Schüsseln standen große Platten mit verschiedenen Gemüsen, Gurken und Tomaten, die mit Koriander oder Minze gewürzt waren. Dupjasa, Fleisch mit Zwiebeln und Erbsen, Kebap degi, Fleisch mit rohen und gebratenen Zwiebeln, etliche Käsesorten, rund 20 Marmeladen, die meine Schwiegermutter selbst gemacht hatte, und natürlich Shir-chai, der schwarze Tee mit süßer Milch oder frischer Sahne – wohin man auch schaute, alles war im Überfluss vorhanden und regte den Appetit an.

Alle sind schon versammelt, Schwägerinnen und Schwager und andere Verwandte, mindestens 30 Personen. Meine Schwiegermutter läuft geschäftig hin und her, holt immer neue Köstlichkeiten aus der Küche. Ich sitze neben Jamil, hebe kaum die Augen, sondern starre auf meinen Teller oder hefte den Blick auf ihn, damit mir nichts entgeht und ich in allem seinem Beispiel folgen kann. Er nimmt sich ein Stück Gemüse, ich ebenso. Er schneidet sein Shami Kebap in vier kleine Stücke, ich mache es genauso. Jamil gießt sich ein wenig Tee ein, schwenkt ihn in der Tasse – und kippt ihn dann weg, in die Rosen, die die Terrasse einrahmen. Ich staune, aber nun ja, vielleicht ist das in dieser Familie so üblich. Und Jamil hatte schließlich gesagt: »Mach alles so wie ich.« Ich mache also alles so wie er. Fast genau so wie er. Ich gieße mir Tee ein, noch ein kleines bisschen mehr, schwenke ihn einige Male in der Tasse und will ihn wegschütten, genau wie Jamil. Ich hebe die Tasse an, hole ein wenig aus, damit der Schwung bis zu den Rosen reicht, der Tee schießt aus der Tasse heraus – und landet nicht in den Pflanzen, sondern platscht an die neugestrichene Decke des Terrassendachs! Große Güte! Ich merke, wie die anderen die Luft anhalten. Die braune Flüssigkeit tropft herunter, der dunkle Fleck auf der strahlend weißen Fläche zieht alle Augen auf sich.

Wie konnte das passieren? Meine Nervosität, das Bemühen, immer auf Jamil zu schauen, die Angst, etwas falsch zu machen? Keine Ahnung, was dazu geführt hat, dass ich mein Ziel so weit verfehlt und mit großer Geste das falsche erwischt habe. Ich bin zu blöd, eine Teetasse ohne Unfall anzuwärmen – denn darum ging es bei der Aktion. Jetzt habe ich nicht nur mich selbst blamiert, sondern Jamil gleich mit, der eine so unbeholfene dumme Gans zur Frau genommen hat. Etwas dermaßen Peinliches ist mir noch nie passiert. Tränen stürzen mir aus den Augen, ich muss so heftig weinen, dass ich kaum sprechen kann. Ich stammele mühsam, dass mir alles so schrecklich leid tut und ich nicht weiß, wie das geschehen konnte … Jamils Mutter kommt aus der Küche und entdeckt die Bescherung. Sie fängt an zu schimpfen: »Was ist denn hier passiert? Welcher Dummkopf war das denn?«

Da tönt es von allen Seiten: »Ich war's.«

Jamil: »Mama, schimpf nicht, ich war's.«

Fareiba, meine Schwägerin: »Das war ich.«

Forogh, meine andere Schwägerin: »Ich war's.«

Mein Schwager Hakim: »Ich war's.«

Vier Personen, die schuld an diesem Missgeschick sein wollen, aber wer aus Leibeskräften weint, bin ich. Jamils Mutter erfasst die Lage, beruhigt sich und muss sogar ein kleines bisschen lächeln. Ein paar Tage später lässt sie den braunen Fleck an der Decke übermalen, und damit war die Sache dann erledigt.

Ich kaute noch eine ganz Weile an dieser Peinlichkeit herum, tröstete mich aber mit dem Gedanken an den Nebeneffekt meiner Tollpatschigkeit: Dass meine neue Familie sich vor mich stellte und mir die Blamage weitgehend abnahm, war nobel. Trotzdem, dieses feine Leben unter ständiger Beobachtung war recht anstrengend, und die mehr als zweihundert Kilometer Entfernung von Kabul würden das Leben in Baghlan für mich um einiges angenehmer machen.

Baghlan ist eine Provinz und außerdem eine Stadt im Nordosten Afghanistans. Damals war es eine Kleinstadt, im Tal des Flusses Kundus gelegen. Die Landschaft ist lieblich und prächtig zugleich, hoch ragen die Berge auf und zeigen sich in respekteinflößender, mächtiger Schönheit. Das Tal ist grün und sehr fruchtbar, deshalb ist Baghlan auch das Zentrum der Zuckerproduktion. Endlose Felder von Zuckerrohr erstreckten sich rund um die Stadt, dazwischen die zur Erntezeit weißbetupften Baumwollfelder. Am Stadtrand befand sich die große Raffinerie, in der das Zuckerrohr verarbeitet wurde. Dort hatte Jamil einen Posten als Führungskraft bekommen – mit Aussicht darauf, irgendwann Direktor zu werden, so wie sein Vater Jahrzehnte vorher hier als Direktor tätig gewesen war. Jamils Mutter war damals Vorsitzende eines Frauenvereins und hatte als Lehrerin für Handarbeit, Hauswirtschaft und Umgangsformen in Baghlan gearbeitet. Wir beide machten jetzt dasselbe: Jamil arbeitete in der Fabrik, und ich ging jeden Tag in eine Mädchenschule, um Englischunterricht zu erteilen. Nach meinem Kurs im American Center war ich dafür gut gerüstet.

Baghlan war ein Traum für mich, in jeder Hinsicht. Ich war eine junge Ehefrau in guten Verhältnissen, ich kam aus der Großstadt Kabul und fand mich mühelos in der sehr überschaubaren Stadt zurecht, meine Arbeit in der Schule machte mir Freude, die Kollegen waren freundlich, und ich hatte den schönsten und besten Ehemann der Welt. Auf meiner Hochzeit war ich zur Königin geworden, und jetzt fühlte ich mich auch wie eine Königin.

So war es auch nicht schlimm, dass ich nicht kochen konnte. Königinnen kochen nicht und müssen auch nicht wissen, wie man das macht. Aber wenn man ehrlich ist: Für eine junge afghanische Ehefrau war es eine Schande, nicht kochen zu können. In Kabul im Haus meiner Schwiegermutter war dieser Mangel nicht aufgefallen, weil die Familie natürlich eine Köchin beschäftigte. Aber jetzt in Baghlan ließ es sich nicht mehr verheimlichen: Aus meiner Küche kam einfach keine anständige Mahlzeit. Ich hatte immer viel gearbeitet, schon als kleines Mädchen, da war einfach keine Zeit geblieben, um solche wichtigen Haushaltsdinge zu lernen. Außerdem wollte ich auch gar nicht. Ich sagte immer: »Ich heirate einen Prinzen, und dann brauche ich nicht zu kochen! Ich bin gut in der Schule, das reicht. Wenn nicht, stelle ich halt später einen Koch ein.« Meine Mutter beschwor mich zwar tausendmal, dass ich kochen lernen sollte, aber andererseits sah sie ja auch, dass ich mit dem Drachenschnur-Geschäft, der Produktion nach Schnitten aus »Brigitte« und dem Hefteschreiben für meine Schulkameradinnen bereits über die Maßen beschäftigt war. Sicher wollte sie mich nicht noch zusätzlich belasten, und außerdem erkannte sie wahrscheinlich, dass ich mit meinen geschäftlichen Aktivitäten für den Haushalt nützlicher war, als wenn ich ihr stundenlang dabei geholfen hätte, Gerichte mit unserem dunklen Reis, Palau, zuzubereiten, für die man lange am Herd stand.

Jeder andere Afghane wäre bei der Erkenntnis, dass ich nicht kochen konnte, vor Entsetzen umgefallen, aber Jamil war eben nicht wie jeder Afghane. Er übernahm das Kochen. Sein Arbeitstag dauerte normalerweise von acht Uhr morgens bis vier Uhr nachmittags. Damit er zwei Stunden Pause machen konnte, verlängerte er die Arbeitszeit bis fünf Uhr und kam dafür mittags nach Hause. Er hantierte mit Töpfen und Pfannen und zauberte wunderbare Mahlzeiten – und ich bemühte mich, mir alles zu merken und es ihm nachzutun.

Dass Jamil für mich kochte, war schon sensationell genug. Aber noch viel schöner war ein anderer Ausdruck seiner Liebe: Jamil huldigte mir mit seinen Liedern. Wenn ich von der Schule kam und in unsere Straße einbog, dann hörte ich schon von weitem seinen Gesang durch die geöffneten Fenster: »Nadia, mein Herz und meine Seele, lass mich sterben für dich.« Oder: »Nur zu dir strebt meine Seele.« Seine Stimme war klar und voll, und er sang nach traditioneller Weise, mit vielen Obertönen. Er hatte die Lieder selbst komponiert und begleitete sich auf dem Harmonium. Die ganze Straße war erfüllt von seinem schmelzenden Gesang, und alle wussten: Nadia kommt nach Hause, und ihr Mann liebt sie! Ich wette, dass die anderen Frauen, die in der Straße wohnten, ihren Ehemännern ordentlich einheizten, weil die nicht im Traum daran dachten, sie mit solchen Herrlichkeiten zu ehren, schon gar nicht öffentlich.

Oft holte Jamil mich auch von der Schule ab – in einer Kutsche! Natürlich gab es auch Autos, aber in einer zweispännigen Kutsche nach Hause gefahren zu werden war tausendmal besser. Wenn wir die Hauptstraße verließen und durch eine der kleineren Seitenstraßen rollten, war es wie in einer anderen Welt. Über uns wölbten sich die grünen Baumkronen zu einem großen Baldachin, durch die Blätter flirrte ein funkelndes und zugleich zartes Licht und warf Tausende von komischen kleinen Schatten auf uns. Das Ende der Straße war gar nicht zu sehen, es gab nur eine große, helle Öffnung, der man immer näher kam. Sie war wie ein Versprechen, das Versprechen auf eine lichte, strahlende Zukunft.

Unumstößlich sicher war die Gewissheit, dass diese Zukunft uns erwartete, wir lebten ja schon jetzt wie im Paradies. Unsere Wohnung war modern und schön, im wahrsten Sinne des Wortes eine Musterwohnung mit ein paar Zimmern, Küche und Bad. Eine deutsche Firma, ich glaube Hochtief, hatte eine Art Stadtprojekt errichtet, eine Modellsiedlung im Auftrag der Regierung, um jedem Afghanen zu zeigen, dass er – Arbeit und Fleiß vorausgesetzt – ein ebensolches Leben führen könne. Die Siedlung bestand aus lauter Villen und Häusern mit nur wenigen Stockwerken. Dazwischen lagen kleine Gärten, und viele

Grünflächen mit großen Bäumen säumten die Straßen – das Idealbild städtischen Lebens. In Baghlan ist es jedoch, soweit ich weiß, bei dieser einen Mustersiedlung geblieben, die politischen Verwicklungen und der jahrelange Krieg haben weitere Bestrebungen dieser Art im Keim erstickt.

In der Siedlung wohnten viele höhere Angestellte aus der Raffinerie, auch zahlreiche ausländische Fachkräfte. Man kannte sich und plauderte miteinander, es war ein munteres Treiben, und dafür, dass Baghlan nun wirklich Provinz war, führten wir ein erstaunlich freizügiges Leben. Am Wochenende, also eigentlich am Freitag, denn das war unser »Sonntag«, kamen oft Freundinnen aus Kabul zu Besuch. Wir veranstalteten Picknicks am Flussufer und gingen sogar – Höhepunkt der Freiheiten – zusammen schwimmen. Die Frauen selbstverständlich nicht in knappen Badeanzügen oder gar Bikinis, das wäre nun doch zu viel – oder eben zu wenig – gewesen. Nein, wir gingen in unseren Kleidern baden, in den roten Leinenkleidern mit aufgedruckten Apfelblüten, die man Gole seb nannte. Oft trugen wir bei solchen Anlässen auch eine ländliche Tracht, meistens tadschikisch, denn die Tadschiken stellten die Mehrheit der Bevölkerung in der Provinz. Das Schwimmen allerdings war in den voluminösen Baumwollkleidern ziemlich anstrengend, weil sie sich in Nullkommanichts mit Wasser vollsogen und bleischwer wurden. Aber darauf kam es letztlich gar nicht an. Wir planschten herum, trieben unsere Späße und freuten uns des Lebens.

Jamil zeigte mir bei jeder sich bietenden Gelegenheit die Stätten seiner Kindheit. Die Familie hatte ungefähr 20 Jahre in Baghlan gelebt, bis Jamils Vater – noch relativ jung – gestorben war. Wir beide machten jetzt die Ausflüge aufs Land, die sie damals unternommen hatten, wir suchten die Orte auf, an denen sie gefeiert hatten, die Plätze, wo die Kinder Fangen gespielt und ihre geheimen Schätze versteckt hatten. Fast jeden Abend entdeckten wir eine von diesen Stellen neu, und wir lebten quasi das Leben seiner Eltern noch einmal, jedenfalls kam es uns so vor.

Wir schmiedeten Zukunftspläne, malten uns alles in den schönsten Farben aus. Dass Jamil Karriere machen würde, dass das Geld nie ausgehen würde, dass wir uns für immer und ewig lieben würden und eine rundum glückliche Familie wären. Wir schwebten auf einer Wolke der Liebe und der Zuversicht, auf einer Woge freudiger Erwartung, was das Leben uns bringen würde.

Und in der Tat, das Leben brachte uns viel, doch das meiste davon hatten wir uns nicht gewünscht.

Eines Nachts träume ich. Eine schwarze Katze läuft vor meine Füße. Ich will sie nicht in meiner Nähe haben, ich fürchte mich vor ihr. Sie soll weggehen. Aber sie lässt sich nicht verscheuchen. Ich habe Angst, sie verursacht mir Übelkeit. Meine Beine sind schwer, und ich kann nicht weglaufen. Warum lässt sie mich nicht in Ruhe? Warum ängstigt sie mich so?

Ich wache auf. Die Laken sind ganz nass, und als ich das Licht anmache, sehe ich, dass alles voll Blut ist. Es läuft zwischen meinen Beinen heraus und hat große Flecken auf dem Bettzeug hinterlassen. Ich rüttele Jamil wach: »Jamil, wir müssen zu einem Arzt.« Durch meinen Unterleib laufen krampfartige Wellen. Was ist das? Habe ich mich vergiftet? Ich habe nichts Schlechtes gegessen, aber es ist auch kein gewöhnlicher Bauchschmerz. Jamil wirft nur einen kurzen Blick auf die Bescherung und sagt: »Wir fahren sofort ins Krankenhaus.«

Dort misst der Arzt meine Temperatur, drückt auf meinem Bauch herum. »Tut es hier weh?« Nein. »Und hier?« Nicht sehr. Er nimmt das Stethoskop und setzt es unter meiner Brust an. Das Metall ist kalt, ich friere. Er hört mich an verschiedenen Stellen ab, seiner Miene ist nichts zu entnehmen. Schließlich richtet er sich auf: »Sie sind schwanger. Wussten Sie das nicht?«

Ich soll schwanger sein? Ich kann das kaum glauben! Warum hatte ich das nicht bemerkt? Mein Körper hatte sich doch gar nicht verändert, alles war wie immer. Ich bin schwanger. Jamil und ich bekommen ein Kind, wir werden Eltern!
»Freuen Sie sich nicht zu sehr. Ich glaube nicht, dass Sie das Kind behalten werden. Die Blutungen waren sehr stark. Sie haben es wahrscheinlich schon verloren. Seien Sie froh, es war in einem sehr frühen Stadium.«
Mir schießen die Tränen in die Augen. Wie soll ich froh sein? Wir hätten ein Baby bekommen. Wir wären die Familie geworden, die wir uns gewünscht hatten. Wie oft hatten wir beide uns ausgemalt, was für eine Familie wir sein würden, was wir mit unseren Kindern unternehmen würden, welche Spiele wir mit ihnen spielen würden. Und nun hatten wir unser erstes Kind verloren, ohne es je gesehen zu haben, ohne dass es auf die Welt gekommen war. Der Kummer erfüllt mich ganz und gar, von Weinkrämpfen geschüttelt, finde ich kaum noch den Weg zur Tür. Jamil stützt mich, er hält mich fest und murmelt kleine beruhigende Trostworte. Zu Hause nimmt er mich in den Arm, ich sitze auf seinem Schoß, und er wiegt mich, wie man ein kleines Kind wiegt, dem etwas Schlimmes passiert ist. Auch ihm fließen die Tränen über die Wangen, auch er nimmt Abschied von unserem Kind, das das sichtbare Zeichen unserer Liebe und unseres Glücks gewesen wäre.

Zwei Jahre später wird Golzar auf die Welt kommen, unser ältester Sohn. Doch da ist Baghlan schon längst Tausende von Kilometern entfernt. Und die Musterwohnung haben wir gegen ein Zimmer im Asylbewerberheim in Frankfurt eingetauscht.

Auch wenn Jamil und ich ganz aufeinander bezogen waren, die afghanische Wirklichkeit der späten siebziger Jahre ließ sich nicht einfach ausblenden, schon gar nicht für politisch Denkende wie uns. Das Land befand sich in schwierigen Verhältnissen, es war unruhig, und die verschiedensten politischen Strömungen kämpften um die Vorherrschaft. Seit 1973 gab es kein Königreich mehr, der Schah war von seinem Schwager und Cousin Muhammad Daoud gestürzt worden, und von da an waren wir eine Republik unter Daouds Präsidentschaft. Überall hatten sich politische Parteien, Splittergruppen, Clubs und Zirkel gebildet. »Reform« lautete das Schlagwort fast aller Programme, und sie bezog sich auf die Rechte der Frauen, die Bauern und die gesellschaftlichen Strukturen – also auf quasi alles. Die stärksten Parteien waren die Khalq- und die Parcham-Partei, die sich sehr nach den Ideen der Sowjetunion richteten – und auch teilweise deren Praktiken übernahmen. 1978 wurde Nur Muhammad Taraki von der Khalq Premierminister und Babrak Karmal von Parcham Vizepremier, stark gestützt von der Sowjetunion. Viele der Angehörigen des alten Regimes wurden verfolgt, und etliche, die es nicht geschafft hatten zu fliehen, wurden umgebracht. Die Landreform, das Herzstück des Regierungsprogramms, scheiterte allerdings auf der ganzen Linie, und der Unmut in der Bevölkerung wuchs.

Natürlich standen auch Jamil und ich politisch links, wir waren aber nicht kommunistisch, geschweige denn Anhänger der sowjetischen Spielart des Kommunismus. Ich würde sagen, wir waren linke Demokraten, Jamil noch ein bisschen weiter links als ich. Manche beschimpften ihn als Kommunisten oder sogar als Maoisten, aber das war Unsinn, Jamil wollte weder russische noch chinesische Verhältnisse in Afghanistan. Wir wollten Gerechtigkeit, wir wollten, dass alle Menschen in Afghanistan in Freiheit und gleichberechtigt miteinander leben könnten. Wir waren sehr idealistisch – aber das ist das Vorrecht der Jugend – und schmiedeten große, sehr große Pläne, was alles getan werden sollte. Wir nahmen an Demonstrationen teil, hielten Plakate hoch und skandierten Parolen für Freiheit und Gleichheit.

Nächtelang vervielfältigte ich Flugblätter, in der die Politik der Regierung unverblümt kritisiert wurde.

Damals fehlte mir der Überblick, wir steckten ja mittendrin in diesem Aufruhr. Aber heute denke ich, dass diese Reformideen gar nicht funktionieren konnten, weil weder das Land reif für solche Ideen war, noch die Politiker die Klugheit aufbrachten, ihre Vorstellungen den tatsächlichen Verhältnissen anzupassen, statt das Unmögliche zu versuchen. Ein kommunistisches System in Afghanistan einpflanzen zu wollen musste schon daran scheitern, dass der Kommunismus mit dem Islam, dem ja die Mehrheit der Menschen anhing, nicht zu vereinbaren war. Ebenso wenig war das Land auf eine zentralistische Regierung vorbereitet. In Afghanistan gab es verschiedene ethnische Gruppen, die alle ihre Eigenheiten pflegten, unterschiedliche Sprachen oder Dialekte sprachen und außerdem in jahrhundertealten Strukturen von Clans, Dorf- und Stammesverbänden lebten, in denen Pächter, Kleinbauern und Landarbeiter ihren festen gesellschaftlichen Platz hatten. Auch wenn diese Verhältnisse dringend reformbedürftig waren: Sie einfach umzustürzen und durch ein vollkommen anderes System zu ersetzen war – wenn überhaupt – nur mit Gewalt möglich. Die Kader der linken Parteien, die aufs Land gingen und dort alles erneuern wollten, trafen zudem auf Menschen, die weder in ihren Begriffen dachten noch auf einer rein intellektuellen Ebene anzusprechen waren. In Kabul nutzten die gebildeten Schichten ganz selbstverständlich Zeitungen und Radio, vereinzelt sogar Fernseher, aber auf dem Land waren solchen Errungenschaften äußerst selten anzutreffen. Nur die wenigsten Menschen konnten lesen und schreiben.

Überall im Land rumorte es. Die Regierungsparteien waren uneins, jeder Flügel versuchte, seine Vorstellungen ohne Rücksicht auf die anderen durchzusetzen. Darüber hinaus erhob jeder Anspruch auf die besten Posten und Pfründe. Und zu allem

Überfluss mischte sich das Ausland auch noch ein, wie so oft in der Geschichte Afghanistans, und führte dort einen Stellvertreterkrieg. Die Amerikaner unterstützen die Mudjaheddin, muslimische »Gotteskrieger«, aus Furcht davor, dass sich das Land ganz an die Sowjetunion anschließen würde. Nicht, dass diese Mudjaheddin die allgemeine Sympathie genossen hätten. Zwar waren wir fast alle Moslems, aber die Religion spielte damals bei weitem nicht eine solche Rolle, wie man sich das seit dem Auftreten der Taliban heute im Westen vorstellt. Als Gegenprogramm zum Sozialismus jedoch bot sich der Islam als diejenige Idee an, unter der sich viele Widerstandskräfte zusammenfassen ließen.

Wer einmal von der Macht gekostet hat, lässt sich nicht mehr so leicht davon abbringen. Die Reaktion der Regierung auf die wachsende Opposition war vorhersehbar: verstärkter Druck, Verfolgung, Verhaftungen, Folter, Mord. Niemand konnte sich aus den Geschehnissen heraushalten. Den Kopf einziehen und abwarten, das war nicht möglich. Jeder musste Flagge zeigen, bekennen, ob er für die Regierung eintrat oder opponierte, ob er sich für oder gegen den Sozialismus einsetzte, ob er die Mudjaheddin unterstützte oder sie ablehnte. Es waren keine Auseinandersetzungen, die sich lediglich auf der Ebene der hohen Politik abspielten. Alle wurden vereinnahmt, jeder Einzelne. Jeder wurde gezwungen, für »die Sache« zu kämpfen – für die eine oder die andere. Von den Männern wurde erwartet, dass sie den Kampf gegen den jeweiligen Gegner aufnahmen. Das galt natürlich auch für Jamil. Er stand unter besonderem Druck, weil vielen Leuten bekannt war, dass er kein Anhänger des Regimes und seiner Ideen war. In einer so kleinen Stadt wie Baghlan lässt sich das nicht verheimlichen. Jamil hätte das auch gar nicht versucht, er wollte ja die Dinge verändern, deshalb hat er mit seiner Meinung nie hinterm Berg gehalten.

Mitte 1979 wurde es für Jamil brenzlig. Einige seiner Freunde hatten das Land bereits verlassen, waren nach Pakistan, Indien oder in den Iran geflüchtet. Die Gespräche mit seinen Kollegen bekamen einen anderen Tonfall. Jamil war ein unabhängiger Kopf und deshalb schwer für die anderen einzuordnen – ungünstig in Zeiten des Umsturzes. Oberflächlich betrachtet blieb alles ganz normal, aber unterschwellig lauerte jeder darauf, dass er Farbe bekannte. Man erwartete sein Bekenntnis zu einer der Bewegungen. Wie alle Menschen um uns herum verloren auch wir beide unsere Unbefangenheit im Umgang mit anderen. Wir begannen, genauer hinzuhören. Scheinbar harmlose Bemerkungen von Freunden und Bekannten, die eine bestimmte Reaktion erforderten, beantworteten wir gar nicht oder ausweichend. Man weiß ja nie, wer …

Oft liegen wir wach im Bett, lassen die Begegnungen des Tages an uns vorbeiziehen, prüfen im Nachhinein die Gespräche, interpretieren kleine Gesten in die ein oder andere Richtung. Misstrauen wir diesem Bekannten zu Unrecht? Haben wir uns zu offenherzig gegenüber jenem Freund geäußert? Wohin soll das führen? Wie lange wird das noch dauern? Was können wir tun? In der Schwärze der Nacht ist es besonders quälend, schlimme Gedanken peinigen uns. Jeder von uns versucht, sich nichts anmerken zu lassen, um den anderen nicht noch mehr zu beunruhigen. Doch Jamil und ich wissen beide, dass wir Angst umeinander haben.

Und dann kommt der Tag, an dem Jamils Freund, der gute Beziehungen zur Regierung hatte, ihn in der Zuckerfabrik beiseite nimmt: »Jamil, du musst fort von hier. Weit fort. Du stehst auf der Liste für die Verhaftungen. Beeil dich, mach, dass du wegkommst.« Beinahe bin ich erleichtert. Jetzt haben wir wenigstens Klarheit, jetzt ist die Bedrohung wenigstens konkret. Es war keine Einbildung, und die Gefahr ist real. Jamil schwebt in Lebensgefahr, und es gibt nur eine Rettung: die Flucht.

In Afghanistan ist man immer Teil eines großen Ganzen. Man hängt mit zahllosen Leuten auf die ein oder andere Art und Weise zusammen, über freundschaftliche Beziehungen, aber vor allem über die Familie – wozu selbst die entferntesten Großcousins und angeheirateten Schwager zweiten oder dritten Grades noch zählen. Verpflichtung und Loyalität werden häufig auch in die nächste Generation vererbt. Dieser enge Zusammenhalt hat seine Nachteile, weil er oft die persönlichen Freiheiten einschränkt, aber er hat auch seine Vorteile, gerade in Zeiten der Not. Und jetzt waren wir in großer Not. Ohne Hilfe würden wir nicht weit kommen.

Noch aus den Zeiten von Jamils Vater gab es Verbindungen zu einem Beamten, der über Einfluss verfügte, und mit dem heckten wir nun einen Plan aus. Jamil sollte sich offiziell beurlauben lassen, um eine Weiterbildung im Ausland zu absolvieren. Er sollte zunächst zurück nach Kabul, dort eine kleine Weile untertauchen, bis alles geregelt war, und dann nach Europa gehen. Der Beamte würde dafür sorgen, dass Jamil Urlaub bekäme, das Visum ausgestellt würde und er unbehelligt das Land verlassen könnte. Das Ganze würde 100.000 Afghani kosten, das entsprach damals ungefähr 25.000 Mark, war aber in Afghanistan noch mehr wert, ein kleines Vermögen. Wir kratzten alles Geld zusammen, das wir hatten, und liehen uns außerdem hier und dort und bei der Familie etwas.

Das Land verlassen ... Afghanistan verlassen, mich verlassen, alles aufgeben, wofür wir lebten, worauf wir hofften. Als das Wort das erste Mal fällt, ist mir, als ob ein eisiges Schwert durch mich hindurchfährt. Es ist klar, dass ich nicht mitgehen kann. Dann hätte kein Mensch mehr an »Weiterbildung« geglaubt, dann hätte jeder gewusst, dass Jamil nicht zurückkehren wird. Mir ist bewusst, dass wir uns trennen müssen, dass es so richtig ist und nur so funktionieren kann, doch was heißt das schon? Die Einsicht ist das eine, die Regungen der Seele sind das andere. Ich bin hin- und hergerissen von widerstrebenden Gefühlen. Weil ich Jamil liebe, will ich, dass er das Land verlässt. Weil Jamil mein Ein und Alles ist, will ich ihn nicht gehen lassen. Ich bin todtraurig, ich bin wütend, ich bin vernünftig, ich weine wie ein Kind.

Jamil versucht mich zu trösten. »Nadia, Liebes, sieh doch, wir haben keine andere Wahl. Aber mach dir keine Sorgen, es wird nicht ewig dauern, das Regime wird sich nicht mehr lange halten können, und dann komme ich sofort zurück. Sei tapfer und lass dir nichts anmerken. Du bist stark, und es wird alles gut werden.« Dass das Regime nur der Anfang von einem noch viel größeren Desaster war, konnten wir uns glücklicherweise nicht vorstellen.

Jamil nimmt seinen Urlaub, fährt nach Kabul und versteckt sich im Keller seiner Schwester. Nach ein paar Tagen ist alles vorbereitet. Eine Gruppe von sechs oder acht Afghanen wird gemeinsam nach Frankreich fliegen, um dort in einer Zuckerfabrik ein Weiterbildungsprogramm zu absolvieren. Es sind einige Männer darunter, die ebenso gefährdet sind wie Jamil, andere sind über jeden Zweifel erhaben. Die Gruppe ist absichtlich gemischt, damit niemand auf den Gedanken kommt, dass hier etwas anderes geplant ist, als technische und kaufmännische Fähigkeiten von den Franzosen zu erwerben.

Ich bekomme einen Telefonanruf, dass die Abreise bevorsteht. Mit dem Bus fahre ich von Baghlan nach Kabul. Wir treffen uns im Haus von Jamils Familie. Alle wissen Bescheid, alle tun so, als ob es sich um nichts anderes handelt als um eine sehr nützliche Bildungsreise. Um bei den Nachbarn und Bekannten keinen Verdacht aufkommen zu lassen oder unliebsame Fragen zu provozieren, wird die Reise sicherheitshalber geheim gehalten. Wer mich sieht, soll denken, dass ich nur mal so für einen Abend aus Baghlan hergekommen bin, um die Verwandten zu besuchen. Die ganze Familie schwirrt um Jamil herum.

Die einzige Möglichkeit für uns, allein zu sein, besteht darin, ins Kino zu gehen. Am letzten Abend Jamils in Afghanistan gehen wir ins Kino. Es wird – sonderbare Ironie – »Vom Winde verweht« gezeigt. Wir sprechen kaum miteinander, stumm sitzen wir nebeneinander, spüren unsere Gegenwart, die Nähe. Was gäbe es noch zu reden, was wäre noch nicht gesagt? Wir lieben uns, wir müssen uns trennen, wir hoffen, dass alles gutgeht. Später habe ich mir ein Video von dem Film gekauft und ihn seither oft gesehen. Auch heute schaue ich ihn mir mindestens einmal im Jahr an, vor allem wegen des letzten Satzes: »Morgen ist auch noch ein Tag«, sagt sich Scarlett, als ihre Welt in Trümmern liegt, sich all ihre Hoffnungen zerschlagen haben. Der Satz ist nicht mein Lebensmotto, aber er hat mir oft geholfen, wenn ich dachte, es geht nicht mehr weiter.

Der nächste Tag brachte uns den Abschied. In aller Frühe fahren wir zum Flughafen. Bis zum Schluss quält uns die Angst, dass in letzter Sekunde noch etwas dazwischenkommt, dass irgendjemand Verdacht schöpfte, den Behörden einen Tipp gegeben hat und nun alles auffliegt. Doch nichts passiert. Jamil und die anderen aus der Gruppe erledigen die Formalitäten, geben ihr Gepäck auf, besteigen das Flugzeug, das kurze Zeit später startet. Jamil ist weg, auf dem Weg nach Frankreich. Tausende von Kilometern werden uns trennen. Ich bleibe zurück. Ich bin allein.

7. Kapitel

TERROR

Ich besitze ein Amulett, eine kleine quadratische Metallplatte, ungefähr zehn mal zehn Zentimeter groß. Darauf sind in arabischer Kalligraphie die 99 Namen Allahs eingraviert. Ein Kollege an der Schule in Baghlan hat es mir geschenkt. Vielleicht lebt er noch und erfährt durch jemanden, der dieses Buch liest, wie wichtig dieses Amulett für mich war und immer noch ist. Es ist ein Stück Afghanistan, das ich immer bei mir habe. Seit über 30 Jahren trage ich es mit mir herum, in meinem Portemonnaie oder in Taschen von Jacken und Mänteln. Mein Kollege gab es mir mit den Worten: »Nadia, weine nicht so. Jamil und du, ihr werdet euch wiedersehen, ganz bestimmt. Weißt du, was ich glaube? Ich glaube, dass es einen Gott gibt, und der ist weder ein strenger Moslem noch ein Kommunist. Schau her: Hier sind die 99 Namen Allahs aufgeschrieben, und wenn du das Amulett küsst und dir dabei etwas wünschst, dann wird es in Erfüllung gehen. Ganz bestimmt, vertrau mir.«

Ich bin nicht fromm, ich hänge keiner Religion an, aber ich bin davon überzeugt, dass es einen Gott gibt und dass er mir hilft. Dieses Amulett ist ein Zeichen dafür. Wann immer ich in Gefahr war, habe ich es herausgeholt, an die Worte meines Kollegen gedacht und für mich gebetet: »Gott, bitte hilf mir. Ich weiß, dass es dich gibt, hilf mir aus dieser Not heraus. Ich weiß allein nicht weiter.« Und er hat mir immer geholfen.

Auch jetzt in Baghlan ließ er mich nicht im Stich, da ich

Hilfe so bitter nötig hatte. Nach knapp einem Jahr Ehe war ich allein und – was vielleicht das Schlimmste war – in Ungewissheit. Jamil war im Ausland, aber war er auch in Sicherheit? Oder reichte der lange Arm des afghanischen Regimes bis nach Frankreich? Und was würde passieren, wenn Jamil nach dem Ende der angeblichen Weiterbildungsmaßnahme nicht zurückkehrte? Würde die Familie in Schwierigkeiten geraten, stellvertretend für ihn bestraft werden?

Ich war nicht nur allein, ich war einsam. Mit keinem konnte ich über meine Gedanken und Sorgen sprechen. Es war wie in der DDR, wie in allen Unterdrückersystemen: Jeder misstraut jedem, man ist nur sicher, wenn man sich keinem anvertraut. Und wenn man es doch tut, gefährdet man unter Umständen nicht nur sich selbst, sondern auch sein Gegenüber. Es ist ein schleichendes Gift, das sich verbreitet und dessen Wirkung darin besteht, dass es die schlechtesten Eigenschaften der Menschen fördert. Es zerstört den Zusammenhalt, das natürliche Vertrauen, das zwischen Menschen, die einander gut kennen, herrscht. Es gibt nichts und niemanden, auf den man sich verlassen kann. Alte Verbindungen zählen nicht mehr, gute Freunde verraten einander, sogar Ehegatten bespitzeln sich gegenseitig. Vielleicht ist das Schlimmste an der Unfreiheit, dass sie nicht nur auf den Einzelnen wirkt, sondern alle zwischenmenschlichen Beziehungen zerstört.

Ich kam meinen Verpflichtungen nach, ging jeden Tag in die Schule, gab Englischunterricht und tat so, als ob alles in bester Ordnung wäre, doch befand ich mich in einer seltsamen Art von Trance, als ob ich gar nicht wirklich anwesend wäre. Vielleicht war es ein unwillkürlicher Selbstschutz, denn tagtäglich wurde mir vorgeführt, dass es immer enger für mich wurde. Ich hatte keine Ruhe mehr, jeder wollte von mir wissen, wo Jamil war und auf wessen Seite ich denn stehe – ob ich zu den Mudjaheddin gehöre oder das Regime unterstütze. Wenn ich zum Einkaufen ging, rempelten mich Männer auf der Straße an und forderten Auskunft über Jamils Verbleib. Sogar in die Schule kamen sie und platzten in die Stunden hinein, einen geregelten Unterricht abzuhalten wurde immer schwieriger. Hätte ich in einer großen Familie gelebt, wäre es vielleicht etwas weniger schlimm gewesen, dann hätten sie sich ein wenig mehr zurückgehalten. Doch ich war allein, und das ist für uns in jedem Fall eine unübliche Art der Lebensführung, für eine junge afghanische Frau ist so etwas überhaupt nicht vorgesehen. Ich stellte eine ständige Provokation dar, lud geradezu dazu ein, sich mit mir zu beschäftigen. Eine Zeitlang wohnten meine Mutter und mein Bruder bei mir, aber eine Witwe und ein vierzehnjähriger Junge boten auch keinen wirksamen Schutz vor Übergriffen.

Was soll ich tun? Warten, dass alles irgendwann vorbei ist, ich wieder in Ruhe unterrichten kann? Darauf hoffen, dass Jamil und ich eines Tages wieder gemeinsam in Baghlan leben? Unvorstellbar. Immer stärker treiben mich meine Widersacher in Bedrängnis, immer hemmungsloser werden ihre Angriffe. Eines Nachts kommen sie sogar in meine Wohnung. Damit überschreiten sie eine Grenze, hinter der ich mich bis dahin sicher gefühlt hatte. Sie hämmern an meine Tür, schimpfen und schreien, bis ich öffne. Zehn, zwanzig Männer stehen mit einem Schlag in meiner Wohnung, zornentbrannt und sicher auch dadurch in Erregung versetzt, dass eine junge Frau, die bis eben noch geschlafen hat, ihnen nur notdürftig bekleidet gegenübersteht.

Ich habe Todesangst. Sie alle tragen Waffen, teilweise altertümliche Flinten, aber auch moderne Gewehre. Sie umringen mich, rücken immer näher. Die Ausdünstungen ihrer Körper und der durchdringend metallische Geruch der Waffen ist widerlich, Übelkeit erregend – mir ist schlecht vor Angst. Natürlich wollen sie wissen, wo Jamil ist. Ich wehre mich: »Lasst mich in Ruhe. Ich habe seit Monaten nichts von ihm gehört. Ich weiß nicht, wo er ist. Ich hab's euch schon gesagt.«

»Lüg uns nicht an! Du kannst dir vorstellen, was passiert, wenn du dich weiterhin sperrst. Glaubst du, du kannst uns hinters Licht führen? Wenn du nicht bald mit der Sprache rausrückst, bekommst du ein Problem, ein Riesenproblem. Also überleg's dir. Das war das letzte Mal, dass du so davonkommst. Wir warnen dich nicht noch einmal. Wenn du beim nächsten Mal nicht erzählst, wo er ist, steht dir Ärger bevor, und zwar richtiger Ärger, darauf kannst du dich verlassen. Unsere Geduld ist bald zu Ende, merk dir das.«

Ich möchte weinen, ich zittere, aber ich darf keine Schwäche zeigen, das würde sie erst recht dazu ermuntern, sich an mir zu vergreifen. Sie wollen, dass ich klein beigebe, um endlich in Ruhe gelassen zu werden. Aber das tue ich nicht. Ich will kein Opfer dieser Meute sein, keine Spielfigur in dieser absurden Welt der Unterdrückung. Ich stampfe mit dem Fuß auf: »Schon hundertmal habe ich es gesagt, ich weiß nicht, wo er ist. Lasst mich in Ruhe und haut endlich ab!«

Sie ziehen tatsächlich ab. Ich lasse mich in einen Sessel fallen. Meine Zähne klappern, ich zittere am ganzen Körper, spüre ein Würgen im Hals. Es kommen keine Tränen, nur ein stoßartiges Schluchzen bricht aus mir heraus, Ekel und Angst schütteln mich. Dieses Mal war es anders, dieses Mal ist die Botschaft unmissverständlich klar: Wenn ich nicht endlich kooperiere, werden sie mir etwas antun. Ich bin ganz sicher, es war ein anderer Ton als sonst, und es war das erste Mal, dass sie mich in meiner Wohnung unter Druck gesetzt haben.

Sobald es Tag geworden ist, gehe ich zu Freunden von Jamil. Ich erzähle ihnen von den Ereignissen der vergangenen Nacht und bitte sie um Rat. Da geschieht etwas Seltsames. Es kommt keine Antwort wie: »Am besten machst du …« oder »Wir rücken denen auf den Pelz, dann lassen sie dich in Ruhe«

oder irgendetwas dieser Art, das mir geholfen hätte, das mir Mut vermittelt hätte. Nein, ganz im Gegenteil, sie erkennen die Lage und versuchen sofort ihren Profit daraus zu schlagen. Sie umringen mich und erklären mir mit honigsüßer Stimme: »Schau mal, Nadia, du bist eine junge, hübsche Frau aus Kabul, du kennst dich hier nicht aus. Und Jamil ist weg. Du brauchst jemanden, der dich beschützt. Wir können deine Beschützer sein. Aber natürlich nicht umsonst, das verstehst du doch, nicht wahr?«

Ich erstarre vor Angst – und vor Ekel. Das sind also die angeblichen Freunde von Jamil! Sie haben mit uns gefeiert, haben Jamil ihre Zuneigung und Zuverlässigkeit geschworen, und kaum steht die erste Bewährungsprobe an, zeigen sie ihr wahres Gesicht. Aber sie sind nicht nur geschmacklos und widerlich, sondern auch gefährlich. Wer weiß, was sie mir antun würden, wenn ich mich weigere, ihren »Schutz« in Anspruch zu nehmen, wer kann schon ahnen, mit wem sie unter einer Decke steckten. In Panik renne ich nach Hause.

Ein paar Stunden später kommt eine Abordnung der Truppe aus der letzten Nacht. Sie legen mir einen Haufen Papiere auf den Tisch. »Unterschreib hier!« Was ist das, warum soll ich meinen Namen darunter setzen? »Wir haben das Land, das Jamil besaß, verteilt. Es gehört jetzt den Bauern. Unterschreib, dass du einverstanden bist und alles seine Richtigkeit hat. Mach schon!«

Enteignung, das war es, wozu ich mein Einverständnis erklären sollte. Sie nahmen uns das Land weg, das Jamil besaß und auf dem er Zuckerrohr und Reis anbauen ließ. 1.200 Hektar hatten wir besessen, jetzt sollte das Land anderen gehören. Es wurde an die 20 Familien verteilt, die es bereits seit Jahrzehnten bewirtschafteten. Es lag mir nichts an dem Vermögen, das dieser Boden bedeutete, es war dieser brutale Akt der Enteignung, besser gesagt des Diebstahls, der mich erschütterte – und der mir einmal mehr verdeutlichte, dass ich hier zum Freiwild geworden war, schutzlos der Willkür dieser Menschen ausgesetzt. Ich unterschrieb, was hätte ich sonst tun sollen. Außerdem hätten sie uns das Land auch ohne meine Unterschrift abgenommen.

Es gab für mich nur noch eine Möglichkeit: Ich musste hier weg. Je eher, desto besser.

Eine Woche später ziehe ich nach Kabul, ins Haus meiner Schwiegermutter. Meinem Antrag auf Versetzung ist entgegen allen Gepflogenheiten sehr schnell entsprochen worden. Ich arbeite jetzt in der Volksschule Char Qala in Kabul. Jamil ist seit über sechs Monaten weg. Die anderen aus der Weiterbildungsgruppe sind tatsächlich nach einem halben Jahr zurückgekehrt, beladen mit Geschenken für ihre Familien. Wir behaupten, dass Jamil seine Studien noch verlängert und jetzt in Deutschland ist, in Frankfurt, natürlich nur vorübergehend.

Bis heute weiß ich nicht ganz genau, wie Jamil es angestellt hat, von Frankreich nach Deutschland zu kommen, wie er es geschafft hat, ohne gültiges deutsches Visum einzureisen. Wir haben nie wirklich über unsere Fluchterlebnisse gesprochen, wenn überhaupt, dann nur in Andeutungen. Denn auch das gehört zu dem Trauma, das eine Flucht unter solchen Umständen verursacht: Man kann die Einzelheiten nicht erzählen, man will seine Liebsten nicht damit belasten. Man will auch selbst nicht mehr daran denken, man will dieses Erlebnis aus dem Kopf und aus der Seele verbannen – aber die Erinnerung verlässt einen nie. Wenn man Glück hat, wird sie etwas blasser, etwas weniger schmerzhaft. Wenn man Pech hat, wird sie zum Lebensinhalt.

Jamil ist es jedenfalls gelungen, nach Frankfurt zu kommen. Sonst weiß ich fast nichts von ihm und wie es ihm geht. Telefonieren können wir gar nicht, weil es zu gefährlich ist, und nur ganz wenige Briefe erreichen die Familie und mich auf komplizierten Wegen über einen Freund von Jamils Bruder.

Seit über einem halben Jahr habe ich kein Liebeslied mehr von Jamil gehört, kein Gedicht, keine zärtlichen Beschreibungen meines Haars oder meines Gesichts, keine Berührung seiner Hand auf meiner Brust gespürt, mich nicht in seinen Arm geschmiegt. Ich brenne vor Sehnsucht, ich warte und warte. Aber worauf? Er wird nicht zurückkommen können. Seit die Russen in Afghanistan einmarschiert sind, ist alles noch viel schlimmer geworden.

Am 24. Dezember 1979 kommen die Truppen der Sowjetunion nach Afghanistan, ein »begrenztes Kontingent«, das 85.000 Soldaten umfasst. Die angebliche Legitimation für diese Verletzung der Souveränität liefert der Freundschaftsvertrag von 1978. Am 27. Dezember marschieren Truppen in Kabul ein. Durch die Straßen dröhnen die Panzer, Flugzeuge rasen über die Stadt, Schüsse fallen, Menschen sterben, Häuser werden zerstört. Ministerpräsident Amin wird bei der Erstürmung des Regierungssitzes von den Sowjets erschossen, sie setzen Babrak Karmal an seiner Stelle ein. Er ist moskautreu und regiert mit Hilfe der Russen die nächsten Jahre.

Es beginnt die Zeit des Terrors, und wer nur die geringste Möglichkeit sieht, flieht ins Ausland, nach Iran, Pakistan oder Indien, viele schaffen es auch nach Europa oder in die USA. Wer bleibt, ist gefährdet – durch die Besatzer oder durch die Widerstandsgruppen.

Regimegegner werden verschleppt und erschossen. Nacht für Nacht dringen Bewaffnete in Privathäuser ein, reißen die Männer aus dem Schlaf und nehmen sie mit. Oft weiß man nicht, wer die Söhne und Ehemänner entführt, ob es Regierungstruppen oder oppositionelle Gruppen waren. Wenn die Familie Glück hat, bekommt sie nach Wochen oder Monaten ein Lebenszeichen von dem Vermissten. Hat sie Pech, kommt irgendwann ein Brief, dass der Mann im Kampf gefallen ist. Noch schlimmer ist es für die, die gar keine Nachricht erhalten und von der Hoffnung leben, dass eines Tages der Rückkehrer vor der Tür steht – obwohl er vielleicht schon längst umgebracht worden ist. Zwei meiner Cousins, damals 22 und 25 Jahre, sind verschleppt worden, bis heute wissen wir nicht, was mit ihnen geschehen ist. Sie gehören zu den zahllosen Vermissten. Manchmal hängen am Innenministerium Tafeln, auf denen in langen Listen Hunderte von Namen geschrieben stehen. Es sind die Namen von Männern, die ihr Leben verloren haben. Es heißt dort »Gefallen« oder »Getötet«, aber oft sind sie zu Tode gequält oder ermordet worden.

An meiner Schule war ich flüchtig mit einer Kollegin bekannt, deren Namen ich heute nicht mehr weiß. Aber ich erinnere mich noch an ihr Gesicht, das von Tag zu Tag verzweifelter aussah, und daran, dass sie immer nervöser wurde. Ständig wurde sie von einem Zittern und Weinen geplagt, das sie nicht unterdrücken konnte. Zuerst wollte sie nichts sagen und wich aus, wenn ich sie fragte, was los sei. Aber dann erzählte sie: ihr Ehemann sei dabei, verrückt zu werden. Er tobte zu Hause, warf Geschirr an die Wand und zertrümmerte die Möbel. Früher war er ein netter, vollkommen normaler Mann gewesen, der schwere Baumaschinen für Projekte des Innenministeriums fuhr. Jetzt musste er Nachtschichten machen, denn die Arbeit, zu der man ihn zwang, durfte nicht bei Tageslicht erledigt werden. Des Nachts musste er mit seinem Bagger außerhalb der Stadt Gruben ausheben. Wenn sie tief und breit genug waren, wurden in kleinen Gruppen Menschen herangeführt. Viele schleppten sich mehr, als dass sie gingen, wer zu langsam war, bekam von den Wachmännern Schläge mit der Faust oder dem Gewehrkolben. War der Zug dieser Unglücklichen bei den Gruben angelangt, wurden sie alle an den Rand gestellt. Dann wurden sie hineingestoßen. Und der Mann meiner Kollegin musste mit seinem Bagger die Gräber zuschütten und über sie hinwegfahren, bis die Erde fest war. Immerzu gellten ihm die Schreie der Sterbenden in den Ohren, Tag und Nacht, und er versuchte sie zu übertönen, indem er seine Wohnung zerstörte. Aber die Opfer ließen sich nicht zum Schweigen bringen, und der Mann verlor darüber den Verstand.

Mir gefror das Blut in den Adern, als sie mir diese Geschichte erzählte. Man ahnte solche Dinge, es wurde über unvorstellbare Grausamkeiten geredet, doch man wusste nie, was an diesen Gerüchten dran war, ob es sich um Gräuelpropaganda oder Tatsachen handelte. Dass ich jetzt von einem Zeugen aus der unmittelbaren Umgebung eine wahre Geschichte des Schreckens hörte, verstärkte mein Gefühl wachsender Bedrohung. Zumal ich auch in Kabul weiterhin bedrängt wurde. Selbst in der Schule wurde ich unablässig aufgefordert, Farbe zu bekennen, mich auf die eine oder die andere Seite zu schlagen.

»Du bist Moslem?« Wenn man diese Frage bejahte, geriet man schnell in Verdacht, zu den Mudjaheddin zu gehören. Wenn man sie verneinte, war man von vornherein unglaubwürdig, weil nur die sehr strammen Kommunisten die Religion rundheraus ablehnten. Und die Mudjaheddin kamen natürlich auch und fragten: »Bist du Moslem? Ja? Warum kämpfst du dann nicht mit uns? Warum lässt du zu, dass die Ungläubigen unser Land besetzen? Entscheide dich. Du musst dich entscheiden!«

Du MUSST. Du musst Partei ergreifen, du musst dich bekennen, du musst kämpfen. Dieses Muss wurde immer größer, immer lauter, immer fordernder. Ich wusste, dass ich mich nicht mehr lange entziehen konnte, dass ich nicht darum herumkam, eine Wahl zu treffen. Nicht die, mich diesem oder jenem politischen Lager anzuschließen, das stand nicht zur Debatte. Im Grunde war meine Entscheidung ja schon längst gefallen. Sie lautete: Jamil. Jamil ist mein Mann und mein Leben, zu ihm gehöre ich und zu ihm will ich. Es hat keinen Zweck, hier auf ihn zu warten. Er kann nicht zurückkehren, dieses Land ist fest im Griff der Kommunisten, der afghanischen wie der sowjetischen. Angst und Terror machen das Leben für jeden hier zur Hölle, und ihn erwartete der sichere Tod, wenn er zurückkehrte. Es gibt nur eins: Ich muss gehen. Ich muss Afghanistan verlassen und zu meinem Mann gehen, der in Frankfurt auf mich wartet. Ich bin 19 Jahre alt und beschließe, meine Mutter und meinen Bruder zurückzulassen, meine ganze Familie, alle meine Freunde, mein ganzes Leben. Mein Herz brennt, wenn ich nur daran denke. Aber es gibt keine andere Möglichkeit. Ich werde Afghanistan verlassen.

Doch das ist nicht so leicht. Ich kann nicht einfach einen Pass nehmen, zum Flughafen fahren und mich in ein Flugzeug nach Europa setzen. Unter einem Terrorregime ist man nicht frei in seinen Handlungen, man beschließt nicht selbst, was man tut oder nicht tut. Man benötigt eine Genehmigung, man bittet um Erlaubnis, etwas tun zu dürfen. Dass ich als Ehefrau eines Regimegegners, der sich offenbar ins Ausland abgesetzt hat, niemals die Erlaubnis zum Verlassen des Landes erhalten würde, ist klar. Also kommt nur eins in Frage: Ich muss fliehen.

Aber wie? Ich brauche Geld, ich brauche Hilfe, ich brauche Verbündete, allein schaffe ich es niemals. Ich überlege, wen ich in mein Vorhaben einweihen kann, wer wirklich absolut vertrauenswürdig und in der Lage ist, mir zur Flucht zu verhelfen. Es gibt nur einen, Jamils Onkel Ehsan. Er ist Richter am Amtsgericht, er ist ein gebildeter Mann, er kennt sich aus und hat gute Verbindungen. Vorsichtig nähere ich mich dem Thema: »Onkel Ehsan, ich halte es nicht mehr aus. Ich kann nicht mehr. Keine Nacht schlafe ich, immer habe ich Angst, immer denke ich an Jamil.«

Er begreift sofort, worauf ich hinauswill. »Ich verstehe. Ja, du musst hier weg. Das ist nicht so einfach, aber es gibt Möglichkeiten. Warte ein bisschen, ich erkundige mich.«

Mittlerweile waren so viel Menschen aus Afghanistan geflohen, dass es eine richtige Fluchthelferindustrie gab. Man kannte Leute, die jemanden kannten, der ... Doch jede Frage, jede unbedachte Äußerung barg Gefahr in sich, da man trotz allem nie genau wusste, wem man trauen konnte und wer wem erzählte, dass wieder einer plante, sich abzusetzen. Tage vergingen, ich weiß nicht mehr, wie viele, dauernd lag ich Onkel Ehsan in den Ohren, dass alles immer schlimmer würde und ich keine Kraft mehr hätte, um weiterzumachen. Doch er sagte stets: »Warte ein bisschen, hab' noch etwas Geduld.« Wie ich dieses Warten hasste, diese Erwartung des Ungewissen, die Angst, mich zu verraten, dieses Schwanken zwischen dem Bleibenwollen und dem Wegmüssen.

Nach Wochen schließlich präsentierte er mir seinen Plan. »Nadia, ich habe hin und her überlegt und verschiedene Optionen geprüft. Du kannst die Flucht definitiv nicht allein bewerkstelligen, du musst mit einer Gruppe von mehreren Personen gehen. Allein ist es viel zu gefährlich.«

Was nicht hieß, dass es in einer Gruppe unproblematisch gewesen wäre. Es gab unzählige Gelegenheiten, von Regierungstreuen geschnappt zu werden. Oder von irgendwelchen Untergrundtruppen oder kriminellen Banden, die ihren Profit aus der unübersichtlichen Lage schlugen. Ob man in den Iran oder nach Pakistan wollte, man musste auf jeden Fall durchs Gebirge, und es gab Gerüchte, dass junge Mädchen und Frauen dort aufgegriffen und in Bordelle nach Pakistan oder Saudi-Arabien verkauft würden. Wenn überhaupt, gab es nur in einer Gruppe eine Chance, unbehelligt durchzukommen.

»Ich habe ein paar Leute gefunden, denen du dich anschließen kannst. Ein Kollege von mir, Wasim, will auch weg. Er und seine Frau haben in Amerika studiert, sie wollen in die USA. Sie und die beiden Kinder werden über Pakistan flüchten. Pakistan ist gut für dich, dort wird es leichter sein, einen gefälschten Pass zu bekommen, mit dem du nach Deutschland reisen kannst. In Pakistan bekommt man für Geld alles. Sie haben sich bereiterklärt, dich mitzunehmen. Und ich komme auch mit. Ich begleite dich bis Islamabad und kehre dann nach Kabul zurück. Anders geht es nicht.«

Auf keinen Fall, das konnte ich nicht annehmen! Er hatte schließlich selbst eine Frau und drei Kinder. Außerdem: Wer weiß, ob er unbeschadet zurückkehren konnte, ob man ihn grausam bestrafen würde, wenn herauskäme, dass er mir zu Flucht verholfen hatte. Ich bestürmte ihn, sich zu besinnen und an seine Familie zu denken, ich würde schon klarkommen. Aber er ließ sich nicht davon abbringen. Ich war in einem Zwiespalt: Entweder ich gab mein Vorhaben auf, oder ich akzeptierte, dass er mitkam und sich selbst und seine Angehörigen um meinetwillen in Gefahr brachte. Schließlich gab ich nach. Noch heute bin ich von tiefer Dankbarkeit erfüllt, dass er sich so für mich eingesetzt und mir dazu verholfen hat, ein anderes, ein neues Leben zu beginnen.

Doch noch waren wir längst nicht so weit, noch war alles nur ein Vorhaben, besser gesagt, eine wahnwitzige Hoffnung. Vor allem anderen war eine wichtige Sache zu klären, nämlich die Frage des Geldes. Ich selbst besaß nur wenig, mein Gehalt als Lehrerin war nicht gerade üppig. Aber ich hatte stets etwas gespart, und so brachte ich immerhin 120.000 Afghani aus eigener Tasche zusammen. Doch das war nur ein Tropfen auf den heißen Stein. Eine Flucht ist teuer, man braucht Geld für Bestechungen, für Transportmittel, für Unterkunft, für die Bezahlung von Helfern und Helfershelfern, für gefälschte Dokumente, für alle Fälle. Und für danach. Denn wenn man es tatsächlich schafft und dort ankommt, wohin man will, steht man erst einmal vor dem Nichts. Keine Familie, keine Freunde, kein Netzwerk, keine gewachsenen Strukturen, gar nichts. Man muss von vorn anfangen, ganz von vorn.

Onkel Ehsan besorgte Geld, ich weiß nicht, woher. Außerdem steuerte meine Schwiegermutter eine ordentliche Summe bei, meine wohlhabende Schwägerin gab eine Menge, sogar meine Mutter kratzte zusammen, was sie von ihrem wenigen Geld entbehren konnte. Alle weinten schon bei dem Gedanken daran, dass ich bald für immer weg sein würde, dass mich eine ungewisse Zukunft erwartete. Aber alle trösteten sich damit, dass Jamil und ich dann endlich wieder zusammen sein würden.

So ist das Familienleben in Afghanistan: Man kann sich darüber beklagen, dass man immer in erster Linie Teil einer großen Gemeinschaft ist, nur in zweiter Linie ein Mensch für sich. Man kann darüber schimpfen, dass man nie allein ist, dass man sich nicht so entfalten kann, wie man möchte, dass man ständig unter Beobachtung ist, dass nicht jeder Neffe oder Schwager ein netter Mensch ist und die familiären Verpflichtungen einem manchmal den letzten Nerv rauben. Doch wenn es darauf ankommt, kann man sich auf die Familie verlassen. Dann steht man füreinander ein, dann gibt jeder, was er hat, damit einem von ihnen geholfen ist. Und so halfen jetzt alle mir.

Doch mit jedem Menschen, der von meiner geplanten Flucht wusste, wurde die Lage brenzliger. Selbst wenn mich keiner wissentlich ans Messer liefern würde – ein unbedachtes Wort, und alles wäre aus gewesen. Wir mussten uns beeilen.

Am 20. Mai 1980 verließ ich meine Heimatstadt Kabul. Ich bin nie mehr zurückgekehrt.

8. Kapitel

VERSCHLUNGENE WEGE

Frühmorgens bestiegen wir den Bus nach Kandahar, zwei Männer, zwei Frauen, zwei Kinder im Alter von ungefähr acht und zehn Jahren. Keiner hatte Gepäck, jeder trug nur eine kleine Tasche bei sich, wie für einen Ausflug. Offiziell fuhren wir nämlich nach Kandahar, um einen Freund von Jamils Onkel zu besuchen, der dort Richter war.

Kabul liegt etwas nördlich von Islamabad, der Hauptstadt Pakistans, aber ungefähr auf einer Höhe. Die direkte Route hätte über Peshawar geführt, durch sehr hohes, unwirtliches Gebirge. Wir mieden diese Strecke, jedoch nicht in erster Linie wegen der Berge, sondern um keinen Verdacht auf uns zu lenken. Wer sich von Kabul aus Richtung Osten bewegte, nahm automatisch den Weg nach Pakistan in den Blick und fiel daher auf. Deshalb wählten wir nicht den direkten Weg, sondern fuhren erst ganz harmlos Richtung Süden, ins ungefähr fünfhundert Kilometer entfernte Kandahar.

Unser Bus brauchte den ganzen Tag für diese Strecke. Immer und immer wieder quälte er sich die steilen Berge hoch, schoss dann mit kreischenden Bremsen in die Täler und sammelte in Dörfern und Städten neue Reisende auf. Wir achteten kaum auf das, was um uns herum geschah, schauten nicht zu unseren Mitreisenden mit ihren riesigen Gepäckladungen, die mit lebhaften Gesten und energischen Rufen noch einen guten Platz erobern wollten. Wir hatten keinen Blick für das satte Grün der

Almen. Wir schauten besorgt auf die Spitzen der Berge, auf die schroffen, steil aufragenden Felswände.

In unserer kleinen Gruppe war die Stimmung gedrückt. Nur die beiden Jungen, die nicht ahnten, dass sie dabei waren, ihre Heimat zu verlassen, genossen den Tag ohne Schule, klebten an den Fenstern und wetteiferten darin, lautstark ihre Beobachtungen mitzuteilen. Wir Erwachsenen rafften uns hin und wieder auf und versuchten, eine fröhliche Reisegruppe darzustellen, doch meistens hing jeder von uns seinen Gedanken nach. Ich dachte an die Abschiede der letzten Tage. Und an die vielen Menschen, denen ich nicht auf Wiedersehen hatte sagen können. Von meinen Freundinnen hatte ich mich nicht verabschiedet, ebenso wenig von meinen Verwandten. In der Schule hatte ich meinen Kollegen beim Rausgehen wie immer nur mit einem Winken zugerufen: »Bis morgen!« Und jetzt war morgen, und ich erschien nicht zum Dienst. Es bekümmerte mich, dass ich einfach so verschwunden war. Doch letztlich war es auch für Verwandte und Freunde besser, wenn sie nichts wussten. Das brachte sie nicht in die Verlegenheit, lügen zu müssen, oder gar in die Bedrängnis, mich zu verraten.

Schlimm war der Abschied von meiner Mutter. Es schnitt mir ins Herz, dass ich sie zurücklassen musste. Sie war so klein und zart, und ich war doch in allem ihre Stütze. Ich haderte mit mir und meinen Wünschen, ich fürchtete das Urteil meines Vaters, den ich im Geiste oft zu Rate zog. Darf man seine Mutter verlassen, um zu seinem Ehemann zu gehen? War es nicht unverantwortlich von mir und selbstsüchtig, dass ich Jamil über alles stellte und unbedingt mit ihm zusammen sein wollte?

Meine Mutter selbst hatte die Entscheidung lange vorher kommen sehen, wahrscheinlich wusste sie schon vor mir, dass ich gehen würde, gehen musste. Als ich ihr gestand, dass ich zu Jamil wollte und Afghanistan verlassen würde, bestärkte sie mich sogar darin. »Kind, es ist richtig für dich. Geh zu Jamil, er ist dein Mann, und hier gibt es keine Zukunft für euch. Mach dir keine Sorgen um mich, ich komme schon zurecht. Und wenn alles klappt, dann holst du mich halt nach.«

Uns beiden liefen die Tränen übers Gesicht. Die Zuversicht heuchelten wir um unserer beider willen, schließlich konnte niemand voraussehen, was passieren würde und wie viel Zeit vergehen würde, bis wir uns wiedersahen – ob wir uns überhaupt je wiedersehen würden. Als ich am Tag der Abreise in aller Frühe aufbrach, um zum Bus zu gehen, drückte sie mich ganz fest, strich mir übers Haar und sagte: »Nadijan, pass gut auf dich auf. Sei tapfer, sei mutig, sei zuversichtlich. Es wird alles gutgehen. Ich habe für dich gebetet, und ich werde weiterhin für dich beten. Du stehst unter dem Schutz Gottes, und er wird dich nicht im Stich lassen. Wir sehen uns alle wieder, schon bald. Das weiß ich ganz gewiss.«

Ich war blind vor Tränen und stolperte mehr zum Busbahnhof, als dass ich ging, doch musste ich mich zusammenreißen, damit niemand Verdacht schöpfte. Warum hätte ich so furchtbar weinen sollen, wenn es nur für ein paar Tage zum Freund eines Onkels nach Kandahar ging?

Und jetzt saß ich mit meinen Mitflüchtlingen im Bus, eine Ledertasche auf dem Schoß, die ein paar nützliche Dinge enthielt und ein paar wichtige. Die wichtigen waren: das rosa Nachtgewand, das ich in der Hochzeitsnacht getragen hatte, und Jamils Hochzeitspyjama. Außerdem eine Zahnbürste und ein Paar Schuhe. Es war natürlich absurd, zwei hauchdünne Luxusnachtgewänder auf eine Flucht über Zigtausende Kilometer mitzunehmen. Aber ich hing daran, es waren die Relikte einer glücklichen Zeit, beinahe waren es Fetische für mich. Und alles andere hatte ich vor meiner Abreise verschenkt. Meine Mutter bekam einen großen Teil, außerdem einige meiner Freundinnen. Stück für Stück gab ich ab, immer nur einzelne Teile, damit es nicht auffiel, dass ich meinen Besitz auflöste.

Auf der Flucht konnte ich sowieso nichts davon gebrauchen und außerdem: Ich war ja auf dem Weg in ein Land, wo es alles gab. Wir Afghanen stellten uns Deutschland damals als Schlaraffenland vor, in dem eitel Glück und Wohlstand herrschten. Deutschland, Germany – das war das Paradies, in dem es an nichts fehlen würde. Dass längst nicht jeder dort in paradiesischen Verhältnissen lebte, wie viel davon abhängt, eine gutbezahlte Arbeit zu haben – das alles war keinem von uns klar. Und erst recht nicht, dass kein Mensch auf uns Afghanen wartete, die aus ihrem Land am anderen Ende der Welt geflohen waren.

Der Bus war alt und praktisch ohne Federung, jedes Schlagloch der Straße verwandelte sich in einen Hieb auf den Rücken, der die Wirbelsäule zusammenstauchte. Doch das war noch harmlos und bequem im Vergleich zu dem, was uns bevorstand. Wir hatten besprochen, womit zu rechnen war: Unser Weg über die Berge würde mindestens zehn Tage dauern, vielleicht länger. Den größten Teil mussten wir zu Fuß bewältigen. Und wir waren gezwungen, uns der Obhut fremder und nicht unbedingt zuverlässiger Menschen anzuvertrauen. Luftlinie waren es ungefähr 100 Kilometer bis zur Grenze, aber was bedeutet Luftlinie schon in einem Gebirge, dessen Gipfel bis zu 3000 Meter hoch sind? Die Straßen konnten wir selbstverständlich nicht benutzen, wir mussten uns vielmehr auf verborgenen Pfaden über Umwege zu unserem Ziel schlängeln. Ja, wir hatten diese Schwierigkeiten besprochen, wir hatten versucht, uns seelisch darauf vorzubereiten, dass wir uns in eine Situation begaben, die keiner je zuvor erlebt hatte. Aber es ist unmöglich, sich auf eine solche Flucht vorzubereiten. Keiner von uns Stadtmenschen mit Schreibtischberufen konnte sich ausmalen, wie das wirklich ist, möglichst unauffällig auf schmalen, schlecht befestigten Wegen durch die Berge zu ziehen.

Onkel Ehsan hatte alles organisiert, keine Ahnung, wie er das bewerkstelligte, wen er fragte und wie er an die Informationen herankam. Wasim, sein Freund und Kollege, steuerte viele Namen und Hinweise bei, die er durch seine Tätigkeit als Richter erhalten hatte. Täglich hatte er im Gericht mit Menschen zu tun, deren Flucht aus diesem oder jenem Grund gescheitert war. Ein Vorteil, aber auch eine ständige Mahnung, dass alles schiefgehen konnte.

Innerhalb von zwei Tagen trieb Onkel Ehsan einen Führer auf, der sich für eine erkleckliche Summe bereit erklärte, uns durch die Berge zu führen. Wir sollten uns in eine Nomadengruppe einreihen, damit niemand Verdacht schöpfte. So weit war alles klar. Es gab nur ein Problem: Mich wollte der Führer nicht mitnehmen. Über jedes Mitglied der Gruppe erkundigte er sich genau – wie alt, Mann oder Frau, körperliche Verfassung. Onkel Ehsan kam zu mir: »Nadia, es klappt alles, aber nicht ganz. Es gibt eine Schwierigkeit, eine große: Sie wollen dich nicht. Sie sagen, du bist ein Störfaktor, eine Gefahr für alle.«

Ein Störfaktor? Ich begriff nicht. Ich hatte doch gar nichts gemacht. Für mich wurde doch auch bezahlt. Sollte ich etwa allein zurückbleiben?

»Nadia, sie sagen, dass es mit den anderen keine Probleme gibt. Das Ehepaar ist über 40 Jahre, von denen geht keine Gefahr aus. Die beiden Jungs sind klein, die zählen noch nicht, sie sind zu jung, um Soldaten zu sein oder sonst wie zu kämpfen. Ich bin alt, für mich interessiert sich sowieso niemand. Aber du! Du bist das Problem. Du bist jung und schön, du hast eine andere Hautfarbe als hier üblich, du fällst auf und machst die Männer unruhig.« Mein Gott, das jetzt auch noch! Sollte alles daran scheitern, dass ich 19 Jahre alt und hübsch war? War die Flucht für mich schon zu Ende, bevor sie überhaupt richtig begonnen hatte?

Wir überlegten hin und her. Ich gab mir Mühe, meine Verzweiflung zu unterdrücken und nicht zu weinen, obwohl mir mehr nach Weinen zumute war als jemals sonst in meinem Leben. Schließlich sagte unser Führer zu Onkel Ehsan, mich vollkommen ignorierend, als ob ich gar nicht vorhanden wäre: »Es gibt nur eins: Sie muss sich Gesicht und Hände und alles, was man sonst noch sehen könnte, mit Asche bestreichen, damit sie nicht nach jungem, hübschen Mädchen aussieht. Außerdem darf sie nicht diese Kabul-Kleider tragen, sie braucht etwas von hier.«

Onkel Ehsan stimmte zu, und die beiden begaben sich ins nächste Dorf, um mir Kleidung zu besorgen, wie sie alle Mädchen und Frauen hier trugen. Man konnte so etwas nicht in einem Geschäft kaufen, denn die Frauen webten und nähten alles selbst, deshalb kam nur die gebrauchte Kleidung einer Frau in Frage, die ungefähr meine Größe hatte. Was ich schließlich bekam, war teurer als alles, was ich je an Kleidung in Kabul gekauft hatte. Denn jeder profitierte, so gut er konnte, auch von den Problemen anderer Menschen, und die Fluchthelferindustrie war eine boomende Branche. Wahrscheinlich war die Frau, deren Kleider ich erhielt, eine Verwandte unseres Führers, und mit diesem »Altkleiderhandel« ließ er der Familie noch etwas extra zukommen.

Als sie mir die Sachen brachten, hielt ich unwillkürlich die Luft an. Sie strömten einen undefinierbaren, intensiven Geruch nach uraltem Schweiß, ranzigem Fett und verkohlten Holzscheiten, nach Ziegen, scharfen Gewürzen und allem Möglichem sonst aus. Auf dem Land haben die Frauen nicht viel zum Wechseln, und die Hygienevorstellungen sind schon aus praktischen Gründen andere als in der Stadt, viel gewaschen wird jedenfalls nicht. An Authentizität ließen diese Kleidungsstücke immerhin nichts zu wünschen übrig. Und was scherte mich dieser sehr spezielle Duft, wenn er mich gewissermaßen unsichtbar machte? Ich zog also die dicken, langen Hosen an und darüber einen weiten Umhang, der den gesamten Körper verhüllte, das Gesicht aber frei ließ. Diese gebrauchte Tracht war dreimal so teuer wie neue Ware, aber wir hatten keine Wahl, und ohne Alternative verhandelt es sich halt schlecht. Wie befohlen, rieb ich mir das Gesicht und die Hände mit Asche ein, damit ich wirklich wie eine arme Frau vom Land aussah.

Blieb noch die Frage, wo ich mein Geld unterbringen sollte. Ich hatte von meiner Familie mehr als 10.000 US-Dollar bekommen, eine wahnsinnige Summe, in Afghani noch viel mehr wert. Aber Afghani zählten, wenn alles gutging, bald nicht mehr, und ich würde eine Menge Geld benötigen, um einen falschen Pass zu kaufen und in Europa Fuß zu fassen. Dieses Geld war meine Existenz, die Grundlage meines neuen Lebens. Und schon jetzt bewährten sich die neuen Kleider: Ich packte die Dollar-Bündel rund um meine Taille, eins neben dem anderen, und wickelte einen Streifen Stoff darüber, so dass ich quasi mit Geld bandagiert war. Darüber die dicke Hose und der Umhang: Selbst ein streng prüfendes Auge konnte nichts von meinem Schatz entdecken.

In den kommenden Tagen und Nächten zog ich meine Hose und den Umhang nicht mehr aus. Ich wanderte in meinen stinkenden Kleidern, ich rastete und schlief darin, ich schwitzte in ihnen, und sie wärmten mich. Ich nahm den Geruch dieser Kleider an und fügte meinen eigenen dazu, ich begann sie als mein Zuhause zu betrachten, denn ein anderes hatte ich nicht.

Die Nächte in den Bergen fließen ineinander, schon bald höre ich auf zu zählen, wie lange wir bereits unterwegs sind. Wir wandern nachts, denn am Tag wäre die Gefahr, entdeckt zu werden, zu groß. Das Gehen ist mühsam, die Wege bestehen überwiegend aus Geröll, das kaum Halt bietet, die rabenschwarze Dunkelheit tut ein Übriges, wir rutschen und stolpern dahin. In der zweiten Nacht bekomme ich dicke Blasen, ab der dritten sind meine Füße blutig gelaufen, die derben Bauernschuhe scheuern und drücken überall. Wasims Frau und ihren beiden Jungen geht es ebenso. Wir wickeln Stofffetzen um die Füße, doch das hilft nur in der ersten halben Stunde. Anfangs weinen die Jungen noch, aber nach ein paar Tagen schleppen sie sich nur apathisch, ohne erkennbare Regung dahin.

Acht Stunden, neun Stunden, zehn Stunden, einen Fuß vor den anderen setzen, anhalten, warten, weitergehen, Angst haben. Angst haben, dass wir erwischt werden, Angst haben, dass uns die Führer ausplündern und in eine Schlucht stoßen, Angst haben, dass wir es nicht schaffen, weil uns die Kräfte verlassen, bevor wir unser Ziel erreicht haben. Angst, Schmerzen, Hunger, Erschöpfung, wirre Gedanken: Wer bin ich, wer war ich? Ich bin aus Kabul, ich bin verheiratet, aber ich bin ohne Mann. Ich bin Lehrerin, aber ich gehe nicht in die Schule, ich ziehe als Nomadin durch die Berge. Ich bin alt und schmutzig. Bin ich nicht 19 Jahre alt und hübsch? Ich habe Familie, aber sie weiß nicht, wo ich jetzt bin. Fremde Männer wissen, wo ich bin, sie haben mich hierhergeführt, in dieses Meer aus Stein, in diese Schwärze. Wohin gehen wir? Was sind das für Kleider? Bin ich wirklich Nadia?

Tagsüber ruhen wir uns an geschützten Stellen aus, schlafen, so gut es geht. Wir liegen auf dem nackten Boden, manchmal gibt es eine Art Zelt, ab und zu rasten wir alle zusammen in der Scheune eines Bauern, dessen Schweigen gekauft wird. Dauernd kommen neue Leute, gehen ein paar Tage mit uns gemeinsam, trennen sich wieder von uns. Das gehört dazu: Wir mischen uns mit anderen, um nicht aufzufallen. Manche von ihnen wissen, dass wir auf der Flucht sind, die meisten nicht. Einige sind selbst auf der Flucht. Doch sicher kann man in keinem Fall sein; besser, wenn überhaupt kein Mensch mitbekommt, wer wir wirklich sind. Ein falsches Wort, und wir sind verloren. Wenn wir ums Feuer sitzen, wenn wir hintereinander auf dem Pfad den Berg ersteigen – nie darf jemand etwas hören, das unsere wahre Identität verraten könnte. Ob wir Frauen uns hinter einen Felsvorsprung hocken, um uns zu erleichtern, ob wir auf einem Stück harten Brots herumkauen, immerzu werden wir beobachtet und belauscht. Ich soll als Einzige am besten überhaupt nicht reden, denn sonst hätte man an meiner Stimme erkannt, dass ich jung und aus der Stadt bin und meine Kleidung nur Tarnung ist.

Die Einheimischen wissen, warum wir hier sind und was wir tun, doch wir wissen fast nichts von ihnen. Wir müssen damit rechnen, dass sie uns auffliegen lassen, wenn es ihnen passt. Wenn sie in Bedrängnis kommen, weil jemand Verdacht schöpft, werden sie uns sofort über die Klippen stoßen. Und wenn jemand für uns mehr bietet, als wir schon gegeben haben, werden sie auf unsere Kosten noch ein Geschäft machen. Obwohl die Berge so hoch sind, die Landschaft so weit ist – es wird immer enger um mich, ich bin eingeschnürt in ein Geflecht von Angst, Unfreiheit und Misstrauen, das mir die Kehle zuschnürt.

Nach Tagen, keine Ahnung, wie vielen, geht es nicht mehr weiter. Es ist Morgen, wir haben in der Nähe einer Straße angehalten und warten. Der Führer und sein Gehilfe sind nervös, sie laufen hin und her, sie beraten sich. Schließlich zieht einer Onkel Ehsan beiseite. Von weitem sehe ich, wie dieser den Kopf schüttelt, wie der Führer auf ihn einredet. Nach einer Weile kommt Onkel Ehsan zu mir: »Nadia, wir sind kurz vor der Grenze. Aber mit dir im Schlepptau kommen wir nicht rüber. Die Führer sagen, es ist zu gefährlich, du wirst bei der Grenzkontrolle sofort erkannt und rausgefischt. Dann kommen wir alle ins Gefängnis. Sie wollen, dass du dich in einem der Schmuggellaster versteckst.«

Ich weiß nicht, was das bedeutet, ich bin verwirrt. Warum sagt er das mit so ernster Stimme? »Ist gut, Onkel Ehsan, ich setze mich in den Laster.«

»Nadijan, nein … Also eigentlich … Wie soll ich sagen … Nadia, meine Kleine, hör zu. Das ist es nicht. Du wirst nicht im Fahrerhaus sitzen, auch nicht hinten auf einer der Bänke. Aber das macht nichts, du wirst es schon schaffen.«

»Ja aber, Onkel, was denn jetzt? Was heißt das denn? Wo sitze ich denn in dem Laster?«

»Nadia, du sitzt gar nicht. Du liegst. Du liegst unter der Schmuggelware. Es ist ein doppelter Betrug: Sie bestechen die Grenzposten, damit sie die Schmuggelware über die Grenze schaffen können. Dass du dazwischen bist, wissen die nicht. Das ist der Trick: Sie bekommen das Geld, damit sie die Ware ignorieren. Du musst unter der Ware bleiben. Die ganze Zeit. Du bewegst dich nicht, du sagst nichts, du rührst dich einfach nicht. Hast du das verstanden?«

Natürlich verstehe ich das. Aber in Wahrheit verstehe ich nichts, weil ich nicht weiß, was das bedeutet. Ich weiß es erst, als ich es erlebe. Wir warten, bis der Laster kommt. Ich klettere hinten auf die Ladefläche, auf der Tausende von Zigarettenschachteln gestapelt sind. Der Fahrer stößt mich in eine freie Ecke und befiehlt mir, mich hinzulegen. Ich lasse mich auf den vor Dreck starrenden Boden sinken. Dann fängt er an, Zigarettenschachteln über mir aufzuschichten, hundertmal bückt er sich, schiebt und wirft die einzelnen Schachteln und Zigarettenstangen über mich. Ich höre ihn keuchen, sein Atem ist sauer, doch nach einer Weile dringt sein Geruch nicht mehr bis zu mir. Überall sind Schachteln, ich sehe nichts mehr. Links, rechts, über dem Kopf, auf meinen Füßen – alles ist bedeckt. Ich atme nur noch ganz flach. Wie ein Gebirge lasten die Zigaretten auf mir. Mein Brustkorb schmerzt schon jetzt. Der Fahrer klettert hinaus, er wirft die Tür des Laderaums ins Schloss und schreit im Kommandoton: »Los geht's!«

Die anderen steigen auf, quetschen sich in die Fahrerkabine, hocken auf dem Dach, klemmen sich irgendwo fest. Der Motor springt an, ich spüre die Vibrationen im ganzen Körper. Der vollbeladene Laster holpert über die schlechte Straße, kracht in jedes Loch, legt sich in die Kurven, bremst abrupt, beschleunigt wieder. Ich sehe nichts, um mich herum ist alles schwarz. Ich fühle nur, wie der Wagen sich neigt, ich kann mich nicht festhalten, ich kann keinen Stoß abfangen. Ich sehe nicht, warum wir ab und zu anhalten, ob jemand abspringt oder ein Neuer aufsteigen will oder ob es ein Straßenposten ist. Bei jedem Stopp habe ich Todesangst: Kommt das Ende? Ist das die Kontrolle? Fliegen wir jetzt alle auf? Manchmal höre ich Rufe, Fetzen von Dialogen mit Leuten auf der Straße. Ich kann nicht genau verstehen, was sie sagen. Es ist alles so dumpf hier. Ich liege unter Bergen von Zigaretten.

Wie lange sind wir schon unterwegs? Es müssen Stunden sein. Ich schwitze. Über vierzig Grad herrschen in dem Laderaum, die Junisonne hat den Laster innerhalb kürzester Zeit aufgeheizt. Das Wasser dringt mir aus allen Poren. Meine dicken Bauernsachen werden erst feucht, dann nass. Ich bin so durstig, meine Zunge klebt am Gaumen fest. Ich versuche, an etwas Schönes zu denken, an einen Krug Wasser. Kühles, klares Wasser, das Schluck für Schluck meine Kehle hinabrinnt. Mein Hals ist trocken, ich weine, meine Augen brennen, ich bekomme kaum noch Luft. Mir wird schwindelig, ich verliere das Bewusstsein.

Ein scharfer Ruck holt mich zurück. Erneut haben wir angehalten. Wieder Stimmengewirr. Ich höre, wie Menschen um den Laster herumgehen, irgendetwas fragen. Sie rütteln an der Tür des Laderaums, öffnen sie. Ich bin steif vor Angst. Jetzt ist alles aus! Sie stoßen ein paar Schachteln beiseite, ein anderer protestiert. Ich halte den Atem an, mein Herz schlägt so hart und schnell, dass der Schmerz kaum auszuhalten ist. Bitte, mein Gott, verlass mich jetzt nicht. Gib, dass sie weggehen, dass sie genug haben. Einer macht eine Bemerkung, der andere lacht, als hätte er einen schmutzigen Witz gehört. Die Tür knallt zu, ich vernehme ihre Stimmen nur noch undeutlich.

Ich möchte weinen, doch es kommen keine Tränen mehr. Ich liege in meinem eigenen Wasser, meine Blase hat sich entleert.

Noch Jahre lang habe ich davon geträumt, noch Jahre später gegen die Wunden gekämpft, die mir diese Stunden beigebracht haben. Ich war kurz davor, verrückt zu werden. Eine Zeitlang war ich es wohl sogar. Und dieser Alptraum ließ mich nicht los, er verfolgte mich. Nicht nur nachts suchte er mich heim, auch tagsüber sprang er mich an. Ich konnte keinen Aufzug benutzen, es ging einfach nicht. Einen kleinen Raum ohne Fenster zu betreten, dessen Tür sich hinter mir schließen würde – unmöglich. Schon bei dem Gedanken daran brach mir der Schweiß aus. Lieber ging ich zehn Stockwerke hoch oder mehr. Noch heute kann ich nicht schlafen, ohne dass ein Licht im Zimmer brennt. Bei vollständiger Dunkelheit sticht mir sofort wieder der Gestank der Kleider in die Nase, der säuerliche Geruch aus Schweiß und Urin, der grauenhafte Geschmack der Todesangst.

Über zwanzig Jahre nach meiner Flucht bekam ich immerhin meine Angst vor Aufzügen in den Griff. Durch eine brutale Therapie, die ich mir allerdings selbst verordnet hatte. Ich wurde als Gast zu einer Podiumsdiskussion ins Frauenmuseum in Bonn eingeladen, die die deutsche Sektion der UNO-Flüchtlingshilfe veranstaltete: »Frauen auf der Flucht«, wobei es auch um die Folgen von Krieg und Folter ging. Es gab eine kleine Ausstellung, und eins der Exponate war eine Kiste von ungefähr 80 x 80 x 80 Zentimeter. Eine Tür, sechs Wände, sonst nichts, aber alles andere als harmlos. In eine solche Kiste sperrt man Menschen, um sie zu foltern. Sie ist so groß, dass man gerade eben hineinpasst, aber so klein, dass man weder sitzen noch liegen, noch stehen kann.

Therapeuten wollen, dass man an den Ursprungsort seiner

Angst zurückkehrt, um ein Trauma zu bekämpfen. Ich hatte keinen Therapeuten, ich war mein eigener Arzt und verspürte nun den deutlichen Impuls: Jetzt ist es so weit. Ich steige in diese Kiste, ich setze mich diesem Gefühl der Hilflosigkeit, des Eingesperrtseins und der Todesangst noch einmal aus. Danach bin ich geheilt oder wirklich verrückt. Ich werde eine Stunde drinnenbleiben, egal was passiert. Und genau das habe ich gemacht. Eine Radikalkur, die entsetzlich war. Schon in der ersten Sekunde bekam ich Herzrasen, alles war sofort wieder da. Ich hörte dumpf die Stimmen der Leute draußen, jemand stieß versehentlich an die Kiste, mir brach der Schweiß aus. Aber es gab einen entscheidenden Unterschied zu damals: Diese Situation in Bonn hatte ich mir selbst ausgesucht, und ich konnte sie jederzeit beenden.

Ich weiß nicht, wie lange ich in der Kiste steckte. Vielleicht eine Stunde, vielleicht weniger. Eingeklemmt in diese stickige Schwärze, verlor ich sofort jedes Zeitgefühl. Ich sprach mit mir, ich redete mir gut zu. Ich erzählte mir selbst, was ich erlebt hatte. Ich suchte Worte für das, was bisher nur Gefühle waren. Und es funktionierte. Als ich aus der Kiste stieg, wackelten mir die Knie, die Tränen liefen mir die Wangen hinunter. Ich war zu Tode erschöpft, aber ich war auch glücklich, ich war wie befreit, ich hatte dieses Monster der Erinnerung besiegt. Seitdem sind selbst kleine Aufzüge für mich kein Problem mehr. Mit dem Schlafen in völliger Dunkelheit, das ist etwas anderes, aber vielleicht schaffe ich das eines Tages auch noch.

Als Onkel Ehsan mich aus dem Laster holte, erkannte ich ihn im ersten Moment nicht. Er stand in der gleißenden Helligkeit, und ich dachte, er sei einer von den Grenzpolizisten, die uns jetzt erwischt hatten. Ich wehrte mich, schrie hysterisch zusammenhangloses Zeug, dass ich nicht mitwolle, dass er mich in Ruhe lassen solle. Er schüttelte mich mit aller Kraft und gab mir schließlich eine ordentliche Ohrfeige. »Nadia, hör auf damit. Es ist alles gut, reiß dich zusammen. Wir sind drüben, wir haben es geschafft. Verstehst du mich? Wir sind in Pakistan! Wir sind alle am Leben, und wir sind in Pakistan!«

Ich konnte es kaum glauben. Wie betäubt schaute ich auf den Laster, auf die Menschen, die drumherumstanden. Die Fluchthelfer lächelten, schlugen einander auf die Schulter, stolz auf sich selbst, uns heil herübergebracht zu haben. Wasims Frau hockte auf dem Boden und umarmte einen ihrer Jungen, Onkel Ehsan murmelte immer wieder: »Wir sind in Pakistan.« Als er bemerkte, dass meine Kleider durchnässt waren, warf er mir einen großen Schal über und begann unter Tränen zu fluchen: »Mein Gott, was macht der Krieg mit uns? Was müssen wir aushalten? Daran sind nur die Russen schuld.«

So richtig freuen konnten wir uns noch nicht, die Strapazen und die ausgestandene Angst ließen sich nicht von einem Moment auf den anderen wegschieben. Der Kopf sagt: »Wir haben es geschafft, wir können glücklich sein.« Doch im Körper und in der Seele wirkt alles länger nach, sie schalten nicht innerhalb weniger Minuten um.

Das Schönste war mein erstes Telefonat mit Jamil. Wir hatten uns in Quetta, der nächsten größeren Stadt, einquartiert und dort ein Hotel genommen. Es war ziemlich schwierig, eine Verbindung mit Frankfurt herzustellen, damals wurden solche Gespräche ja noch mit der Hand vermittelt. In Jamils Asylbewerberheim gab es lediglich einen Apparat an der Zentrale, und bis man Jamil endlich gefunden hatte, verging eine kleine Ewigkeit. Ich stammelte nur: »Jamil, wir sind über die Grenze, wir haben es geschafft, wir sind in Pakistan.« Dann bekam ich kein Wort mehr heraus, ich weinte und weinte und war nicht in der Lage, Jamils Fragen zu beantworten.

Wir blieben nur eine Nacht, aber die haben wir weidlich ausgenutzt. Ich wurde meine Bauernklamotten los und bekam neue Kleider, wir wuschen uns das erste Mal nach zwei

Wochen wieder ordentlich, mit heißem Wasser und mit Seife, wir schliefen in richtigen Betten. Und dann haben wir gefeiert, wir schlemmten nach allen Regeln der Kunst, saßen zusammen und erzählten uns gegenseitig unser Abenteuer, als hätten wir es nicht gerade gemeinsam erlebt. Allmählich kehrte auch unser Sinn fürs Komische zurück. Wir bekamen uns vor Lachen kaum noch ein, einer übertrumpfte den anderen: »Weißt du noch, wie ich in der einen Nacht ausgerutscht bin und beinahe den Führer mitgerissen hätte?«

»Ach, das war doch gar nichts. Viel toller war doch, dass Onkel Ehsan dachte, er könne den Weg abkürzen, und dann um ein Haar in die Schlucht fiel!«

Wir waren ausgelassen, geradezu irre vor Glück, sicher auch ein wenig hysterisch, weil sich die Anspannung nur langsam auflöste. Zwei Wochen hatten wir nicht mehr richtig gelacht, tage- und nächtelang waren wir nicht wir selbst gewesen, nun kehrten wir mit großem Getöse zu uns selbst zurück. Und das mussten wir auch, denn der Weg durchs Gebirge war nur die erste Etappe. Jetzt wartete die nächste Aufgabe auf uns: von Pakistan in den Westen zu kommen.

9. Kapitel

ABSPRUNG

Mit dem Zug fuhren wir von Quetta nach Islamabad und quartierten uns in einem Motel ein. Onkel Ehsan blieb zwei Tage, um sich ein bisschen zu erholen. Dann flog er ganz offiziell nach Kabul zurück. Ich bin ihm zutiefst zu Dank verpflichtet, ohne ihn wäre mir niemals die Flucht gelungen. Er nahm so unendlich viel auf sich, die Gefahr, die Trennung von seiner Familie, die Strapazen im Gebirge: Ich weiß niemanden, der mehr für mich getan hat als er.

Wir Übrigen machten uns daran, die Ausreise aus Pakistan zu organisieren. Für das Ehepaar und die beiden Kinder war es relativ einfach: Sie wurden bei der amerikanischen Botschaft vorstellig und beantragten ein Visum für die Einreise in die USA. Da sie in Amerika studiert hatten, gab es keine nennenswerten Schwierigkeiten. Knapp zwei Wochen nach unserer Ankunft bestiegen sie das Flugzeug und waren weg. Auch das gehört zum Schicksal von Heimatlosen: In kürzester Zeit kommt man wildfremden Menschen näher als seinen eigenen Geschwistern, man erlebt gemeinsam Himmel und Hölle, schläft eng nebeneinander auf dem nackten Boden, weint und lacht zusammen – und dann trennt man sich, schlägt vollkommen andere Wege ein und sieht sich niemals wieder.

Ich fühlte mich verloren und einsam in Islamabad, nachdem ich so viele Tage lang keine Sekunde allein erlebt hatte, aber mir blieb keine Zeit, um mich meinem Kummer hinzugeben.

Ich musste mich sputen, denn jeder Tag kostete Geld, das ich dringend für andere Dinge benötigte: Ich brauchte einen Pass, ein Visum und ein Flugticket. Das zu besorgen wäre schon unter normalen Umständen eine Herkulesaufgabe gewesen, jetzt kam es der Quadratur des Kreises gleich, in einem fremden Land und ohne legalen Nachweis meiner Existenz. Doch was es in den Bergen vereinzelt gab, war in der pakistanischen Hauptstadt flächendeckend etabliert: ein System von Fluchthelfern. Das waren Leute, die Bescheid wussten, die Passfälscher kannten, Verbindungen hatten und zwischen Angebot und Nachfrage vermittelten. Man musste sich noch nicht einmal darum bemühen, einen von ihnen zu finden. Sie erkannten ihre potentiellen Kunden sofort. Kaum war man angekommen, wurde man von verschiedenen Leuten gefragt: »Was brauchen Sie? Was haben Sie schon, was fehlt Ihnen noch?« Es war ihr Geschäft, und je mehr Kunden sie hatten, umso mehr Geld verdienten sie. Es war ganz einfach für sie, ihre Kunden zu finden, denn die Afghanen bildeten meistens größere Gruppen. Sie quartierten sich normalerweise in Hotels ein, in denen sich bereits Landsleute befanden. Man nimmt nicht einfach irgendeine Unterkunft, man sucht sein Hotel nicht nach der Größe der Räume oder der Ausstattung des Badezimmers aus. Das Kriterium lautet: Wo sind schon welche von uns?

Das ist charakteristisch für uns Afghanen, gilt aber für Flüchtlinge aller Nationen und zu allen Zeiten. Keiner kann sich allein durchschlagen, jeder ist angewiesen auf Rat, auf Hilfe, auf Verbindungen. Die Deutschen, die vor Hitler flohen, fanden einander in Prag, Paris oder Lissabon. Die geflohenen Kubaner, die auf das Ende des Castro-Regimes warten, sammeln sich in Miami. Und ich befand mich in der afghanischen Gemeinde in Islamabad, um von hier aus den Absprung nach Europa, nach Deutschland zu schaffen.

Das Allerwichtigste war der Pass. Ohne Pass bekam ich kein

Visum, ohne Visum kein Ticket. Es gab zwei Arten von Pässen: gefälschte, also nachgemachte Pässe, und echte falsche Pässe. Echte falsche Pässe waren besser, aber teurer, weil man eben eine wirkliche Person finden musste, die bereit war, ihren Pass zu verkaufen. Das Alter des Verkäufers musste mit dem des Käufers einigermaßen übereinstimmen, der Pass musste noch mindestens ein Jahr lang gültig sein, und es durften keine Angaben enthalten sein, die sofort Misstrauen erregten. Ein solcher Pass war natürlich eine Rarität und entsprechend teuer. Es dauerte Tage, bis meine »Betreuer« endlich das Geeignete fanden. Tage, in denen ich nicht nur darum bangte, dass sie die passenden Dokumente auftrieben, sondern auch in der Furcht schwebte, dass sie sich mit meinem Geld aus dem Staub machten. Solche Betrügereien kamen häufiger vor, und die Geprellten konnten nichts tun, um ihr Geld zurückzubekommen. Als Illegaler zur Polizei zu gehen und zu erklären, dass einem das für einen falschen Pass bestimmte Geld abgeknöpft worden war – unmöglich. Mein Betreuer kam Gott sei Dank mit einem Dokument zurück. Es war der Pass von Nuria Asim, einer afghanischen Frau, die ich nie kennengelernt habe, in deren Leben ich aber, zumindest offiziell, hineingeschlüpft bin. Alle Angaben in diesem Pass musste ich auswendig lernen, also Geburtsort, Geburtstag, sämtliche Vornamen usw. Das Foto wurde ausgetauscht, statt ihres Porträts wurde meins eingefügt. Die Aktion war heikel und wurde nicht gerade meisterlich ausgeführt, aber besser ließ es sich offenbar nicht machen, und solange niemand ganz genau hinschaute, würde es schon klappen. Es musste einfach klappen, denn dieser Pass hatte ein Vermögen gekostet, einen anderen würde ich mir nicht leisten können.

Mit diesem Pass konnte ich zur deutschen Botschaft gehen und ein Visum beantragen. Jedenfalls theoretisch, in der Praxis erwies es sich als nahezu unmöglich, schon wegen der Warteschlangen vor dem Tor. Hunderte und Aberhunderte standen genauso wie ich um ein Visum für Deutschland an. Es dauerte Tage, bis ich überhaupt in das Gebäude hineinkam. Und wofür? Das Gespräch mit dem Beamten, der meinen Antrag bearbeitete, war niederschmetternd. Sicherlich war es naiv von mir zu glauben, dass Deutschland mich mit offenen Armen willkommen heißen würde, aber mit diesem ablehnenden Desinteresse hatte ich nun doch nicht gerechnet.

»Frau Asim, Sie möchten also ein Visum für die Einreise nach Deutschland. Was wollen Sie dort?«

»Ich will zu meinem Mann, er lebt in Frankfurt.«

»Aha, Ihr Mann heißt aber nicht Asim, wie Sie im Formular angeben. Hm. Er ist in Frankfurt, was macht er denn da? Hat er einen Beruf? Hat er eine Arbeit?«

»Nun ja, das mit den Namen ist kompliziert, aber er heißt tatsächlich anders als ich. Einen Beruf hat er auch, er hat studiert und war in leitender Position in einer Fabrik tätig. Jetzt ist er eben in Frankfurt.«

»Aha. Er arbeitet also nicht. Ich nehme an, er hat Asyl beantragt, oder?«

Ich wusste nicht genau, was das bedeutete, aber stimmte zu, dass mein Mann Asylbewerber war.

»Frau Asim, sprechen Sie Deutsch?«

»Nein, ich kann noch nicht Deutsch.«

»Frau Asim, ich fasse mal zusammen: Ihr Ehemann, der einen anderen Namen als Sie trägt, lebt in Frankfurt. Er hat keine Arbeit, sondern Asyl beantragt. Sie sind als Afghanin hier in Pakistan, können kein Deutsch und möchten ein Visum bzw. eine Aufenthaltsgenehmigung für Deutschland. Ich fürchte, das wird nicht ganz einfach. Ich werde eine Anfrage an die Kollegen in Frankfurt schicken und um Auskunft bitten. Ihr angeblicher Mann wird dann auch gefragt, ob er eine Frau namens Nuria Asim kennt und mit ihr verheiratet ist. Die Antwort warten wir jetzt erst mal ab, und dann sehen wir weiter.«

Andere Afghanen hatten mich schon vorgewarnt, dass sich die Botschaftsleute zwar korrekt, aber kein bisschen kooperativ verhalten würden. Tausende wollten nach Deutschland, und ihre Aufgabe war es, auszusieben. Das taten sie dann eben, nicht unfreundlich, aber konsequent.

So ging es nicht, das war klar. Das konnte ja alles ewig dauern. Ich war für Deutschland ein Niemand, kein Mensch wollte mich dort, außer Jamil, doch der konnte mir kaum helfen. Aber ohne Visum kein Ticket und ohne Ticket keine Ausreise. In das Büro einer Fluggesellschaft zu marschieren und zu sagen: »Bitte einen Flug nach Frankfurt«, war ausgeschlossen. Ohne Visum wurde kein Ticket verkauft. Überdies hätte niemand einen Zweifel daran gehabt, dass ich mir Asyl erschleichen wollte, und mich ohne viel Federlesens rausgeworfen. Ich benötigte ein Ticket, ein echtes Ticket auf meinen falschen Namen inklusive Visum. Ein paar Tage brauchte mein Lieferant, dann fand er das Richtige: »Ich kann was organisieren, ein schönes Ticket von Karachi nach London. Via Frankfurt. Mit Visum für England in deinem Pass und allem Drum und Dran. Nicht ganz billig natürlich. Willst du's oder nicht?«

Selbstredend wollte ich! Ich weiß nicht mehr genau, was es kostete, aber es war sündhaft teuer. Ich handelte noch ein bisschen mit ihm, aber viel war nicht zu machen. Und letztlich hätte ich alles gegeben, nur um nach Deutschland zu kommen. Der Plan war ziemlich einfach: Ich würde mit dem Zug nach Karachi fahren, dort in den Flieger steigen, bei der Zwischenlandung in Frankfurt im Flughafen auf die Toilette gehen und mich einschließen, bis die Maschine gestartet war. Dann sollte ich sagen: »Asyl!«, und Jamil würde ja schon auf mich warten. Ein schöner, einfacher und erfolgversprechender Plan. Abgesehen davon auch der einzige, der überhaupt möglich erschien.

Ein letztes Telefonat mit Jamil in Frankfurt, kurz und gehetzt, weil die Gebühren wahnsinnig hoch waren. »Jamil, ich komme. Am Sonntag, 20. Juli, bin ich da. Der Name ist Nuria Asim. Ich komme mit Pakistan Airlines aus Karachi. Jamiljan, ich freue mich so, ich kann gar nicht sagen, wie sehr ...«

»Nadia, mein Liebstes, ich warte auf dich. Ich bin da. Hab' keine Angst, es wird alles gutgehen. Ich küsse dich.«

Vier Wochen nachdem ich in Islamabad eingetroffen war, nahm ich, ausgestattet mit einem falschen Pass, einem Visum und einem Ticket, den Zug nach Karachi. Mein ganzes Vermögen steckte in diesen gefälschten Papieren – und wenn sie nicht gut genug waren, war es aus mit mir.

Ich war noch nie im Leben geflogen, ich hatte keine Ahnung, welche Kontrollen man durchlaufen musste, ich wusste überhaupt nichts. Der Flughafen von Karachi ist der größte und bedeutendste in Pakistan, ein Drehkreuz auch für die Nachbarländer. Als ich das Hauptgebäude betrat, wimmelten Hunderte von Menschen herum, vielköpfige Familien warteten, um jemanden zu verabschieden oder zu empfangen, Kofferträger flitzten hin und her, Gepäckstücke stapelten sich in Haufen, Flughafenmitarbeiter versuchten, sich einen Weg zu bahnen – und Polizisten gingen paarweise auf und ab. Obwohl ein Riesendurcheinander herrschte, fielen sie mir sofort auf. Sie patrouillierten durch die Halle, und ich zitterte vor Angst. Weg hier! Ich suchte auf der Anschlagtafel meinen Flug und folgte den Gruppen, die sich zur Abfertigung begaben.

Der Angestellte am Check-in-Schalter nimmt mein Ticket und den Pass entgegen. »Haben Sie Gepäck?«

»Nein, ich reise ohne Gepäck.« Wahnsinn, warum fällt das keinem auf? Ich stehe hier in meinem Kleidchen, nachtblau mit feiner Stickerei, und einer afghanischen Ledertasche, in der sich ein Nachtgewand aus rosa Seide, ein Herrenpyjama und eine Zahnbürste befinden. Das ist mein Gepäck, mein ganzes Gepäck für eine Reise nach London via Frankfurt. Entweder ist der Mitarbeiter dumm, oder er hat schon ganz andere Dinge erlebt und sich daran gewöhnt, dass die Afghanen seit dem Einmarsch der Sowjets in ihr Land die seltsamsten Sachen machen. Er hebt die Augen von den Papieren, schaut mich lange an, dann nickt er und stellt die Bordkarte aus.

Die größte Hürde jedoch steht mir bevor: die Kontrolle der Grenzpolizei. Ich schwitze aus allen Poren, jeder, der mich anschaut, muss bemerken, dass irgendetwas mit mir nicht stimmt, dass mich etwas anderes plagt als nur die Angst vor dem Flug. Ich klammere mich an meine Tasche, sie ist meine Verbündete, meine Stütze, meine einzige Freundin. Meine schweißnassen Hände hinterlassen Flecken auf dem Leder. Meine Handknöchel sind ganz weiß, weil ich mich in den Riemen geradezu einkralle.

»Geben Sie mir Ihren Pass.«

Der Beamte sitzt erhöht in einer Kabine aus Holz, hinter einer Glasscheibe, die nur eine kleine Öffnung hat. Zitternd reiche ich den Pass nach oben und schiebe ihn durch die Öffnung. Er klappt ihn auf, hält den Pass ein bisschen schräg, blättert vor und zurück.

»Hm. Bitte das Ticket. Und die Bordkarte auch noch mal.«

Er hat etwas gemerkt, das ist klar. Kein Wunder, das Foto im Pass ist stümperhaft eingeklebt. Ich werde in einem pakistanischen Gefängnis wegen Urkundenfälschung landen. Oder in einem afghanischen Gefängnis wegen Landesverrat oder aus sonst irgendeinem absurden Grund. Was mache ich, wenn er mich festnehmen will? Soll ich schreien, weinen, mich wehren? Soll ich versuchen, ihn zu überzeugen? Ich habe ja nicht mal Geld, um ihn zu bestechen.

Aber womöglich ist er schon bestochen? Vielleicht ist ein Teil des Kaufpreises für Ticket und Visum auch in einen Bonus für die Polizisten am Flughafen geflossen? Vielleicht hat er Mitleid, oder er ahnt, dass aus mir nichts mehr rauszuholen ist? Noch einmal schaut er mich prüfend an, schüttelt den Kopf, hebt den Arm – und knallt mit großem Schwung den Ausreisestempel in den Pass. Er gibt mir die Papiere zurück und winkt mich durch die Sperre.

Ich wanke zu einer Bank im Wartebereich und mache mich so klein wie möglich. Noch eine Stunde bis zum Abflug – die längsten 60 Minuten meines Lebens. Das Zuschnappen eines Taschenschlosses hinter mir, der Kugelschreiber, den der ältere Mann an der rechten Wand klappernd fallen lässt, die leere Flasche, die ein Kleinkind über den Boden rollt – jedes Geräusch versetzt mich in Panik, bei der kleinsten Bewegung, die ich aus dem Augenwinkel wahrnehme, befürchtete ich: Jetzt holen sie mich. Jetzt ist es vorbei.

Das Einsteigen beginnt, ich lasse mich auf meinen Platz fallen. Mein Nachbar zeigt mir, wie ich den Sicherheitsgurt schließen muss. Das Flugzeug rollt an, gewinnt an Geschwindigkeit, rast über die Startbahn und zieht die Nase hoch. Ich werde in den Sitz gedrückt, ich bin noch nie geflogen, aber ich habe keine Angst. Ich werde nicht abstürzen, ich bin auf dem Weg in den Himmel, auf dem Weg nach Deutschland, auf dem Weg zu Jamil.

Ich weiß nicht mehr, wie lange der Flug dauerte. Sechs Stunden? Acht Stunden? Vielleicht sogar mehr. Ich war vollkommen erschöpft, aber unendlich erleichtert, dass Pakistan hinter mir lag, dass ich es bis hierhin geschafft hatte und nur noch in Frankfurt aussteigen musste.

Womit ich nicht gerechnet hatte: Es war einfacher, in das Flugzeug hineinzukommen, als es zu verlassen. Besser gesagt: Es war unmöglich, auszusteigen. Ich hielt mich in allem an den Plan. Nachdem wir in Frankfurt gelandet waren, erhob ich mich, um zu einer Toilette im Flughafengebäude zu gehen. Doch bevor ich die Gangway betreten konnte, fragte mich eine der Stewardessen: »Darf ich mal Ihren Pass und Ihr Ticket sehen?« Ich reichte ihr die Papiere, und sie sagte sofort: »Sie dürfen hier nicht aussteigen, Sie fliegen bis London.«

»Aber entschuldigen Sie mal, ich muss unbedingt auf die Toilette!«

»Kein Problem, benutzen Sie eine der Toiletten hier im Flugzeug.«

»Aber das will ich nicht, die sind schon schmutzig und außerdem so eng. Bitte lassen Sie mich raus.«

»Tut mir leid, das geht nicht. Sie dürfen hier in Frankfurt das Flugzeug nicht verlassen.« Sie stand zwischen mir und dem Ausgang und würde keinen Zentimeter weichen, das drückte ihre Haltung absolut unmissverständlich aus.

Mein Gott, so kurz vor dem Ziel, und dann sollte ich nicht hinausdürfen! Ich war in Karachi durch alle Kontrollen gekommen und hatte alle Hindernisse überwunden, jetzt trennten mich nur noch wenige Meter von Jamil, und die sollte ich nicht gehen dürfen. Nach all den Strapazen! Ich war vollkommen fertig und fing an zu weinen. »Bitte lassen Sie mich raus. Mein Mann wartet in der Halle. Es war doch so verabredet: Ich verstecke mich in der Toilette, und dann sind wir wieder zusammen. Lassen Sie mich gehen, ich bitte Sie!«

Mittlerweile stand die ganze Kabinenbesatzung um mich herum. In einigen Gesichtern war Mitleid zu lesen, andere wirkten einfach nur genervt, weil sie solche Auftritte wohl öfter erlebten. Aber selbst wenn sie gewollt hätten, wäre es nicht möglich gewesen, mich in Frankfurt hinauszulassen, ohne Visum, ohne alles. Ich musste nach London, daran war nichts zu ändern.

Schluchzend hockte ich während des Fluges auf meinem Platz, das Weinen wollte gar nicht mehr aufhören. Ich war verzweifelt. Was würde Jamil denken, wenn ich nicht auftauchte? Was sollte ich in London? Ich hatte nichts und kannte mich nicht aus. Wohin sollte ich dort?

Darüber hätte ich mir gar keine Gedanken zu machen brauchen, diese Sorge wird mir abgenommen – und zwar von den Beamten der britischen Einwanderungsbehörde. Nach der Landung in London muss ich in meinem Sitz warten, bis ich von den Beamten abgeholt werde. Sie nehmen mich in die Mitte, und wir laufen ziemlich lange. In ihrem Dienstzimmer angelangt, untersuchen sie meinen Pass. »Frau Asim oder wie Sie wirklich heißen mögen: Dieser Pass ist gefälscht. Das Foto ist ausgetauscht worden. Das ist ein schweres Vergehen. Sie wollten sich die Einreise aufgrund gefälschter Dokumente erschleichen.«

»Aber nein, ich will doch gar nicht nach London. Ich will nicht in England bleiben. Ich will nach Frankfurt, nach Deutschland.«

»Warum haben Sie dann ein Visum für Großbritannien im Pass?«

»Das ging eben nicht anders, verstehen Sie doch, ich habe nur ein Ticket nach London bekommen, aber mit Stopp in Frankfurt. Darauf kam es doch an.«

»Warum haben Sie nicht ganz normal ein Visum für Deutschland beantragt?«

»Mein Gott, das wissen Sie doch selbst, wie schwierig das ist, ich hab's versucht, aber …«

»So, so. Was wollen Sie überhaupt in Deutschland?«

»Ich will zu meinem Mann, sonst nichts!«

»Einen Mann haben Sie also auch …«

So ging es die ganze Zeit, ich musste Tausende von Fragen beantworten, immer wieder dieselben, die sie mir in ihrem näselnden, für mich nur schwer zu verstehenden Englisch stellten. Keine meiner Antworten war geeignet, ihr Misstrauen zu zerstreuen. Mit jeder Frage wurde es schlimmer, am Ende kamen mir meine Antworten selbst unglaubwürdig vor. Ich hatte in den letzten 24 Stunden kaum geschlafen, ich zitterte in meinem dünnen Kleidchen und wusste nicht, was aus mir werden sollte.

»Frau Asim oder wie Sie heißen, Sie können nicht hierbleiben. Sie haben keinen echten Pass und weder ein gültiges Visum für Großbritannien noch eins für Deutschland. Wir schieben Sie ab. Mit dem nächsten Flieger, der einen freien Platz hat, geht es für Sie zurück nach Pakistan. Bis dahin bleiben Sie hier auf dem Flughafen, wir haben eine Unterkunft für Leute wie Sie.«

Es traf mich wie ein Schlag. Abschieben? Ich sollte zurück nach Pakistan? Es war, als wenn sich der Boden unter mir aufgetan hätte. Eine große Schwärze war dabei, mich zu verschlingen. Alles umsonst? Alles zu Ende?

Die Unterkunft für Asylbewerber, die abgeschoben werden sollten, war ein kleines Gebäude, in dem Menschen aller Nationen hausten. Sri Lanka, Afghanistan, Pakistan, Indien – aus diesen und vielen anderen Ländern waren sie gekommen, um hier ein neues Leben anzufangen. Jetzt hockten sie auf den Pritschen und warteten darauf, in ihr altes Leben zurückgestoßen zu werden, in Armut, in Unterdrückung und Verfolgung. Ihr ganzes Geld hatten sie ausgegeben, um die Sicherheit eines europäischen Landes zu erreichen. Und ihre Familien in der Heimat hofften darauf, dass sie nun Unterstützung bekämen von einem, der es geschafft hatte. Aber es war ihnen nicht gelungen. Sie waren gescheitert, sie hatten alles verloren, sie hatten ihre eigenen Hoffnungen und die ihrer Familien enttäuscht. Nie wieder habe ich eine so abgrundtiefe Verzweiflung, eine so hoffnungslose Trauer verspürt wie in dieser Unterkunft für Abschiebehäftlinge. Viele weinten, manche saßen nur apathisch herum. Die einen trösteten die anderen, so gut es ging. Man versuchte, einander Mut zuzusprechen. Aber woraus sollte man in einer solchen Situation Mut schöpfen?

Wenn ich nach Pakistan abgeschoben würde, wäre das eine Katastrophe. Ich hatte kein Geld mehr, ich hatte keine Familie dort, ich wäre vollkommen hilflos. Und nach Afghanistan konnte ich nicht mehr zurück. Flüchtlinge behandelte das afghanische Regime mit aller Härte. Ich würde in Karachi auf der Straße landen, als Bettlerin verhungern oder in einem Bordell zu Tode geschunden werden. Lieber sterben, gleich hier. Worauf es sowieso hinauslaufen würde. Das Warten in diesem Niemandsland musste einen sowieso über kurz oder lang auslöschen. Man wartete auf etwas, dessen Eintritt die Katastrophe schlechthin war, woran man gar nicht denken wollte. Aber natürlich konnte man an nichts anderes denken. Die Stunden zogen sich zäh dahin, aber immer noch zu schnell, unerbittlich brachte jede Minute den Moment der Abschiebung näher heran. Niemandsland und Niemandszeit – eine zermürbende, zerstörerische Verbindung.

»Frau Qani, bitte kommen Sie mal her.« Eine Beamtin steht an der Tür und winkt mich heraus. O Gott, ist es jetzt so weit?

»Hier sind zwei Damen, die Sie sprechen wollen.«

Ich kenne doch niemanden hier, ist das ein neues Verhör, was soll ich denn noch sagen?

Im Besucherraum erwarten mich zwei Frauen. »Frau Qani, wir sind Deutsche, von Amnesty International. Bitte erzählen Sie uns, was passiert ist. Wieso sind Sie hier, warum wollen Sie nach Deutschland?«

Mir war nicht ganz klar, was Amnesty International bedeutete, aber die beiden waren so freundlich, so menschlich, dass ich ihnen die ganze Geschichte noch einmal erzählte. Was ich nicht wusste: Jamil hatte Himmel und Hölle in Bewegung gesetzt, als ich nicht zum angekündigten Zeitpunkt in Frankfurt ankam. Er hatte bei Pakistan Airlines nachgefragt, die ihm bestätigten, dass eine Nuria Asim an Bord war und nach London weiterflog. Sofort war ihm klar, dass etwas schiefgegangen war, und er alarmierte Amnesty International und verschiedene Kircheninitiativen, die sich für Flüchtlinge aus Afghanistan engagierten. Eindringlich schilderte er ihnen die Gefahr, der ich ausgesetzt war, wenn ich von England aus nach Pakistan oder gar Afghanistan abgeschoben würde. Ich sei ein politischer Flüchtling und benötigte Asyl in Deutschland.

Die beiden Mitarbeiterinnen der englischen Sektion von Amnesty International hörten sich meine ganze Geschichte an und fanden Jamils Angaben bestätigt. »Passen Sie auf, Frau Qani, wir tun, was wir können. Ängstigen Sie sich nicht, wir finden schon einen Weg.«

Ich konnte es kaum glauben, war hin- und hergerissen zwischen Hoffnung und Zweckpessimismus. Am nächsten Tag kamen sie wieder. »Frau Qani, wir haben ein Visum für Sie. Aufgrund Ihrer politischen Aktivitäten dürfen Sie nach Deutschland einreisen. Sobald ein Platz frei ist, nimmt Pakistan Airlines Sie mit nach Frankfurt.«

Ich muss mich verhört haben. Visum! Frankfurt! Nur langsam erreicht der Satz mein Bewusstsein. Doch dann explodiere ich geradezu vor Freude, ich falle ihnen um den Hals, stürmisch umarme ich sie. Ich lache und weine und tanze um den Tisch herum, zerre die eine am Ärmel, sich mir anzuschließen, trommle auf die Tischplatte und stoße zwischendurch das Wort »Frankfurt« aus. Die beiden Frauen sind sicher einiges gewöhnt, aber von diesem Ausbruch doch überwältigt. Schließlich lachen sie mit, und wir freuen uns gemeinsam.

Ich hatte gar nicht gewusst, dass ich eine so bedeutende Politikerin war, würde mich aber hüten, das jemandem zu erzählen. Auf dem Flug nach Frankfurt begleiteten mich zwei Grenzschutzpolizisten in Zivil. Sie brachten mich bis zur Schranke im Frankfurter Flughafen, an der mich der Leiter der Bundesgrenzschutzabteilung erwartete – und natürlich Jamil. Der Beamte begleitete ihn, um sicherzustellen, dass nicht jemand anderer einreiste als ich. Schließlich sollte eine Nuria Asim kommen, die in Wahrheit Nadia Qani war. Jamil hatte ihm ein Foto von mir gezeigt, und der Beamte fragte ihn: »Haben Sie Kinder?« In seiner trockenen Art antwortete er: »Als ich wegging, hatten wir noch keine. Aber das ist gut neun Monate her. Und meine Frau ist sehr selbständig. Wirklich sehr selbständig …«

Neun Monate hatte ich ihn nicht gesehen, neun Monate hatte ich jeden Tag an ihn gedacht. Und jetzt stand dort, jenseits der Schranke, ein Mensch, der aussah wie Jamil. Groß, hellhäutig, mit diesen wahnsinnigen grünen Augen, die mich nun das erste Mal nach so langer Zeit wieder anschauten. Wir fielen uns in die Arme, ich weinte und stammelte: »Jamil, mein Ein und Alles, mein grünes Gras, mein Liebster …«

Wie ich es genoss, an seiner Brust zu liegen, wie wohl es mir tat, seine Arme fest um mich zu spüren, endlich in Sicherheit zu sein, seine Stimme zu hören: »Nadia, mein schwarzer Diamant, meine Schöne, meine Afrika …« Da musste ich noch mehr weinen. »Du bist meine Afrika«, hatte Jamil in Afghanistan immer zu mir gesagt. Afrika, weil ich so dunkel war, und Afrika, weil ich wie die Menschen dieses Kontinents so viel durchgemacht hatte und trotzdem immer bereit war, zu lachen und das Leben schön zu finden. Ich bin seine Afrika – sogar als wir Jahre später vor dem Scheidungsrichter standen, nannte er mich noch Afrika.

Als die Minuten vergingen, ohne dass wir Anstalten machten, unsere Umarmung zu lösen, klopfte der Grenzschutzbeamte uns freundlich auf die Schulter und meinte: »Wir verstehen ja, dass Sie gerührt sind. Aber Sie haben demnächst genug Zeit füreinander. Lassen Sie uns jetzt doch erst einmal die Formalitäten klären.«

Dafür mussten wir in ein Büro der Grenzpolizei, durch Flure und Gänge und in einen anderen Flügel des Gebäudes. Auf dem Weg blieb ich mit meinem rechten Schuh in den Gittern der Rolltreppe hängen, und der Absatz brach ab. Ein paar Meter humpelte ich noch mit einem flachen und einem hohen Schuh neben dem Beamten her, dann zog ich beide Schuhe aus und nahm sie in die Hand – so kam ich also barfuß in Deutschland an.

Das Gespräch mit den Grenzbeamten dauerte noch einmal drei oder vier Stunden. Ich erzählte meine Geschichte, die Einzelheiten der Flucht und alles, was in Baghlan und Kabul passiert war, berichtete von den Einschüchterungsversuchen, dem Terror der russischen und afghanischen Kommunisten. Die Beamten fragten nach und schrieben alles auf. Auch die eine Lüge, die ich erzählte, wurde zu den Akten genommen. Ich weiß nicht mehr genau, wie sie aufkam, vielleicht hatte Jamil sie in die Welt gesetzt. Jedenfalls gab ich zu Protokoll, dass auf Geheiß des afghanischen Regimes mein Vater umgebracht worden sei. Was ja nun gar nicht stimmte, zum Glück hatte er diese Zeit des Terrors nicht mehr erlebt, sondern war 13 Jahre zuvor auf dem Weg nach Mekka gestorben. Und jetzt benutzte ich ihn als Lügengeschichte, damit nur ja kein Zweifel an der Notwendigkeit meines Asylbegehrens aufkam. Noch Tage später plagte mich deshalb ein schlechtes Gewissen, aber Jamil holte mich auf den Boden der Tatsachen. Wenn ich jetzt zu den Behörden ginge und sagte, die Sache mit meinem Vater wäre gelogen, dann würden sie alles für eine Lüge halten. Dann säße ich im Handumdrehen in einem Flugzeug nach Pakistan. Und wem schadete es schon? Mein Vater war sowieso tot. Und den Behörden erleichterte es die Entscheidung. Deswegen schwieg ich, trotz meiner Gewissensbisse.

Nachdem ich also in der Befragung alles gesagt hatte, erklärte mir einer der Beamten das Verfahren: »Frau Qani, hier ist es derzeit so, dass alle Anträge von Menschen, die in Hessen Asyl beantragen, in Fulda bearbeitet werden. Sie müssen also nach Fulda.«

Ich nickte, was hätte ich auch machen sollen. Und im Übrigen hatte ich selbstverständlich keine Ahnung, was und wo Fulda war.

»Sie können aber heute erst einmal zu Ihrem Mann, der ist ja in Frankfurt im Hotel Splendid. Doch melden Sie sich sobald wie möglich in Fulda. Alles klar?«

Ja, alles klar. Klar und wunderbar! Ich bin in Deutschland. Ich habe es geschafft. Jamil und ich fahren ins Hotel Splendid – in mein neues Zuhause.

10. Kapitel

ASYLHOTEL

»Splendid« bedeutet so viel wie strahlend oder glänzend. Dem Hotel Splendid fehlte jedoch selbst das geringste Funkeln. Es war ein heruntergekommenes, verwahrlostes Haus, das die amerikanische Besitzerin den Behörden für horrendes Geld zur Verfügung stellte, damit sie dort Asylbewerber unterbringen konnten. Das Gebäude bestand aus zwei langgestreckten Flügeln mit endlosen Gängen, von denen die Zimmer abgingen. Am Ende jedes Flurs gab es zwei oder drei Toiletten und ein Badezimmer mit Wanne.

Unser Zimmer war ungefähr sechzehn Quadratmeter groß. Ein schmales Bett, Spind, Tisch, zwei Stühle, eine Duschkabine und ein Waschbecken – das war das ganze Inventar, mehr passte nicht hinein. Der Teppichboden war von undefinierbarer Farbe, und offenbar hatte jeder frühere Bewohner das Bedürfnis verspürt, seine Spuren in Form von Brandstellen oder Flecken zu hinterlassen.

»Jamil, ist das wirklich ein Hotel?«

»Natürlich, Schatz, du hast doch die Rezeption gesehen.«

»Ja, aber, es sieht so unordentlich aus, gar nicht wie ein richtiges Hotel ...«

Immerhin, auf dem Tisch stand ein riesiger Blumenstrauß, den Jamil für mich gekauft hatte. Rot, Gelb, Blau, Grün – alle Farben, ein Versprechen auf die Zukunft. Die Blumen machten dieses Zimmerchen gleich viel freundlicher. Vollkommen verdecken konnten sie die Tristesse aber nicht. Vielleicht waren es meine überreizten Nerven nach den Strapazen der letzten Wochen, möglicherweise erfasste ich intuitiv doch noch einiges mehr, als mir bewusst war, jedenfalls bekam ich einen zwiespältigen Eindruck. Einerseits war ich über die Maßen glücklich und erleichtert, dass ich die Flucht überstanden hatte und nach so langer Zeit mit meinem Mann vereint war. Andererseits beschlich mich vom ersten Moment an das Gefühl, dass irgendetwas nicht stimmte. Wir hockten nebeneinander auf dem Bett, und Jamil versuchte mir einzureden, dass das hier ein Hotel sei. Unser Abendessen bestand aus zwei Scheiben Brot und zwei Spiegeleiern, die ein Zimmernachbar vorbeigebracht hatte – als Willkommensgruß für mich. Das war das deutsche Schlaraffenland?

Es waren Spuren vergangener Partys zu sehen, vielleicht war sogar eine Willkommensparty mir zu Ehren geplant. Allerdings: Gäste gab es im Moment keine, und der nette Nachbar, der uns das Abendbrot gebracht hatte, war auch nicht eingeladen worden.

»Jamil, wer lebt denn hier? Was machen die Leute?«

»Wer hier lebt? Ich weiß nicht, ob man das ›leben‹ nennen kann. Aber wer hier wohnt, das sage ich dir: jede Menge Afghanen. Alte Frauen, junge Frauen, Schwangere, Kinder, junge Männer, alte Männer. Außerdem noch ein paar andere Ausländer. Und sie alle machen nichts anderes als warten. Ein paar warten auf ihre Anerkennung als Asylbewerber, aber die allermeisten warten auf Post vom amerikanischen Konsulat, auf das Visum, mit dem sie in die USA einreisen dürfen.«

»Alle wollen in die USA?«

»Ja, eigentlich wollen alle in die USA. Deutschland ist für sie nur eine Durchgangsstation. Wie für uns auch. Sobald wir das Visum haben, sind wir hier weg.«

Vielleicht war es eine Abwehrmaßnahme, der Wunsch, nicht

wie alle anderen Afghanen nach Amerika zu gehen, vielleicht war es auch mein Unbehagen an der Situation oder der Drang, meine Enttäuschung loszuwerden, jedenfalls schlitterten Jamil und ich in eine heftige Auseinandersetzung hinein – und das gleich am ersten Abend. Ich wollte nicht nach Amerika, ich wollte hierbleiben, hier in Deutschland. Nichts hatte ich bis dahin von diesem Land gesehen außer dem Flughafen, der S-Bahn und diesem jämmerlichen Hotel, trotzdem war ich ganz sicher: Deutschland ist das Richtige, unsere neue Heimat. Jamil hielt mich für verrückt.

»Wieso willst du nicht in die USA? Das will jeder. Dort ist es doch viel besser, wir fangen ganz neu an, es stehen uns alle Möglichkeiten offen, da ist alles viel unkomplizierter als hier in Deutschland.«

»Aber Jamil, Amerika ist ein ganz modernes Land, die haben doch überhaupt keine alte Kultur, keine Tradition, nur Wolkenkratzer. Lass uns hierbleiben.«

»Tradition – was meinst du damit? Die europäische Geschichte ist nicht unbedingt das Schönste, was man sich vorstellen kann, mit den beiden Weltkriegen und der Judenvernichtung und allem.«

»Jamil, hör auf. Hier in Europa sind die Wurzeln, hier sind die echten Werte. Wir haben das doch alles gemeinsam gelesen in der Bücherei in Kabul, Victor Hugo, Schiller, Goethe und wen noch alles. Das Wohnzimmer meines Vaters: ganz europäisch mit den alten Möbeln. Deine Mutter: ganz am europäischen Geschmack orientiert. Du kannst doch auch schon ein bisschen Deutsch. Und weißt du noch, was ich dir erzählt habe, von den beiden deutschen Schwestern, die mir immer ›Brigitte‹ und ›Burda‹ geschenkt haben? Wir sind doch viel näher an Deutschland dran als an Amerika. Europa, Deutschland, das ist wie unsere Großmutter. Wir gehören hierhin, nicht nach Amerika. Lass uns hierbleiben.«

»Aber ich habe doch schon die Papiere für die USA, und für dich bekommen wir sie auch bald, das hat man mir versprochen. Weißt du eigentlich, dass sich andere Leute alle zehn Finger abhacken würden, um Visa für Amerika zu bekommen? Und du willst hierbleiben? Und du weißt doch gar nichts von hier, du kennst dich doch überhaupt nicht aus!«

Mitten in unserem Streit klopfte es, und Rafiq stand in der Tür, ein alter Freund von Jamil und ein Bekannter meines Bruders. In Kabul war Rafiq Professor gewesen, jetzt war er Asylbewerber und wohnte ebenfalls im Hotel Splendid. Nachdem wir uns ausgiebig begrüßt hatten, erzählten wir ihm von unserem Streit und wollten seine Ansicht hören. Aber er meinte nur: »Das alles könnt ihr später noch klären. Für Nadia müssen wir erst mal eine Aufenthaltserlaubnis besorgen. Vielleicht geht das sogar ohne Fulda, weil Jamil ja schon eine Genehmigung für Frankfurt hat. Aber wir müssen uns beeilen, sonst gibt's ein Problem, die Behörden nehmen das hier alles ziemlich genau. Morgen früh gehen wir zur Ausländerbehörde in die Mainzer Landstraße. Die öffnet um 7 Uhr 30, aber wir müssen mindestens eine Stunde vorher da sein, sonst sind die Warteschlangen so lang, dass wir gar nicht drankommen. Am besten legt ihr euch gar nicht mehr hin, wir gehen um 4 Uhr los. Oder hat jemand Geld für die Straßenbahn?«

Aha, Geld für Partys war anscheinend vorhanden, für Fahrscheine jedoch nicht. Ich schwieg, machte mir aber meine Gedanken. Außerdem: Alles war besser als Afghanistan unter den Sowjets, und ich wollte nicht undankbar sein. Ich war glücklich, am Leben und bei Jamil zu sein. Alles andere würde sich schon noch ergeben.

Ein paar Stunden haben wir doch noch im Bett verbracht, unter anderem, um unser Wiedersehen zu feiern. Aber pünktlich um 4 Uhr marschierten wir los. Es war zwar Juli, aber trotzdem eiskalt, zudem regnete es in Strömen, und nach wenigen

Minuten war ich pitschnass. Mein dünnes Kleidchen bot überhaupt keinen Schutz, außerdem war ich barfuß, weil wir noch keinen Ersatz für den Schuh bekommen hatten, der mir am Flughafen kaputtgegangen war.

Wir gingen durch die dunklen, nassen Straßen. Ich war vollkommen orientierungslos und hatte überhaupt kein Zeitgefühl, aber mir kam es vor, als würden wir ewig laufen. Und dann noch viel länger draußen vor der Tür in der langen Schlange von Menschen stehen, die auf Einlass warteten. Ich fror entsetzlich, meine Füße schmerzten, und das Wasser tropfte aus meinen langen Haaren. Einige Leute unterhielten sich, aber die meisten standen schweigend hinter ihrem Vordermann, einige der Frauen hatten kleine Kinder an der Hand oder trugen Babys auf dem Arm.

Auf einmal fährt ein Ruck durch die Reihe und von allen Seiten hört man: »Das ist Herr Schmidt.« »Herr Schmidt ist gekommen.« Ein gutaussehender, großer Mann mit Bart läuft in schnellen Schritten an der Schlange vorbei, in der Hand eine Aktentasche aus Leder. Jamil und Rafiq erklären mir, dass er der Leiter der Behörde sei, ein ganz wichtiger Mann. Herr Schmidt stößt die Tür auf, betritt das Gebäude, dreht aber offenbar sofort wieder um und kommt zurück, geht an der Reihe der Wartenden entlang. Vor mir bleibt er stehen und fragt, warum ich dort in der Schlange stehe. Natürlich verstehe ich nichts, ich kann ja kein Wort Deutsch. Rafiq übersetzt seine Fragen und meine Antworten hin und her. »Herr Schmidt sagt, wir sollen aus dem Regen rauskommen und ihm ins Trockene folgen.« Aus dem Augenwinkel hatte er wahrgenommen, dass ich Häuflein Elend dort ohne Schuhe stand und mit den Zähnen klapperte.

Wir lösen uns aus der Schlange und gehen hinter Herrn Schmidt an den erstaunten, teilweise murrenden Menschen vorbei. Vor seinem Dienstzimmer müssen wir eine Weile warten, dann ruft er uns herein. Jamil erzählt unsere ganze Geschichte, Rafiq übersetzt alles in ein Mischmasch aus Englisch und Deutsch, wir beantworten noch ein paar Fragen, und dann geschieht ein Wunder: Ich bekomme eine Aufenthaltsgenehmigung für sechs Monate! Im ersten Anlauf, ohne dass ich noch x-mal wiederkommen und fehlende Papiere nachreichen muss – eine Sensation, eine absolute Ausnahme. So war Herr Schmidt: ein deutscher Beamter, einer mit Herz. Ich weiß nicht, wie vielen Menschen Herr Schmidt durch seine menschenfreundliche, mitfühlende Art geholfen hat. Lieber Herr Schmidt, vielleicht lesen Sie ja dieses Buch, deshalb an dieser Stelle noch einmal: Ich danke Ihnen noch heute! Sie haben mir den ersten Schritt in meine neue Heimat sehr erleichtert.

Die Aufenthaltsgenehmigung war nicht nur ein formaler Akt der Legalisierung, sie bedeutete auch den Anspruch auf praktische Unterstützung, und zwar sofort. Mit der offiziellen Bestätigung in der Hand gingen wir schnurstracks ins Sozialamt, zu Herrn Rotfuchs. Herr Rotfuchs war für mich als Sachbearbeiter zuständig, aber er war viel mehr als das. Er wurde mein Ratgeber, mein Helfer und Förderer. Wann immer ich in den Jahren danach an irgendwelche unangenehmen Behördenmuffel geraten bin, habe ich mir Herrn Schmidt und Herrn Rotfuchs ins Gedächtnis gerufen, um mich davor zu hüten, alle über einen Kamm zu scheren und auf »die« Beamten zu schimpfen. Die beiden waren wirklich Prachtexemplare.

Herr Rotfuchs hört sich ebenfalls noch einmal unsere Geschichte an, und danach bekomme ich sofort Geld als Hilfe zur Erstausstattung. Ich bin glücklich, Deutschland ist wunderbar. Zwar regnet es mitten im Sommer wie aus Eimern, aber ich bin noch keine 24 Stunden im Land und schon im Besitz einer Aufenthaltsgenehmigung, kann mit meinem Mann zusammen in einem Hotel wohnen und habe außerdem 300 Mark bekommen, um mir das Nötigste zu kaufen.

300 Mark – ich hatte keine Ahnung, wie viel das wirklich war.

Es kam mir wie eine wahnsinnig hohe Summe vor, aber gleichzeitig fehlte mir jedes Gefühl dafür, was dieses Geld wert war. Kaum waren wir aus dem Sozialamt heraus, steuerten wir ein Schuhgeschäft an. Ich war überwältigt! Was für ein Anblick, ich wusste gar nicht, wohin ich zuerst schauen sollte. Tische und Regale voll von gefällig präsentierten, gut gearbeiteten Schuhen, feinen Sandaletten, eleganten Pumps, Stadtschuhen, Wanderstiefeln, Abendschuhen und passenden Accessoires – paradiesisch. Nach Herzenslust probierte ich und entschied mich dann für ein paar todschicke Sandaletten aus feinem Wildleder, ein Traum.

Ich behielt meine Neuerwerbung gleich an und stöckelte, begleitet von meinen beiden Männern, geradewegs in ein sehr nobles Geschäft für Damenbekleidung. Alle Räume waren mit Teppichboden ausgelegt, jede Menge Verkäuferinnen standen zur Verfügung und warteten darauf, meine Wünsche zu erfüllen. Mit Rafiqs Dolmetscherhilfe und fachmännischen Kommentaren von Jamil erstand ich einen Rock, schwarz-rot kariert und aus sehr feinem Taft, schlicht, aber raffiniert geschnitten. Dazu noch eine schwarze Seidenbluse – ich sah aus wie eine junge, gut situierte Schönheit aus der Oberschicht. Und damit waren die 300 Mark weg. Innerhalb von drei Stunden hatte ich dieses kleine Vermögen ausgegeben, nicht weil mir das Geld egal war, sondern weil ich einfach nicht wusste, was man mit 300 Mark alles bewerkstelligen konnte, wie viel Nützliches man dafür hätte erwerben können und dass man damit vielleicht einen Monat auskommen musste.

Abends gab es dann eine kleine Party bei uns, ich dachte, mir zu Ehren, später stellte ich fest, dass es quasi jeden Abend so war: Unsere afghanischen Asyl-Nachbarn kamen zu uns zum Politisieren und Diskutieren. Als sie mich sahen, in meinem feinen Rock und mit den guten Schuhen, fragten sie mich, woher die Sachen stammten.

»Ach, die habe ich mir heute gekauft. Von dem Geld, das ich vom Sozialamt bekommen habe.«

»Na, das ist ja prima. Aber noch viel besser wäre gewesen, wenn ihr das Geld denen gegeben hättet, die es dringender brauchen! Daran habt ihr wohl gar nicht gedacht? Das ist ja nicht die feine, ehrenhafte Art.«

Ich wusste gar nicht, wohin ich schauen sollte, so verlegen war ich. Ich schämte mich in Grund und Boden, obwohl mir von solchen Verpflichtungen gar nichts bekannt gewesen war. Aber Jamils Pflichten waren natürlich auch meine. Nachdem alle weg waren, stellte ich ihn zur Rede: »Jamil, was meinten die denn eigentlich genau? Wer braucht denn Geld? Heißt das vielleicht sogar, du hast Schulden bei denen? Wie viel denn? Warum hast du mir nicht gesagt, dass ich sparen soll? Ich wusste das doch alles gar nicht!«

Jamil stritt alles rundweg ab und lieferte auf jede meiner Fragen eine plausible Antwort. Dennoch hatte ich den Eindruck, dass es da noch etwas anderes gab und ich nicht die ganze Wahrheit erfuhr. Ich weiß nicht, wie ich darauf kam, aber ich war überzeugt, dass das Geld nicht nur für die Unterstützung armer Landsleute benötigt wurde. Vielleicht bildete ich mir das ja alles nur ein, vielleicht tat ich ihm unrecht. Was wusste ich denn schon, wie man hier lebte? Ich war ja gerade erst angekommen und vollkommen ahnungslos. Trotzdem, mein Gefühl sagte mir, dass da irgendetwas nicht stimmte. Ich glaube, an diesem Abend hat es einen Knacks in unserer Beziehung gegeben. Es hat noch Jahre gedauert, bis es zum Bruch kam, doch damals gab es den ersten Riss in unserer Verbindung. Wenn Jamil tatsächlich den anderen finanziell verpflichtet wäre – so schien es mir zumindest, genau wusste ich es ja nicht –, dann wäre das eine ernste Sache. Ich war erschüttert. Wir hatten doch unsere zwar unausgesprochenen, aber dennoch absolut verbindlichen Regeln, zu Hause jedenfalls. Und nun sah es in meinen Augen so aus, als ob dagegen verstoßen wurde. Ein seltsam nervöses Gefühl stieg in mir auf, es kroch aus dem Magen in meine Kehle, es füllte meine Augen mit Tränen. Es war nicht direkt Angst, kam dem aber sehr nahe. Das ist nicht mein Mann, das ist ein anderer. Ich bin mit ihm zusammen, aber ich bin trotzdem allein. Vielleicht dachte ich es damals noch nicht wörtlich, mein Verstand erkannte es noch nicht – aber mein Gefühl wusste schon Bescheid.

Mir war nicht klar gewesen, dass Jamil hier ein ganz anderes Leben führte als bei uns daheim. Dass er sich hier nicht zu Hause fühlte und sich deshalb auch nicht wie früher verhielt. Ich durchschaute nicht auf Anhieb, was passiert war, nämlich dass dieser Ortswechsel nicht nur eine geographische Veränderung bedeutete, sondern eine vollkommene Entwurzelung. Jamil war kein Einzelfall. Das sogenannte Hotel Splendid, das in Wahrheit ein Asylantenlager war, quoll über von Menschen, die auf der Flucht waren, die ihre Heimat verlassen mussten. Es gab viele afghanische Familien, sehr junge Frauen mit Kindern, aber auch viele alleinstehende Männer. Und den Männern machte ihre Situation am meisten zu schaffen. Manche waren schon seit Monaten da, aber alle waren auf der »Durchreise«, kaum einer wollte hier in Deutschland bleiben, die Vereinigten Staaten waren ihr Ziel. Sie saßen herum und warteten: auf Briefe von Familienmitgliedern, die bereits in den USA lebten, auf das Visum vom amerikanischen Konsulat, auf die Ausreise. Sie durften nicht abreisen, sie konnten kein Deutsch, sie schlugen die Zeit tot und kämpften gegen ihre Verzweiflung, aus der Heimat vertrieben worden zu sein. Es war eine Zwischenwelt, ein Schwebezustand, der alle Verbindlichkeiten auflöste, der die Regeln außer Kraft setzte, die sie alle mit der Muttermilch aufgenommen und nach denen sie bis dahin gelebt hatten.

Die Tage verliefen alle gleich: Die meisten schliefen lang, bis in den Nachmittag hinein, dann gingen sie in den Supermarkt und versorgten sich mit billigem Alkohol. Am Abend hockten sie mit möglichst vielen Leidensgenossen beisammen und versuchten, ihr Heimweh wegzutrinken, ihren Frust, dass sie zum Nichtstun verdammt waren, ihre Angst vor der Zukunft. Ohne Arbeitserlaubnis durften sie nicht arbeiten, ohne Visum nicht ausreisen, ohne positiv beschiedenen Asylantrag nicht bleiben.

Ich machte mir Sorgen, aber es würde ja hoffentlich nicht lange dauern, bis wir aus dem Asylhotel herauskämen. Zumal wir schon einen Schritt weiter waren als die anderen Afghanen: Drei Monate nach meiner Ankunft bekamen wir einen Brief im blaugrauen Umschlag. Alle unsere Mitbewohner erkannten gleich, dass er nur von einer Behörde sein konnte. Bei so einer offiziellen Post gab es zwei Möglichkeiten: Entweder bekamen die Qanis eine Strafe oder eine Entscheidung über ihren Status als politische Flüchtlinge. Der Brief mit unserer Anerkennung war die Sensation des Jahres und wir die ersten Afghanen weit und breit, die als politische Flüchtlinge Asyl bekamen. Die anderen konnten es kaum glauben. Die meisten waren schon viel länger in Deutschland als wir und enttäuscht, dass wir vor ihnen berücksichtigt worden waren. Aber immerhin waren wir auch der Beweis dafür, dass es grundsätzlich möglich war, hier Asyl zu bekommen.

Unser Antrag wurde weiterbearbeitet in Zirndorf, dort saß damals das Bundesamt für die Anerkennung ausländischer Flüchtlinge, das konnte auch noch eine ganze Weile dauern. Aber so lange verschaffte uns der »blaue Brief« eine Menge Möglichkeiten, vor allem mehr Bewegungsfreiheit. Mit dem Brief in der Hand ging ich zu Herrn Rotfuchs und fragte ihn, was ich jetzt damit machen konnte. Und Herr Rotfuchs erläuterte mir alles ganz genau. Wir beide hatten eine komische Sprache entwickelt, die wahrscheinlich keiner außer uns verstand, aber wir kamen blendend miteinander klar. Ich sprach Englisch mit persischen Einsprengseln, er ein hessisch gefärbtes Deutsch mit englischen Brocken, beide setzten wir Hände und Füße zur Verdeutlichung ein, und im Notfall malten wir auf, was gemeint war.

Der größte Vorteil, den unser blauer Brief mit sich brachte, war die Freiheit, den Aufenthaltsort wählen zu können. Das hieß zwar nicht, dass wir eine eigene Wohnung anmieten konnten, aber wir mussten nicht mehr unbedingt im Hotel Splendid bleiben. »Herr Rotfuchs, wenn wir jetzt den Aufenthaltsort bestimmen können, dann weisen Sie uns bitte, bitte ein anderes Asylbewerberheim zu. Ich halte das nicht mehr aus, jeden Tag unsere Landsleute, die bei uns hocken, und wir mittendrin. Es ist furchtbar, und ich mache mir Sorgen, wir müssen unbedingt da raus.«

Und mein lieber Herr Rotfuchs schaffte es tatsächlich, uns anderswo unterzubringen. Aber natürlich änderte sich nichts an der Situation, auch wenn wir mehrmals den Ort wechselten. Stets fand Jamil in kürzester Zeit Anschluss, und überall gab es genügend Afghanen, die ihr Heimweh am liebsten gemeinsam bekämpften. Abgesehen von der Zeit, die Jamil damit verbrachte, beanspruchten diese Treffen auch unsere Haushaltskasse. Nie reichte das Geld bis zum Monatsende.

Ich glaube, wir sind insgesamt drei- oder viermal in andere Asylhotels umgezogen. Wir waren in der Allerheiligenstraße, in der Alten Gasse und im Zentrum-Hotel am Rossmarkt. Natürlich befanden sich die Asylbewerberheime nicht in den schönsten Gegenden Frankfurts. Vor allem am Rossmarkt war es sehr laut. Große, stark befahrene Straßen führten um unser Haus herum, und unter unserer Etage befand sich ein Kino. Die Fenster bestanden aus einfachem, dünnen Glas und schlossen schlecht, so dass man den Eindruck hatte, sämtlicher Lärm der Stadt ballte sich in unserem Zimmer.

Wohin wir auch zogen, eins blieb – das hat sich tief in mein Gedächtnis eingegraben – überall gleich: Ständig saßen in unserem kleinen Zimmer irgendwelche Leute, die rauchten und tranken und große Reden schwangen. Ich versuchte, möglichst oft weg zu sein, und der blaue Brief war auch dafür gut. Arbeiten durften wir zwar immer noch nicht, aber ich konnte in die Schule gehen, um Deutsch zu lernen. Diese Chance ergriff ich sofort, denn ohne akzeptable Deutschkenntnisse konnte ich hier nichts werden. Und ich wollte etwas werden, ich wollte auf eigenen Beinen stehen und aus dieser Atmosphäre des Stillstands und des Verderbens herauskommen, die in allen diesen Asylhotels herrschte. Jeden Tag ging ich in die Schule und paukte, bis mir der Kopf rauchte. Danach bummelte ich durch die Straßen, um möglichst viel von Deutschland zu sehen und zu studieren, wie sich die Deutschen verhielten. Stundenlang lief ich herum und beobachtete, wie sich die Menschen bewegten, was sie kauften, wie sie miteinander sprachen. Ich hatte nicht Besseres zu tun, und in unser Zimmer kehrte ich ja noch früh genug zurück.

Trotz der häufigen Umzüge kamen wir nie zu einer Wohnung, nicht einmal zu einer kleinen, stets gab es nur ein Zimmer für uns beide. Auch wenn wir eigentlich gar keinen Besitz hatten, der Platz wegnehmen konnte, war alles sehr beengt. Und bald würde es noch enger werden: Fünf Monate nach meiner Ankunft in Deutschland wurde ich schwanger.

Als mir klar wurde, dass ich ein Kind erwartete, wusste ich nicht, ob ich lachen oder weinen sollte. Das war nun wirklich ein denkbar ungünstiger Zeitpunkt, um ein Kind in die Welt zu setzen. Aber andererseits hatten wir uns nach der Fehlgeburt in Baghlan so sehr ein Kind gewünscht, dass ich trotz allem glücklich darüber war. Vielleicht würde ein Kind Jamils Verantwortungs- und Familiengefühl wecken. Ein Kind würde die Verbindung zwischen uns stärken, es wäre wieder wie früher.

Heute weiß ich, dass es naiv von mir war zu glauben, dass man mit gutem Willen oder einer Portion Zuversicht allein eine solche Situation grundlegend ändern kann. Aber damals war ich beseelt von der Hoffnung, dass alles wieder gut würde, und malte mir eine rosige Zukunft aus. Doch zunächst einmal galt es, die Gegenwart zu bewältigen, die grau aussah – manchmal sogar rabenschwarz. Denn nichts änderte sich, jeden Abend trafen sich bei uns die Afghanen, rauchten und tranken und schmiedeten lautstark tollkühne Pläne zur Befreiung Afghanistans. Sie bäumten sich auf in ihrer Ohnmacht, schimpften und schrien. Wenn sie in Rage waren, verfluchten sie alles und jeden, Allah, Mohammed, die Mudjaheddin, Russen und Amerikaner.

Mir war während der Schwangerschaft sowieso oft übel, aber von dem billigen Tabak, dem Alkoholdunst und der ständigen Anwesenheit fremder Leute wurde ich regelrecht krank. Egal, was ich zu mir nahm, ich konnte nichts bei mir behalten und wurde dünn wie ein Strich, nur mein Bauch wuchs und wuchs zu einer gigantischen Kugel heran. Ich war am Boden, mut- und kraftlos, und musste dauernd ins Krankenhaus, wo ich im Bett lag, mit Kanülen versehen, durch die irgendwelche Nährflüssigkeiten verabreicht wurden.

Ich hatte Heimweh und sehnte mich nach meiner Mutter, jetzt fehlte sie mir besonders. Ich fürchtete mich vor der Niederkunft und hätte so dringend ihren Rat und Zuspruch gebraucht. Zu den anderen afghanischen Frauen im Asylheim hatte ich kaum Kontakt. Denn selbst hier in Frankfurt bestand das gesellschaftliche System unserer Heimat fort: Man ist der Sohn oder die Tochter von diesem oder jenem wichtigen Menschen, oder man ist gar nichts. Ich war ein Niemand, und nicht einmal die Heirat mit Jamil hatte mich in den Augen meiner Mitbewohner nach oben befördert. Er war aus bestem Haus, deshalb wurde er zu den anderen eingeladen, ich aber nicht.

Wir waren alle in derselben unangenehmen Situation, aber trotzdem pflegten die ehemaligen Oberschichten ihren Dünkel weiter. Es war zum Heulen, in jeder Hinsicht.

Ein bisschen Trost bekam ich in der Schule. Wir waren vier Frauen, die ein ähnliches Flüchtlingstrauma hatten und schwanger waren. Wir griffen uns gegenseitig unter die Arme, sprachen uns Mut zu und redeten dauernd über die Namen, die wir den Kindern geben wollten.

Am 15. Oktober 1981 kam mein Sohn Golzar auf die Welt, einen Tag nach meinem 21. Geburtstag. Golzar bedeutet so viel wie „Blumenwiese" oder „Rosengarten".

Schon vor der Niederkunft befand ich mich, wie so oft während der Schwangerschaft, im Krankenhaus Sachsenhausen. Jamil nahm zu dieser Zeit an einem Deutschkurs teil, und wir hatten verabredet, dass ich ihn täglich anrufe und Bescheid gebe, wann es so weit ist. An dem Tag eröffnete man mir, dass mein Becken sehr eng sei und wahrscheinlich ein Kaiserschnitt erforderlich sei, zumal der errechnete Geburtstermin schon eine Woche überschritten war. Zunächst verstand ich das nicht so recht, und selbst als ich begriff, war mir nicht ganz klar, dass der entscheidende Moment unmittelbar bevorstand. Wie die Tage zuvor rief ich also von dem Telefon im Flur Jamil an, der mich fragte, wie die Sache stand. Ich ging ins Stationszimmer und fragte: »Kommt heute mein Baby?« Die Schwestern verneinten – oder jedenfalls verstand ich »Nein«, was ich auch Jamil mitteilte.

Als ich in mein Zimmer zurückkehrte, kamen mir schon zwei Schwestern entgegen: »Ja, wo waren Sie denn? Wir suchen Sie überall. Sie müssen in den Kreißsaal, wir holen jetzt Ihr Baby, Sie sind ja schon einige Tage über dem Termin.«

»Ja, aber, Sie haben doch vorhin gesagt, dass es heute noch nicht so weit ist!«

»Keineswegs haben wir ›Nein‹ gesagt. Das müssen Sie falsch

verstanden haben, aber wie dem auch sei, alles wartet auf Sie im Kreißsaal.«

Wahrscheinlich hatte mir mein dürftiges Deutsch einen Streich gespielt oder die Aufregung oder sonst etwas, jedenfalls war es zu spät, um Jamil zu informieren. So bekam ich mein Baby allein, ohne meinen Mann. Mir war so jämmerlich zumute, als ich in den Kreißsaal kam, dass ich nur weinen konnte. Zunächst versuchte man es noch einmal mit Wehenmitteln. Die Schmerzen waren entsetzlich – und sie waren umsonst, das Becken wurde einfach nicht weit genug. An den Kaiserschnitt selbst erinnere ich mich zum Glück nicht, weil ich eine Vollnarkose bekam. Woran ich mich allerdings sehr gut erinnere, ist die Freundlichkeit und Fürsorge der Schwestern dort. Sie streichelten meinen Arm, strichen mir übers Haar und sprachen mir Trostworte zu, die ich zwar nicht verstand, deren Botschaft ich aber dennoch empfing. So versuchten sie, mir zu vermitteln, dass ich nicht ganz und gar verlassen war. Mit großer Zuneigung und Liebe kümmerten sie sich um mich und erleichterten mir auch die ersten Tage nach der Operation.

Jamil kam am Abend. Ich frage ihn: »Hast du Golzar schon gesehen?«

»Nein, ich wollte doch zuerst zu dir!« Vorsichtig umarmt und drückt er mich. »Meine Süße, hast du Schmerzen? Hat es sehr weh getan?«

»Das ist doch alles unwichtig jetzt. Geh und hol das Kind, ich hab ihn ja auch noch nicht gesehen.«

Jamil macht sich auf die Suche nach der Säuglingsstation und überredet eine Schwester, ihm den Säugling zu überlassen. Er kommt in mein Zimmer zurück, den frisch gewickelten Golzar auf dem Arm, der schlaftrunken ein bisschen blinzelt, aber seine Eltern sonst kaum zur Kenntnis nimmt. Auch wenn es alle Eltern über ihr Kind sagen, bei uns stimmt es wirklich: Unser Sohn ist das schönste Kind der Welt. Diese feine Haut, die winzigen Händchen, der dicke, schwarze Haarschopf, die Wärme, die von ihm ausgeht – ich bin die glücklichste Frau der Welt, auch wenn die Narbe schrecklich schmerzt, und Jamil ist der stolzeste Vater der Welt. Wir sind eine Familie. Wir bauen ein neues Leben auf. Alles wird gut, ich weiß es.

11. Kapitel

AUFBRUCH

14 Tage blieb ich in der Klinik. Die Operationsnarbe musste verheilen, und außerdem sollte ich ein bisschen zu Kräften kommen, ehe ich mit dem Kind nach Hause ging. Mir war das ganz recht, ich fühlte mich im Krankenhaus wohl – soweit man sich eben in einer solchen Institution wohl fühlen kann –, und darüber hinaus wollte ich vor meiner Entlassung noch eine Sache erledigen. Die hatte ich mir überlegt, während ich im Krankenbett lag und mich mehr schlecht als recht bewegen konnte.

Bei uns zu Hause werden Jungen beschnitten. Der Koran sieht das nicht unbedingt vor, aber in den meisten moslemischen Ländern gibt es diese Tradition, und bei uns eben auch. Wir Afghanen verbinden das mit einem Fest. Es wird ordentlich gefeiert, denn mit der Beschneidung tritt der Junge bereits in die Welt der erwachsenen Männer ein, und das ist eine sehr wichtige und auch freudige Angelegenheit. Die Vorstellung allerdings, den süßen Golzar in unserem kleinen Zimmer beschneiden zu lassen, während die rauchenden und trinkenden Nachbarn herumstehen würden, behagte mir gar nicht. Das kam überhaupt nicht in Frage. Also sprach ich meinen Arzt an. »Sie wissen doch, dass es bei uns Pflicht ist, männliche Kinder zu beschneiden. Ich will das aber nicht zu Hause machen lassen. Bitte tun Sie das. Hier im Krankenhaus.«

Er war einigermaßen überrascht. Ich beschrieb die Situation und erklärte ihm, dass es eine Horrorvorstellung für mich sei, mit einer frischen Kaiserschnittnarbe etliche Gäste zu empfangen, in dem kleinen Zimmer, in dem alles bei uns stattfand, und dass es für das Kind im Krankenhaus zweifellos sicherer sei als unter den schwierigen Umständen im Asylhotel. Das leuchtete ihm ein, und so wurde Golzar im Krankenhaus Sachsenhausen beschnitten. Jamil war ein bisschen irritiert über meine Eigenmächtigkeit und musste sich später noch einiges dazu von seinen Freunden anhören. Aber da waren sie schon halbwegs daran gewöhnt, dass ich meinen eigenen Kopf hatte, und fanden sich schließlich damit ab, dass diese Party ausfiel. Neue Anlässe als Ersatz zu schaffen war kein Problem für sie.

Denn natürlich ging alles so weiter wie bisher, nichts hatte sich nach der Geburt von Golzar geändert. Es wurde gefeiert, geraucht und getrunken. Ich war geschwächt, weil die Schwangerschaft unter so ungünstigen Bedingungen verlaufen war, und zutiefst erschöpft von der Niederkunft, dem Kaiserschnitt und dem Stillen. Und bei uns daheim gab es nicht die geringste Aussicht auf Erholung. Wir waren kaum je allein, dauernd klopfte jemand und hatte irgendein Anliegen oder schaute nur so auf einen Schwatz herein.

Golzar weint, ich muss ihn stillen, aber unser Zimmer ist voller Männer. Ich muss auf die Toilette am Ende des Flurs, mit meiner frischen Kaiserschnittnarbe eine Tortur. »Jamil, bitte, ich brauche ein bisschen Ruhe. Golzar auch. Du merkst doch, dass er immer weint. Die Luft hier ist nicht gesund für ein kleines Kind. Wenn geraucht wird, dann macht es ihn krank.« Jamil gibt mir einen Kuss und legt den Arm um mich: »Schatz, nun hab' dich doch nicht so, ist doch nicht so schlimm. Und du weißt doch, dass wir viel zu besprechen haben. Aber ich sag' den anderen Bescheid, dass sie ein bisschen Rücksicht nehmen sollen.«

Ob es an diesen Zuständen lag oder an etwas anderem: Sechs Tage nachdem wir aus der Klinik gekommen waren, bekam

Golzar Durchfall. Es lief nur so aus ihm heraus, und er weinte zum Erbarmen. Eine Windel nach der anderen wurde schmutzig, ich musste ihn dauernd neu wickeln. Und wir hatten nur ein kleines Waschbecken, in dem ich waschen konnte. Kreuz und quer hatte ich Leinen durch den Raum gezogen, an denen die Windeln und Waschlappen zum Trocknen hingen, alles stank nach Rauch, Fäkalien, Feuchtigkeit. Wie sollte Golzar unter diesen Bedingungen gesund werden? Für ein Baby kann Durchfall schon nach kurzer Zeit lebensbedrohlich werden, deshalb musste Golzar wieder zurück ins Krankenhaus.

Jeden Tag besuchte ich ihn, setzte mich stundenlang an sein Bett und sprach mit ihm, damit er sich nicht einsam fühlte. »Golzar, mein Augenstern, weine nicht, es wird alles gut werden. Du wirst wieder gesund. Mama und Papa freuen sich schon darauf, dass du wieder nach Hause kommst.« Aber ich sprach auch über mich, über uns, über alles, was geschehen ist. »Mein Herz, wer weiß, wie es in Afghanistan gewesen wäre. Die schönen Zeiten sind vorbei, vielleicht wäre es jetzt unter den Russen schlimmer als hier. Es ist alles anders gekommen, als wir es uns vorgestellt haben. In Baghlan hatten wir eine schöne Wohnung, da wäre viel Platz für dich gewesen, du hättest ein eigenes Zimmer gehabt, mit vielen Spielsachen. Dein Vater hat viel Kummer, er ist traurig und wütend, aber so war er nicht immer. Doch du wirst sehen, es wird besser. Es gibt ein Morgen für uns drei, das wird ganz anders sein als alles, was jetzt ist.«

Manchmal denke ich mir, dass Golzar vielleicht deshalb ein so sensibler Mensch geworden ist, weil ich immer mit ihm gesprochen habe, ihm all meinen Kummer und meine Sorgen anvertraut habe. Schon als er noch gar nicht geboren war, als er noch in meinem Bauch heranwuchs, erzählte ich ihm, was mich bedrückte. Er war mein Halt und meine Stütze, für ihn hielt ich durch, um seinetwillen ließ ich mich nicht hängen.

Kaum war Golzar aus dem Krankenhaus zurück, wurde ich

krank: Meine Kaiserschnittnarbe entzündete sich. Mein Frauenarzt stellte fest: »Überanstrengung. Darauf reagiert der Körper, und zwar an der schwächsten Stelle. In Ihrem Fall ist es eben die Narbe. Am besten, Sie kommen regelmäßig zur Bestrahlung. Und außerdem sollten Sie etwas Rücksicht auf sich nehmen und sich mehr schonen.« Gut gemeint, aber schwer zu realisieren. Die Bestrahlung in Anspruch zu nehmen war schon eine Herkulesaufgabe. Wir hatten keinen Kinderwagen, also wickelte ich mir ein Tuch um den Körper, das als Trage für Golzar diente. Er lag auf meinen Bauch – auch nicht heilungsfördernd –, und ich schleppte ihn überall mit hin. Wahrscheinlich glaubte keiner, der uns beide sah, dass das Baby mein eigenes Kind war: Ich war spindeldürr und wog weniger als 50 Kilo, Golzar war kräftig, ein süßes Dickerchen. Mit dieser Last suchte ich also mehrmals in der Woche die Praxis auf, um mich dort bestrahlen zu lassen. Zwei Stockwerke kletterte ich hoch, mit dem Kind auf dem Bauch. An jedem Absatz musste ich mich auf die Stufen setzen, weil mir vor lauter Anstrengung schon nach wenigen Minuten der Schweiß ausbrach und meine Knie zitterten. Aber wenn ich es endlich geschafft hatte, war es wunderbar. Die Arzthelferin kümmerte sich um mich, nahm mir Golzar ab und passte auf ihn auf, während ich eine halbe Stunde unter der Rotlichtlampe lag und fühlte, wie ich mich langsam entspannte und die Wärme in meinem Körper aufstieg. Ob diese Therapie zur Heilung der Narbe wirklich beitrug, kann ich nicht beurteilen. Auf jeden Fall habe ich diese Momente, in denen ich für mich allein unter dieser Lampe lag, in schöner Erinnerung. Golzar war versorgt, und ich stieg für kurze Zeit aus allem aus, was mich sonst bedrückte.

Nicht, dass Jamil ein schlechter Vater gewesen wäre. Er war vernarrt in Golzar, entwarf große Pläne für ihn und half mir auch, ihn zu versorgen. Bei den heiklen Sachen machte er allerdings nicht mit. Zum Beispiel als ich Golzar die Wimpern schneiden musste. Golzar hatte vom ersten Tag seines Lebens an unglaublich dichte, schwere Wimpern, mindestens anderthalb Zentimeter lang. Jede erwachsene Frau gäbe ein Vermögen für so einen Lidsaum. Aber bei einem Baby bringt das eher Probleme: Golzar bekam im wahrsten Sinne des Wortes seine Augen nicht auf. Die Wimpern waren einfach zu lang und zu schwer, das Augensekret konnte nicht richtig abfließen, und ich war ständig damit beschäftigt, ihm die verklebten Wimpern mit Kamillentee zu säubern. So ging es nicht weiter, schließlich musste das Kind in die Welt schauen können.

»Jamil, wir müssen ihm die Wimpern schneiden.«

»Bist du verrückt? Wie willst du das machen?«

»Na, ich nehme die Schere und schneide sie ab.«

»Kommt nicht in Frage. Du wirst ihm die Augen ausstechen!«

»Dann mach du es doch. Und wenn nicht, dann wasch du ihm ab jetzt nach jedem Schlaf die Augen frei.«

Wir debattierten hin und her. Meine Position wurde dadurch erschwert, dass wir nur eine große Schere besaßen, nichts, womit man einem Kleinkind nahe kommen sollte. Doch ich ließ nicht locker, und schließlich gab Jamil nach. Er hielt Golzars Kopf fest, so dass der sich keinen Millimeter rühren konnte, ich holte tief Luft, murmelte Worte, die sowohl Golzar als auch mich beruhigen sollten – und kürzte auf beiden Seiten die Pracht um einen Zentimeter. Jamil konnte gar nicht hinschauen, während ich an unserem Sohn herumschnitt. Aber es ging alles gut. Golzar konnte danach unbeschwert die Augen öffnen, wann er wollte. Und als sieben Jahre später sein Bruder Guliar auf die Welt kam, mussten wir es bei ihm genauso machen. Die Wimpern sind bei beiden wieder nachgewachsen, heute erregen sie den Neid ihrer Freundinnen.

Es waren selige Momente, wenn Jamil und ich uns gemeinsam um Golzar kümmerten. Wir waren eins in unserer Ehrfurcht vor diesem winzigen Menschlein, das von uns beiden stammte, aber auch etwas ganz Eigenes, absolut Einzigartiges war. Wir konnten kaum fassen, dass uns etwas so Kostbares geschenkt worden war. Jamil schrieb Gedichte auf ihn, sang ihm selbst verfasste Lieder vor und war ganz der stolze Vater, der jede Äußerung seines Sohnes in den Rang eines Weltwunders erhob.

Wie alle Herrlichkeiten war auch diese nicht von Dauer: Als Golzar sechs Monate alt war, musste ich ihn in die Krippe geben. Unseren Augenstern, unser Ein und Alles jeden Tag zu fremden Leuten bringen. Es ging einfach nicht anders. Jamil hatte zwar angefangen, für eine Mark in der Stunde frühmorgens die Straßen zu kehren, aber damit kam auch kaum Geld zusammen. Wir besaßen nichts, wir hatten keinen Pfennig. Das wenige, was wir außerdem als Unterstützung zum Lebensunterhalt bekamen, war stets im Nu weg – unter anderem wurde es für die Bewirtung von Freunden ausgegeben, die zu uns zu Besuch kamen. Da musste so getan werden, als ob es uns gutginge. Das gehörte sich unter Afghanen einfach so, oder zumindest glaubten wir es. Und der Strom der Besucher geriet nie ins Stocken. Wenn jemand aus der weiteren Verwandtschaft auf der Durchreise war, wenn ein ehemaliger hochgestellter afghanischer Politiker eine Deutschlandtour machte, wenn sich die Gemeinde der afghanischen Asylbewerber um einen Prominenten vergrößerte – immer mussten sie bei uns ihre Aufwartung machen. Es gehörte sich einfach nicht, dass sie in Frankfurt waren, ohne Jamil zu besuchen. Jamils Familie gehörte zu den Besten des Landes, und an dieser gesellschaftlichen Position hatten weder die sowjetische Besatzung noch das Asyl etwas geändert. In Afghanistan denkt man in Clan- und Familienstrukturen, egal, was passiert. Deshalb muss man wichtigen Mitgliedern der Familie oder Bekanntschaft seine Aufwartung machen, wenn man in der Nähe ist. Und der Besuchte ist verpflichtet, den Gast zu bewirten und es an nichts fehlen zu lassen. Wir mussten uns Geld leihen, um den Tisch für Besuch decken zu können, und wenn wir es zurückgaben, bedeutete das zwei oder drei Tage äußerst magere Kost für uns, weil wir nichts mehr zu essen kaufen konnten.

Als ich Jamil anflehte, doch einfach mal den anderen gegenüber zuzugeben, dass wir nichts besaßen, dass wir finanziell von diesen ständigen Besuchen überfordert waren und in den Ruin getrieben wurden, war er vollkommen entgeistert. Das kam überhaupt nicht in Frage, das war undenkbar. Das konnte man einfach nicht machen. Schließlich blieb nur eins: Ich musste Arbeit finden und Geld verdienen. Und deshalb gab ich Golzar mit sechs Monaten in die Kinderkrippe. Zu Hause bei Jamil wollte ich ihn nicht lassen. Das unregelmäßige Leben und die vielen politischen Debatten mit Freunden und Bekannten – nein, das war mir für ein Baby, das zuverlässig versorgt werden musste, doch zu unsicher.

Mein lieber Herr Rotfuchs vom Sozialamt hatte mir eine Beschäftigung in der Nachbarschaftshilfe verschafft, noch während meiner Schwangerschaft. Das war eine großartige Einrichtung der katholischen St.-Sebastian-Kirche in Frankfurt-Heddernheim. Die Seele des Unternehmens war Lydia Berkhoff, eine energische, warmherzige Frau, für mich der Inbegriff der Vornehmheit, ein Vorbild in jeder Hinsicht. Sie war eine richtige feine Dame, damals um die 50 Jahre alt, grauhaarig, aber mit einem flotten Haarschnitt, so dass sie jünger wirkte, als sie tatsächlich war. Was aber nicht nur an ihrem Aussehen lag, sondern auch an der Art, wie sie sich bewegte, wie sie Probleme in Angriff nahm: zielstrebig, überzeugend, mitreißend. Frau Berkhoff lebte in besten Verhältnissen, und mit ihrem Einsatz in der Nachbarschaftshilfe wollte sie dazu beitragen, die Not anderer, die es nicht so gut getroffen hatten wie sie, ein wenig zu lindern. Wir organisierten die Abholung von alten Möbeln und gebrauchten Kleidern aus Privathaushalten. Die ausgemusterten Sachen wurden dann an Asylbewerber, die im Auffanglager Bad Schwalbach saßen, zehn Kilometer von Frankfurt entfernt, oder andere arme Leute verteilt, vor allem an alleinstehende Frauen und Mütter.

Frau Berkhoff fragte mich eines Tages, ob ich Interesse hätte, mir mit Putzen etwas Geld zu verdienen. Ein Ehepaar aus ihrem Bekanntenkreis suchte jemanden, der zweimal in der Woche zu ihnen käme. Natürlich, ich war sofort einverstanden. Ich stellte mich dort vor, ließ mir erklären, worauf es ihnen ankam, und war von da an jede Woche dort und brachte die Wohnung in Schuss. So kam regelmäßig Geld herein, zumal ich ab und zu noch abends auf die beiden Jungen des Ehepaars aufpasste, wenn die Eltern Termine hatten oder ausgingen.

Mein neues Arbeitsleben war enorm anstrengend. Jeden Morgen um 4 Uhr 20 stand ich auf, richtete alles her, machte Golzar fertig und brachte ihn vor sieben Uhr in die Krippe, dann flitzte ich zur Schule und nachmittags ging ich putzen oder war eben für die Nachbarschaftshilfe von St. Sebastian im Einsatz. Aber es lohnte sich, nicht nur finanziell. Es war in jeder Hinsicht nützlich für mich, vor allem die Arbeit für die Nachbarschaftshilfe. Ich kam mit Leuten zusammen, die ich sonst niemals getroffen hätte, ich konnte vielen Menschen helfen, ich wandte mein Schuldeutsch in der Praxis an, und ich lernte, wenn man so will, Deutschland kennen. Nicht, weil ich besonders weit herumreiste, ich bewegte mich ja nur in Frankfurt und in der näheren Umgebung, sondern weil ich in so viele Haushalte kam. Ich sah, wie die Leute wohnten, manche mit Familien, viele ohne. Wie sie ihre Haustiere verwöhnten, wie sie eingerichtet waren, welche Bilder an der Wand hingen, welche Pflanzen auf den Fensterbänken standen, worauf sie Wert legten, wofür sie Geld ausgaben, was ihnen fehlte.

Anfangs war ich entsetzt, dann erstaunt und schließlich froh darüber, dass so viele Familien Kleidung oder Inventar, das in meinen Augen noch sehr gut erhalten war, einfach so verschenkten und sich etwas Neues kauften. Aber auf diese Weise war allen geholfen: Die Schenker hatten ein gutes Gewissen, der Handel verdiente an den Neukäufen und die Bedürftigen bekamen Sachen, die sie sich selbst nie hätten leisten können.

In der Regel lief es so ab, dass mich Frau Berkhoff anrief und mir eine Adresse durchgab, wo ich die Sachen, die zur Abholung vorgesehen waren, anschaute und dann entschied, ob sie für unsere Zwecke brauchbar waren oder nicht. Manchmal kam es zu lustigen Missverständnissen. Eines Tages rief ich für eine Terminvereinbarung bei einer Frau an, die Schuhe abgeben wollte. Ich stellte mich vor und erklärte kurz, worum es ging. Die Dame war sehr freundlich und fragte: »Ja, Frau Qani, Sie interessieren sich für die Schuhe. Das ist schön. Welche Größe haben Sie denn?«

Ich war ein bisschen irritiert, schließlich wollte ich die Schuhe nicht für mich haben, sondern für die Frauen im Lager Schwalbach. Wenn dabei für mich ebenfalls ein Paar abfiele, wäre es natürlich auch schön. Also antwortete ich: »Größe 36 bis 41.«

Schweigen am anderen Ende der Leitung. Dann: »Ich glaube, ich habe Sie nicht richtig verstanden. Können Sie das bitte noch mal wiederholen?«

Eigentlich gab's nichts zu wiederholen, sie hatte alles richtig verstanden, aber bitte: »Ich brauche Größe 36 bis 41.«

»Entschuldigen Sie, dass ich so direkt frage. Aber was sind denn das für Füße? Wie können Sie denn damit laufen?«

Ich musste furchtbar lachen. »Ach, wissen Sie, die Schuhe sind ja nicht für mich allein. Wir geben sie doch weiter an andere Frauen. Deshalb kann ich alle Größen gebrauchen.«

Sie fing ebenfalls an zu lachen: »Da bin ich aber froh, dass mit Ihren Füßen alles in Ordnung ist. Kommen Sie am Montag vorbei und schauen Sie sich an, was da ist. Ich werde alle

Größen haben, denn für diesen Zweck frage ich auch gerne alle meine Freundinnen.«

Und so war es dann auch. Ich glaube, dass ich niemals mehr so viele Schuhe aus einem Haushalt für uns bekommen habe wie von dieser Dame.

Vielleicht wurde damals schon der Keim gelegt für das Unternehmen, das ich heute führe, vielleicht hat sich mit dieser Art von Arbeit und mit diesen menschlichen Begegnungen mein Schicksal entschieden: dass ich nicht als ewige Vertriebene mein Leben friste, sondern die Initiative ergriffen habe, und dass ich dabei gleichzeitig vielen Menschen helfen kann. Ich sah ja, dass es anderen noch schlimmer ergangen war als mir. Dass in Schwalbach in den Lagercontainern Frauen saßen, die in ihrer Heimat oder auf der Flucht Folter und Vergewaltigung erlitten hatten, die Entsetzliches erlebt hatten und die bis zu ihrem allerletzten Tag mit diesem Trauma kämpfen würden. Es gab Kinder, die unterwegs ihre Eltern verloren hatten und sich nun allein durchschlugen oder sich fremden Leuten angeschlossen hatten. Und Männer, denen Schreckliches zugefügt worden war und die selbst Dinge verbrochen hatten, die sie unter normalen Umständen niemals getan hätten. Lauter Menschen, die aus ihrem gewohnten Leben gerissen waren, die nicht wussten, wie ihre Zukunft aussah, die einsam und verzweifelt waren.

Ich war eine Vermittlerin, eine Art Verbindungsglied für sie. Ich konnte mich in sie hineinversetzen, weil ich etwas Ähnliches erlebt hatte, weil auch ich fremd hier war und meine alte Welt in Trümmern lag. Aber ich war schon einen Schritt weiter. Ich hatte in meiner neuen Welt bereits ein wenig Fuß gefasst. Ich konnte mich verständigen, ich konnte andere Menschen auf ihr Schicksal aufmerksam machen, und ich konnte helfen, indem ich ihnen zuhörte und sie außerdem über die Nachbarschaftshilfe mit Kleidung und Mobiliar versorgte.

Ich tat ihnen gut – und sie taten mir gut. Der Schmerz über den Verlust meines alten Lebens relativierte sich ein wenig, und ich gewann wieder Selbstbewusstsein, weil ich nützlich sein konnte. Anders als in meinem früheren Leben als Chefsekretärin oder Lehrerin, aber sicher nicht weniger. Ich war traurig über all das Leid, das ich erfuhr, aber ich war froh, dass sie es mir erzählten, weil ich wusste, dass ich ihnen durch meine Anteilnahme viel geben konnte. Mir wurde langsam klar, wie viel der deutsche Staat – bei allen Unzulänglichkeiten – leistete, wie gleichgültig etliche Deutsche auf ihre Mitmenschen reagierten, aber auch, wie viele sich einsetzten, als Mitglieder einer politischen oder kirchlichen Initiative oder auch individuell, einfach so, aus Mitgefühl.

Der einzige Nachteil – wenn man es überhaupt so sagen kann – bestand darin, dass ich damit kein Geld verdiente. Das kam weiterhin über die Putzerei herein. Ich war ständig auf Achse, auch abends. Zwischendurch holte ich noch Golzar aus der Krippe, erledigte in Blitzgeschwindigkeit die Einkäufe, kochte uns eine Mahlzeit und fiel dann entweder erschöpft ins Bett oder machte mich wieder auf den Weg. Aber trotzdem, es lohnte sich. Wir hatten endlich ein bisschen Geld. Und damit konnten wir uns auch eine große Veränderung leisten: Wir verließen das Asylhotel und bezogen unsere erste eigene Wohnung in Deutschland.

12. Kapitel

NACHBARN

Wir zogen nach Bonames, einem Stadtteil im Nordwesten Frankfurts. Später habe ich erfahren, dass Historiker den seltsam klingenden Namen aus dem Lateinischen herleiten von »bona mansio«, das heißt so viel wie »guter Rastplatz« und deutet auf ein Römerlager hin, das sich einmal hier befunden hat. Damals wusste ich das natürlich nicht, solche Feinheiten wie die Bedeutung von Namen entgingen mir. Doch dass Bonames auch für mich ein guter Rastplatz war, das stand fest. Unsere Wohnung im zweiten Stock war klein, 52 Quadratmeter, verteilt auf drei Zimmer, Küche und Bad. Aber es war unsere erste richtige Wohnung nach zwei Jahren in verschiedenen Asylhotels und ungefähr dreimal so groß wie die Zimmer dort, für mein Gefühl also geradezu riesig. Außerdem waren wir endlich im Privatleben angekommen. Keine gemeinsam genutzten Toiletten auf dem Flur, keine Badewanne, für deren Benutzung man sich eintragen musste, kein Waschbecken im Zimmer, sondern da, wo es hingehört, in Bad und Küche. Es war großartig! Die Erfüllung meiner Wünsche.

Wie so vieles verdankten wir auch die Wohnung dem guten Herrn Rotfuchs. Als ich ihm erzählte, dass Golzar im Asylheim dauernd krank war, sogar Asthma hatte und keine Chance auf Gesundung bestand, solange wir alle in einem Zimmer hockten, sagte er: »Es hilft nichts, Sie müssen da raus. Ich rufe im Wohnungsamt an.« Die Sachbearbeiterin dort verlangte Atteste und Bescheinigungen über Golzars Aufenthalte im Krankenhaus, damit die Dringlichkeit nachgewiesen war. Und als ich alles beisammen hatte, bekamen wir ziemlich schnell einen Wohnberechtigungsschein und die Wohnung.

Damals war Bonames quasi ein Dorf, und wir gehörten zu den ersten Ausländern, die dort wohnten. Heute, knapp 30 Jahre später, leben sehr viele Menschen ausländischer Herkunft dort. Aber 1982 fielen wir noch richtig auf. Doch ich wollte nicht auffallen, sondern meinen Platz finden. Kaum waren wir eingezogen, nahm ich Kontakt zu meinen beiden Nachbarinnen auf. Ich besorgte zwei Fläschchen Piccolo und zwei Tafeln Schokolade, klopfte an ihre Türen und stellte mich vor: »Guten Tag, ich bin neu hier im Haus, ich möchte mich vorstellen, damit Sie wissen, wer jetzt hier Tür an Tür mit Ihnen lebt. Ich komme aus Afghanistan und wohne mit meinem Mann und meinem Baby hier. Es kann sein, dass es mal ein bisschen lauter wird, weil wir Afghanen gern laut reden oder auch die Musik ein bisschen aufdrehen. Und manchmal riecht es vielleicht auch ein bisschen seltsam, weil wir gern mit kräftigen Gewürzen kochen. Ich hoffe, das stört Sie nicht, und wenn es doch zu viel wird, sagen Sie mir einfach Bescheid.« Mein Deutsch war noch ziemlich kraus, und ich weiß nicht, wie viel sie von meiner Rede überhaupt verstanden haben. Aber darauf kam es auch gar nicht an. Mir ging es darum, Vertrauen zu schaffen und einander kennenzulernen, so dass wir nicht wie Fremde nebeneinanderher lebten.

Die beiden Nachbarinnen waren wunderbar. Sie waren überrascht und erfreut, dass ich die Initiative ergriffen hatte. Gleich luden sie mich ein: mein erstes Kaffeekränzchen mit zwei Deutschen. Von Beginn an nahmen sie mich unter ihre Fittiche, und ich verdanke ihnen unendlich viel. Ihre Warmherzigkeit und ihre praktische, selbstverständliche Hilfe waren die tragenden Säulen meines Alltags. Sie bekamen schnell mit, dass ich dauernd auf Achse war, von einer Putzstelle zur anderen flitzte, Golzar hin- und herschleppte und das Geld immer knapp war. Ohne groß zu fragen, griffen sie mir unter die Arme, hängten ab und zu meine Wäsche auf, brachten von ihren Einkäufen etwas für unseren Haushalt mit und passten auf Golzar auf, wenn sonst keiner da war und er nicht in die Krippe konnte. Diese vorbehaltlose, uneigennützige Solidarität und Freundschaft, die diese Frauen mir entgegenbrachten, halfen mir nicht nur bei der Bewältigung des Alltags, sie vermittelten mir auch ein Gefühl der Geborgenheit, sie vertraten die Familie, die ich in Afghanistan zurückgelassen hatte.

Meine beiden ersten Nachbarinnen in Bonames waren mir außerdem echte Lehrmeisterinnen. Nicht nur, dass sie sich bemühten, mein Deutsch zu verbessern (wahrscheinlich habe ich von ihnen den Frankfurter Einschlag in meiner Aussprache), sie brachten mir auch bei, was hier in meiner neuen Heimat zählte. Dass mir die drei deutschen Kardinaltugenden in Fleisch und Blut übergegangen sind, verdanke ich ihnen. Pünktlichkeit, Sauberkeit, Ehrlichkeit – drei Säulen im Leben der Deutschen und in meinem. Nicht wenige Deutsche machen sich darüber lustig, halten es vielleicht sogar für spießig, aber ich tue das nicht. Auf diesen drei Werten beruht mein Betrieb, und hätten meine Nachbarinnen mir diese Werte nicht auf ihre selbstverständliche Art vermittelt, dann hätte ich es nicht geschafft, dorthin zu kommen, wo ich heute stehe.

Pünktlichkeit ist in unserem ambulanten häuslichen Pflegedienst das A und O. Manchen Patienten beispielsweise spritzen wir Insulin, das muss genau zum festgesetzten Zeitpunkt geschehen, das darf nicht einfach eine halbe Stunde vorgezogen oder später gemacht werden. Außerdem: Die Menschen warten auf uns. Für viele der alten Leute sind wir die einzige Verbindung zur Außenwelt. Wenn sie wissen, dass um acht Uhr jemand von uns kommt, dann fiebern sie von sieben Uhr an unserem Eintreffen entgegen, sie zählen die Sekunden. Oft stehen sie am Fenster und schauen die Straße rauf und runter, damit sie uns entdecken, sobald wir um die Ecke biegen. Und wenn man nur zwei Minuten zu spät dran ist, dann heißt es schon: »Na, wo waren Sie denn? Ich warte schon seit Ewigkeiten.« Da kann man x-mal erklären, dass der Patient vorher Probleme hatte oder man im Stau feststeckte: Wenn es heißt, man kommt um acht, dann muss man auch um acht Uhr da sein.

Ehrlichkeit: Die Menschen, die wir betreuen, verlassen sich darauf, dass wir sie nicht betrügen. Ich bin darauf angewiesen, dass meine Mitarbeiter ehrlich sind. Wir kommen in viele fremde Wohnungen, von 40, 50 Patienten haben wir die Schlüssel, die bei uns zentral aufbewahrt werden. Jeder könnte sich das zunutze machen und sich selbst bedienen, wenn er unehrlich wäre. Aber bisher ist das noch nicht vorgekommen, und ich gehe davon aus, dass das auch in Zukunft so bleibt. Außerdem hat jeder meiner Mitarbeiter Zugriff auf die Schlüssel der zwölf Autos, die der Firma gehören. Wenn ich nicht darauf vertrauen könnte, dass sie sich der Ehrlichkeit, die ich lebe, ebenfalls verpflichtet fühlen, dann müsste ich den Betrieb schließen.

Sauberkeit ist ebenfalls eine ganz wichtige Sache. Wir haben es mit alten und kranken Menschen zu tun. Bei vielen gibt es Probleme mit dem Gang auf die Toilette, manche sehen nicht mehr gut, bei einigen funktionieren die Organe nicht richtig. Verbände erneuern, Bettwäsche wechseln und noch tausend Sachen mehr: Es muss alles picobello sein, damit sie sich in ihrer Wohnung wohl fühlen, damit Krankheit und Schwäche nicht die Oberhand gewinnen. Auch für die Mitarbeiter untereinander ist es wichtig, dass jeder dieselben Ziele verfolgt. In den Verträgen, die ich mit den Patienten abschließe, sind oft hauswirtschaftliche Leistungen enthalten, also Aufräumen und Saubermachen. Das erledigen meine Mitarbeiter im Wechsel bzw. Schichtdienst, das heißt, der eine muss seine Wirkungsstätte so hinterlassen, dass der nächste nicht mehr Arbeit hat als nötig. Der eine kann sich nicht auf Kosten des anderen drücken.

Pünktlichkeit, Sauberkeit, Ehrlichkeit: Auch in Afghanistan waren mir diese Werte nicht unbekannt gewesen, aber was sie wirklich bedeuten, das habe ich von meinen ersten deutschen Nachbarinnen gelernt, dieser Dreiklang ist zur Grundlage meiner Arbeit geworden. An den Pflegedienst dachte ich damals natürlich noch nicht, aber selbst beim Putzen und später im Baumarkt, wo ich als Kassiererin arbeitete, kam mir zugute, dass ich wusste, was meine Arbeitgeber abgesehen von den genau definierten Leistungen von mir erwarteten.

Auch Jamil brauchte eine richtige, offizielle und regelmäßige Arbeit. Leicht gesagt, schwer zu bekommen. Jede Woche ging er zum Arbeitsamt, immer kehrte er zurück, ohne dass er etwas in Aussicht gehabt hätte. »Schatz, die haben einfach nichts für mich.« Ich konnte es kaum glauben. »Jamil, nächstes Mal komme ich mit zum Arbeitsamt. Ruf deinen Sachbearbeiter an und mach einen Termin mit ihm für nächsten Mittwoch. Ich nehme mir frei und gehe mit dir. Du wirst sehen, irgendwas klappt schon. Und du würdest doch jeden Job nehmen, oder?«

Ich weiß nicht mehr, wie der Arbeitsvermittler hieß, aber ich weiß noch, dass er nett war und tüchtig. Jamil wartete draußen und ich weinte mich regelrecht bei dem Beamten aus. Mir war tatsächlich zum Weinen zumute. Denn wenn Jamil nicht endlich eine einigermaßen sinnvolle Beschäftigung bekäme, dann würden wir nie aus diesem Sumpf herauskommen. Der Vermittler hörte sich mein Leid an, wühlte in seinen Unterlagen und fand dann tatsächlich einen Job. »Ihr Mann könnte als Hausarbeiter anfangen. Das ist das Einzige, was ich im Moment anbieten kann.« Was war Hausarbeiter? So etwas wie Hausmeister? »Nein, das ist etwas anderes. Die Stelle ist in der BALM, das ist die Bundesanstalt für landwirtschaftliche Marktordnung. Und es geht im Wesentlichen darum, dass Ihr Mann bei den internen Umzügen anpackt, also wenn ein Mitarbeiter das Büro wechselt oder eine Abteilung in ein anderes Stockwerk umziehen muss oder so etwas. Käme das für ihn in Frage?« Klar käme das für ihn in Frage, zumal es nichts anderes gab. Ich würde ihm die Stelle schon schmackhaft machen.

»Jamil, schau mal, das ist doch eine gute Stelle, quasi wie im Ministerium.« Was nicht ganz falsch war, aber doch ziemlich wohlwollend interpretiert. Die BALM war eine Behörde des Bundeslandwirtschaftsministeriums mit Sitz in Frankfurt und beobachtete unter anderem die Preisentwicklung. Heute gibt es die Behörde nicht mehr, sie ist mit einer anderen zusammengelegt worden und in der Bundesanstalt für Landwirtschaft und Ernährung aufgegangen. Also nicht wirklich ein Ministerium – aber doch ziemlich nah dran. Ich redete Jamil den Job schön, so gut ich konnte, und er willigte tatsächlich ein. Zum Glück, denn nur vier oder fünf Monate später bot sich ihm eine Chance, auf der Karriereleiter eine große Stufe höherzurücken.

Offenbar wechselten die Abteilungsleiter häufig ihre Räume, und Jamil fiel bei den Umzügen einigen Leuten auf der Chefetage auf. Sie bemerkten, dass er noch andere Fähigkeiten hatte und mehr konnte als nur kräftig zupacken. Er machte auf sich aufmerksam, weil er gut organisierte, den Überblick behielt und dadurch die Aktionen weitgehend problemlos abliefen. Einer der Abteilungsleiter fragte ihn, was für einen Beruf er in Afghanistan ausgeübt hatte. Jamil erklärte ihm, welche Aufgaben er in der Zuckerfabrik in Baghlan wahrgenommen hatte und dass hier in Frankfurt mangels Zuckerfabrik kaum Aussichten bestanden, etwas Ähnliches zu tun. »Aber dann verstehen Sie ja auch etwas von Lebensmittelchemie und kennen sich aus, da gibt es doch Möglichkeiten für Sie, auch bei uns.«

Kurze Zeit später bekam er tatsächlich die Chance, im Landwirtschaftsministerium in Bonn an einer Schulung teilzunehmen und anschließend eine Prüfung zu absolvieren. Mit dem Abschluss konnte er als Laborant in der BALM arbeiten. Jamil legte sich mächtig in Zeug, holte die alten Kenntnisse aus den Tiefen seines Gedächtnisses hervor und paukte den neuen Stoff. Er bestand die Prüfung mit Glanz und Gloria und bekam tatsächlich eine Stelle im Labor. Ich war stolz auf ihn. Und ich war glücklich, denn da war er endlich, der Silberstreif am Horizont. Es war nicht genau dasselbe wie Direktor einer Zuckerfabrik in Afghanistan, aber doch immerhin tausendmal besser als Vorarbeiter einer Putzkolonne oder Möbelschlepper. Endlich ein angesehener Posten, eine Aussicht auf Besseres, geregelte Arbeitszeiten – und Balsam für Jamils lädiertes Selbstbewusstsein. Wir packten seinen Blaumann aus der Hausarbeiterzeit ganz unten in den Schrank, und ich kaufte in einem Secondhandladen einen Anzug, ein paar Hemden und Krawatten, damit er seinen neuen Status auch äußerlich dokumentieren konnte. In dem Labor war er der Hahn im Korb, es arbeiteten kaum Männer dort, die meisten Angestellten waren Frauen, und der gutaussehende, intelligente Jamil zog alle Aufmerksamkeit auf sich. Er blühte regelrecht auf.

Jamil war glücklich, also war ich es auch. Auch wenn ich weiterhin schuftete wie ein Sklave. Denn sehr viel Geld kam durch die Arbeit als Laborant nicht herein, und wir waren darauf angewiesen, dass ich dazuverdiente, zumal wir auch regelmäßig Geld nach Afghanistan schickten und Flüchtlinge aus der Heimat unterstützten. Ich putzte also weiter und rannte von einer Stelle zur anderen. Ich nahm, was sich anbot. Auf dem Weg zu einer Putzstelle sah ich einmal an einem Supermarkt ein Schild: »Aushilfen für Regalbefüllung gesucht«. Schnurstracks ging ich hinein, sprach mit dem Filialleiter und hatte nach zehn Minuten einen weiteren Job. So kam eins zu anderen. Körperlich war es anstrengend, aber es gab gutes Geld, und die Arbeitgeber waren freundlich, meistens jedenfalls.

Ab und zu traten auch unerfreuliche Dinge auf, die mich daran erinnerten, dass ich doch anders war als andere Menschen, vor allem in einer Hinsicht. So wollte einer meiner Arbeitgeber, auf dessen kleinen Sohn ich gelegentlich aufpasste, unbedingt, dass ich auf dem Spielplatz allen Müttern unaufgefordert mitteilte, nur die Babysitterin zu sein, nicht die Mutter des Kinds. Er hatte panische Angst davor, dass ihm jemand zutraute, ein Verhältnis mit einer dunkelhäutigen Frau zu haben. »Es darf kein falscher Eindruck entstehen«, sagte er immer wieder. Solche Bemerkungen schmerzten natürlich und führten mir immer wieder vor Augen, dass Menschen mit dunklerer Hautfarbe für viele Deutsche weniger wert sind. Zum Glück waren solche Vorkommnisse aber die Ausnahme.

In vielerlei Hinsicht war das Putzen für mich ein Sprungbrett zu besseren Arbeiten. Ich habe als Putzhilfe angefangen, aber oft schon nach kurzer Zeit andere Aufgaben bekommen, bei denen ich mich bewähren konnte. So war es auch mit meinem Aufstieg zur selbständigen Einkäuferin für ein Fotostudio. Das war eine aufregende Sache, denn die Firma war spezialisiert auf Fotografien für Lebensmittel – eine hochkomplizierte Angelegenheit, wie ich sehr bald lernte. Sie arbeiteten für eine Reihe großer Lebensmittelproduzenten und fotografierten nicht nur die Verpackungen oder Produkte selbst, sondern setzten sie regelrecht in Szene. So wurden zum Beispiel große Tafeln für das Weihnachtsmenü gedeckt, bei dem die Tütensuppe nicht fehlen durfte – das sollte jedenfalls die Aussage des Bilds sein. Ich hatte keinen Schimmer davon gehabt, wie aufwendig die Herstellung solcher Fotos ist. Alles musste bis ins Detail geplant werden, stundenlang wurde über jede Einzelheit debattiert. Sollen es Suppenschalen oder -teller sein, mit Muster oder ohne? Welche Gläser, wie viele? In welchen Farben sollen Tischdecken und

Servietten gehalten sein, Ton in Ton oder im Kontrast zueinander? Was steht sonst noch auf dem Tisch? Welche Dekoration kommt dazu? Schwimmt auf der Suppe ein Petersilienblättchen oder nicht? Gibt es Kerzen, wenn ja, in welchem Kerzenhalter, und so weiter und so fort.

Ich war interessiert, schaute mir alles an und verfolgte den Ablauf der Arbeiten, soweit die Putzerei mir das erlaubte. Ab und zu stellte ich auch ein paar Fragen oder machte auf etwas aufmerksam, wenn es sich ergab. Als meine Chefin mitbekam, dass ich früher Chefsekretärin in einer Abteilung des afghanischen Wirtschaftsministeriums war, war das mein Glück: Ich wurde umgehend zur Einkäuferin bestimmt. Ich sollte aufschreiben, was besprochen worden war, und die entsprechenden Sachen besorgen. Ich war begeistert, bekam aber zugleich einen Riesenschrecken: »Unmöglich, das kann ich nicht!«

»Wieso nicht, Sie haben doch gesagt, dass Sie gut organisieren können? Wo ist das Problem?«

»Deutsch ist das Problem. Mein Deutsch ist noch nicht so gut, das wissen Sie doch.«

»Na, dann schreiben Sie es sich halt in Persisch auf. Jedenfalls sind Sie ab jetzt dafür zuständig, die Sachen zu besorgen. Abgemacht?«

Was sollte ich schon sagen, ich freute mich ja auch darüber, dass man mir mehr zutraute, als Böden zu wischen. Also rückte ich zur nächsten Sitzung mit einem kleinen Büchlein an und schrieb auf Persisch auf, was zu organisieren war. Das meiste war einfach, Tomaten, Saft, Wasser und so weiter machten mir beim Notieren keine Schwierigkeiten. Nebenbei war es auch ein schönes Vokabeltraining. Blieb allerdings noch ein Problem: Manche Utensilien, die benötigt wurden, gab es bei uns zu Hause gar nicht, ich wusste also auch keine Wörter dafür. In solchen Fällen benutzte ich einen Trick: Entweder schrieb ich sie in Deutsch auf, das heißt in einer Art Lautschrift, die mit der richtigen Schreibweise nur sehr entfernt oder gar nicht verwandt war. Oder ich malte mir auf, worum es ging. Meine Einkaufszettel waren komische kleine Kunstwerke oder Hieroglyphen, je nachdem, wie man es sieht. Außer mir konnte sie jedenfalls keiner lesen. Aber sie funktionierten tadellos, ich habe nie etwas vergessen oder etwas Falsches mitgebracht. Meine Chefin war baff und freute sich mit mir, dass alles so schön klappte.

Einen Menschen nicht danach beurteilen, was er gerade ist oder macht, sondern mehr in ihm sehen, als äußerlich auf den ersten Blick erkennbar ist, Zutrauen zu ihm haben, dass er seine Fähigkeiten noch besser einsetzen kann – darauf kommt es an, wenn man jemandem helfen will. Meine Chefs in den verschiedenen Arbeitsstellen haben das gewusst, sie haben es beherzigt, ohne großes Aufheben davon zu machen. Sie haben mich weitergebracht, weil sie mir durch ihr Vertrauen Räume eröffnet haben, die ich sonst nie hätte betreten können. Sie dachten nicht formal oder bürokratisch, sie haben nicht gesagt: »Frau Qani kann das nicht, sie hat keine Zeugnisse.« Oder: »Ihr Deutsch ist zu schlecht.« Sie haben ihren Blick nicht auf meine Mängel oder die Lücken in meiner Ausbildung gerichtet, sondern auf das, was ich kann: organisieren, mitdenken, Ideen ausbrüten, Einsatz bringen, auf die Leute zugehen. Sie ließen es drauf ankommen: Probieren wir es doch gemeinsam einfach mal aus. Man wird sehen, wie es sich entwickelt.

Ihre Zuversicht war durchaus unterschiedlich stark ausgeprägt, manche waren skeptisch, wenn ich mit einem Vorschlag kam, der nicht direkt auf der Hand lag. Als ich mich beispielsweise um den Job als Kassiererin in einer Eisenwaren- und Holzhandlung, »Hartmann + Sohn – Werkzeuge aller Art«, bewarb, waren die Zweifel des Geschäftsführers mit Händen zu greifen. Aber ich beschrieb ihm mit Eifer und Leidenschaft, dass Rechnen und Wirtschaft in der Schule zu meinen Lieblingsfächern gehört hatten und Zahlen doch eine universelle Sprache seien. Dass mein Deutsch noch dürftig war, fiel demgegenüber kaum ins Gewicht, oder? Er ließ sich zu dieser Sichtweise überreden und vertraute mir die Kasse an, probehalber. Und es klappte. Preise eintippen, Scheine entgegennehmen, das richtige Wechselgeld herausgeben, Umtäusche verrechnen und verbuchen waren meine Aufgaben – und das alles möglichst flott und ohne Fehler.

Natürlich musste ich auch die Namen vieler Artikel kennen, es fragten ja dauernd Leute nach irgendwelchen Teilen, und Teile gab es bei Hartmann + Sohn jede Menge. Ich habe nicht schlecht gestaunt, als mir aufging, wie viele verschiedene Arten es von allem gibt. Nicht einfach nur Nägel, sondern Stahlstifte, Holznägel, Messingnägel, Reißnägel, Stiftnägel und was sonst noch alles. Auch die Schrauben waren eine Welt für sich: Holzschrauben, Sechskant, Vierkant, Zylinder, Senk- oder Linsenkopf, Schlitz oder Kreuzschlitz, Gewindeschrauben mit Außengewinde, mit Innengewinde und so weiter und so fort. So unvollkommen mein Deutsch noch war, diese lustigen Namen prägte ich mir schnell ein. Mein altes Training als Heftschreiberin für meine Schulkameradinnen kam mir dabei zugute. Ich lernte einfach rasch auswendig. Ich schaute mir die Schraube an und wiederholte dazu den Namen ein paar Mal, das war's. Danach wusste ich, wie die Dinger hießen und in welchem Regal sie lagen. Mein deutscher Alltagswortschatz war noch dürftig, aber dafür kannte ich Hunderte von seltsamen Namen im Handwerksbedarf.

Die anfängliche Skepsis meines Chefs schlug in Begeisterung um, als er sah, dass ich schnell lernte und vor allem so zuverlässig die Kasse machte wie noch keiner seiner Aushilfen zuvor. Ich rechnete auf Heller und Pfennig ab und brachte das Geld zur Bank. Morgens kam ich zwei Stunden vor der Öffnung und putzte alles durch, dann ging ich zur Bank und holte das Wechselgeld. Sämtliche Bestellungen für Elektroartikel habe ich aufgenommen, allein die Glühbirnen waren ein Wahnsinn, klein, groß, matt, klar, birnenförmig, kugelrund, mit Bajonettverschluss … Mein Chef sagte immer nur »Mädelchen, Mädelchen«, wenn er mich so herumwirbeln sah. Für ihn wurde das Leben leichter, seit er mich hatte. Er kam erst gegen Mittag in den Laden, wir machten die Übergabe, und er blieb dann für den Rest des Tages.

Aber er zeigte sich auch sehr großzügig. Als er merkte, dass auf mich Verlass war und ich bei den Kunden gut ankam, gab er mir 200 Mark extra, damit ich mir anständige Kleider kaufen konnte, ich war ja richtig arm. Außerdem schloss er einen Bausparvertrag für mich ab, über 39 Mark monatlich. Heute lebt er in Amerika, wir telefonieren ab und zu und erinnern uns an die alten Zeiten.

Von 1983 bis 1989 war ich in verschiedenen Baumärkten beschäftigt, als Kassiererin, oft auch als Verkäuferin, wie es halt gerade kam und wo Not am Mann war. Ich putzte das Lager, füllte die Regale auf, prüfte Bestände und erstellte Listen für die Bestellungen. Ich liebte die Arbeit, weil mir die Ordnung der Zahlen eine große Sicherheit verlieh. Den meisten Menschen, die im Land ihrer Muttersprache leben, ist nicht bewusst, dass das Leben eines Migranten sehr anstrengend ist, auch wenn er schon Jahre in der neuen Heimat zu Hause ist. Es kostet mehr Energie, sich in einer fremden Sprache zu bewegen, man spricht nie ganz so spontan und mühelos wie ein Einheimischer, immer wieder fehlt einem das richtige Wort, man denkt in einer anderen Sprache, als man spricht. Die Zahlen, die Mathematik und das Rechnen sind unabhängig von der Sprache, und mich damit zu beschäftigen war eine echte Wohltat für mich.

Aber Zahlen hin oder her, letztlich war es doch das Putzen, das mich nach vorn brachte. Irgendwann erzählte mir jemand, dass eine Gebäudereinigungsfirma kurzfristig Aushilfen suchte, und fragte, ob ich Interesse hätte. Natürlich! Auf diese Weise sah ich die Alte Oper das erste Mal von innen, kam in ein Altenhilfezentrum, zur KVH, der Kassenärztlichen Vereinigung Hessens, und zum Landesverband Hessen des Hartmannbunds, des Verbands der Ärzte, der im selben Gebäude seine Räume hatte. Obwohl ich nur putzte, suchte ich doch den Kontakt mit den Leuten, grüßte jeden freundlich, merkte mir die Namen, fragte nach ihren Tätigkeiten und machte mich auf diese Weise bekannt – gar nicht mit einem bestimmten Ziel, sondern nur so, einfach weil es meine Art ist, auf die Menschen zuzugehen. Die Leute mochten mich: weil ich gutgelaunt und offen war und weil ich nicht als graues Aschenputtel dort auftauchte, sondern immer gut geschminkt und im Rahmen meiner begrenzten finanziellen Möglichkeiten auch ordentlich angezogen war. Ich machte mich nützlich, so gut ich konnte, und eines Tages fragte mich die Büroleiterin tatsächlich, ob ich nicht halbtags als Bürohilfe arbeiten wollte. Nichts lieber als das! Ich war so stolz, dass sie mir den Job zutraute. Gleichzeitig bedeutete das allerdings eine Verschärfung meines Zeitplans, denn die Putzstellen benötigte ich weiterhin. Ich überlegte hin und her, erkundigte mich, wann morgens die erste U-Bahn fuhr und verlegte meine Putzstelle im Hartmannbund und in der KVH in die Morgenstunden. So nahm ich von da an die erste U-Bahn um 4 Uhr 20, putzte von 5 bis 9 Uhr die KVH und war von 9 bis 13 Uhr 30 beim Hartmannbund als Bürogehilfin im Einsatz. Es war großartig, aber es war auch die Hölle. Manchmal liefen mir die Tränen über die Wangen, einfach nur aus Müdigkeit. Aber was blieb mir anderes übrig? Ich wollte auf keinen Fall von Sozialhilfe leben, deshalb biss ich die Zähne zusammen und machte weiter.

Beim Hartmannbund arbeitete ich Frau Seibecke zu, sie war Geschäftsführerin. Ich nahm Telefonate entgegen und leitete sie an die richtigen Stellen weiter, bereitete nach ihren Anweisungen die monatlich stattfindenden Vorstandssitzungen vor und stellte außerdem die Ordner zusammen, die für die zweimal wöchentlich abgehaltenen Beratungssprechstunden benötigt wurden. Beim regelmäßigen Versand der Informationsbriefe an die Praxen wurde ich eingespannt, ebenso wenn es darum ging, Unterlagen im Haus zu verteilen oder irgendwo abzuholen. Ich kannte mich schließlich am besten von allen aus, da ich durch das Putzen jeden Raum im ganzen Gebäude mit geschlossenen Augen gefunden hätte.

Die Arbeit beim Hartmannbund machte mir große Freude, inhaltlich und weil die Menschen so freundlich waren. Sie hatten ein offenes Ohr für mich, hörten mir zu, wenn ich ihnen von meinen Sorgen erzählte, und nahmen Anteil an meinem Leben. Und nicht zuletzt gefiel mir, dass ich in der Kantine für 60 oder 70 Pfennig ein warmes Mittagessen bekam. Da saß ich dann, zwischen all den Ärzten und höheren Verwaltungsfachleuten, löffelte meine Suppe und fand, dass sich mein Fleiß doch wirklich gelohnt hatte.

Ein Jahr nachdem ich beim Hartmannbund angefangen hatte, kam zu meinen übrigen Nebenjobs noch einer dazu. Ich putzte im August-Stunz-Altenhilfezentrum, allerdings nur drei Wochen lang. Dann fragte ich, ob ich als Altenpflegehelferin dort arbeiten dürfe. Ich bot an, eine Woche auf Probe zu arbeiten, und dann könnten wir gemeinsam entscheiden, ob ich damit weitermachen könne oder nicht. Die Pflegedienstleiterin fand die Idee prima, und so war die Putzstelle im Altenheim letztlich der Grundstein meines heutigen Unternehmens, auch wenn das damals noch gar nicht zur Debatte stand. Als Altenpflegehelferin durfte ich nur die sogenannten grundpflegerischen Aufgaben durchführen, also das Waschen und Anziehen der alten Leute, ich schob sie zum Essen in den Saal und erledigte auch sonst alles, was nicht in den medizinisch-therapeutischen Bereich fiel.

Die Mitarbeiter waren ganz unterschiedlicher Nationalität, die Patienten überwiegend Deutsche, allerdings waren manche deutscher als die anderen. Aussiedler oder Vertriebene und Eingebürgerte waren nicht ganz dasselbe wie die hier Geborenen. Ich habe es damals nicht ganz bewusst wahrgenommen, bemerkte aber doch, dass es hier in Deutschland schwer ist, akzeptiert zu werden, wenn man sich nicht in den vorgesehenen Bahnen bewegt. Oder vielleicht muss man es eher so sagen: Viele Menschen tun sich schwer damit, einem anderen mit offenem Herzen zu begegnen und ihn nicht auf das festzulegen, was er durch Zufall oder die Wechselfälle des Lebens nun einmal gerade ist. Manche Deutsche haben sehr begrenzte Vorstellungen davon, wer als zugehörig gelten darf und wer nicht. Ich selbst erfuhr das immer mal wieder, auch im Altenpflegeheim. Der Stationsleiter beispielsweise, dem ich als Helferin zugeteilt wurde, kam überhaupt nicht damit zurecht, dass ich als ehemalige Putzfrau jetzt die grundpflegerischen Tätigkeiten ausführen durfte – nachdem ich doch nur die Böden gewischt hatte! Er ließ mich einfach nicht meine Arbeit machen, obwohl er auf seiner Station jede Hilfe hätte gebrauchen können. Einmal Putzfrau, immer Putzfrau – das stand unverbrüchlich fest. Schließlich wendete ich mich an die Pflegedienstleiterin und schilderte ihr die Situation. Ich hatte ja auch Sorge, dass ich vielleicht entlassen würde, weil ich meine Arbeit nicht erledigte bzw. nicht erledigen konnte. Die Pflegedienstleiterin fasste sich an den Kopf und sagte: »Gut, dass Sie gekommen sind, das regeln wir sofort.« Sie lief hoch auf die Station und stauchte den Stationsleiter ordentlich zusammen, er solle mich nach der Arbeit beurteilen, die ich leistete, und nicht nach den krausen Vorstellungen, die er sich von den Mitarbeitern machte. Außerdem würde ich als Pflegehelferin bezahlt und nicht als Putzhilfe, also sei jetzt Schluss mit den Vorbehalten. Danach durfte ich meine Arbeit machen. Zum

Glück sind ja nicht alle so. Aber manchmal denke ich doch, wie viele Chancen vertan werden, weil manche Menschen aufgrund ihrer Vorurteile andere daran hindern, ihr Potential zu entfalten.

Heute weiß ich gar nicht mehr, wie ich das alles geschafft habe – frühmorgens nach wie vor die Putzstellen, vormittags beim Hartmannbund, den Rest des Tages als Helferin in der Altenpflege und meinen eigenen Haushalt, anfangs auch immer noch im Baumarkt. Eine große Hilfe war meine Mutter, die wir ein paar Jahre nach unserer Flucht auf abenteuerlichen Wegen nach Deutschland geholt hatten. Ich musste mir Geld leihen, damit wir ihre Ausreise finanzieren konnten, und deshalb lange Zeit noch mehr arbeiten. Aber ich war doch sehr froh, dass sie da war. Sie wohnte bei uns, in der kleinen Wohnung, und kümmerte sich um Golzar, später auch um Guliar. Von ihr haben die beiden die alten persischen Kinderlieder und Reime gelernt, die ich schon fast vergessen hatte. Es war mir eine große Beruhigung, dass sie bei uns war, denn ich wollte unbedingt, dass jedes Kind trotz Krippe wusste: Du hast ein Zuhause und eine Familie, die dich liebt.

Der Schritt von der Putzfrau zur Unternehmerin: Einerseits war er folgerichtig, andererseits brauchte es einen Zufall, damit ich ihn tatsächlich machte. 1991, etwas mehr als zehn Jahre nach meiner Ankunft in Deutschland, bot mir jemand an, in einer großen Bank zu putzen. Aber es gab eine Bedingung: Für diesen Job musste ich eine eigene Firma gründen, denn Einzelpersonen würden nicht beschäftigt. Ich überlegte kurz – und wagte den Sprung ins kalte Wasser. Ich hatte keine Ahnung, wie man ein Unternehmen gründet, aber was konnte schon passieren? Ein Name für meine Firma, die zunächst allerdings nur aus mir selbst bestand, war schnell gefunden: QR – Qani Reinigungsdienst. Doch ohne offizielle Bestätigung ist eine deutsche Firma nur ein Phantom – ich brauchte also zunächst einmal einen Gewerbeschein. Um mein Gewerbe anzumelden, musste ich aufs Amt, die ideale Gelegenheit, um höchst interessante Erfahrungen mit der deutschen Bürokratie zu sammeln.

Denn wie alles andere ist auch das Putzwesen in unserem Land aufs Beste geregelt. In meinem Fall bedeutete das: Da ich keinen Meister hatte, durfte ich nur nach »Hausfrauenart« putzen, also ohne Wasser. Von Staubwischen und Saugen wird eine Bank allerdings nicht wirklich sauber. Damit ich mehr Leistungen anbieten konnte, musste aus QR ein Meisterbetrieb werden. Was tun? Ich setzte eine Anzeige in die Zeitung, so in der Art: »Junges Unternehmen mit Perspektive sucht Gebäudereinigermeister«, und tatsächlich meldeten sich zwei Kandidaten. Beide machten sie einen guten Eindruck auf mich, also stellte ich sie ein. Jeden halbtags. Damit war die erste Hürde genommen. Die Zweite bestand in der Anmeldung meines Meisterbetriebs, und sie erwies sich als wesentlich höher.

Ich war jung, ich war Ausländerin, ich war Putzfrau – und der Beamte, der meinen Antrag bearbeitete, ließ mich nach allen Regeln der Schikanierkunst spüren, dass er mir die Sache nicht zutraute. Er ließ mich zappeln. Immer fehlte irgendein Dokument, jedes Mal fand er einen Grund, den Schein nicht auszustellen. Er scheuchte mich von einer Stelle zur anderen. Mit den Nerven am Ende, warf ich ihm schließlich vor, mich schlecht zu behandeln, worauf er nur ungerührt entgegnete: »Das hat alles seine Richtigkeit. Ich wollte Ihnen beibringen, dass es in Deutschland nicht so einfach ist, selbständig zu werden, und die Hürden der deutschen Bürokratie hoch sind.« Unglaublich, wie er da hinter seinem Schreibtisch saß und mich abkanzelte! Ich schäumte vor Wut, riss mich aber zusammen, sonst hätte er mir womöglich noch mehr Schwierigkeiten gemacht. Irgendwann brachte ich die letzte Bestätigung bei und bekam den ersehnten Gewerbeschein ausgehändigt. Ich war stolz, sehr stolz sogar. Elf Jahre zuvor war ich in Deutschland angekommen, mit nur einer Tasche in der Hand, die nicht viel mehr als Nachthemd und Zahnbürste enthielt, und nun war ich Unternehmerin!

Die Deutschen sagen: »Selbständig sein heißt, dass man selbst und ständig arbeitet«, und genau das traf auch auf mich zu. Ich war zwar jetzt Chefin, aber leichter wurde mein Alltag dadurch nicht. Manchmal war ich wie betäubt von dem vielen Arbeiten, gar nicht ganz bei mir. Häufig weinte ich, aus Erschöpfung und weil mich oft ein schlechtes Gewissen plagte, dass ich so wenig Zeit für meine Familie hatte. Ich stand in aller Frühe auf, flitzte den ganzen Tag über von einer Putzstelle zur anderen und erledigte zwischendurch die Organisationsaufgaben, die meine kleine Firma aufwarf. Und die wuchsen mit der Zeit, denn einer meiner beiden Meister und Mitbegründer von QR Meisterbetrieb akquirierte emsig neue Kunden.

Dem Putzen verdanke ich vieles, auch meinen Einstieg in den Pflegebereich. Eines Tages fragte nämlich ein ambulanter Pflegedienst bei uns an, ob wir mit ihnen kooperieren würden, sie bräuchten Unterstützung bei den hauswirtschaftlichen Leistungen. Warum nicht?, dachte ich. Also übernahm unsere Firma das Putzen, Einkaufen und andere Aufgaben bei den Patienten des Pflegedienstes. Auf diese Weise kam ich in viele Haushalte, und so lernte ich auch Frau Dahms kennen. Eine schicksalhafte Bekanntschaft …

Gleich bei unserer ersten Begegnung fragte sie mich: »Woher stammen Sie?« Als ich ihr erzählte, dass meine Heimat Afghanistan sei, kamen ihr fast die Tränen. Afghanistan war nämlich eine heimliche Liebe von ihr, seit sie als sehr junges Mädchen im Auswärtigen Amt gearbeitet und den Besuch des Königs Amanullah in Berlin mit vorbereitet hatte. 1928 muss das gewesen sein. Jetzt war sie eine sehr alte Dame, die nach einem Schlaganfall auf Betreuung angewiesen war. Als ich ihr erläuterte, aus welch guter Familie mein Mann war, kannte ihre Begeisterung keine Grenzen. Jetzt wollte sie gar nicht mehr von mir lassen und fragte, ob ich sie in jenen Zeiten betreuen könnte, in denen ihre offizielle Pflegerin freihatte. Also in den Abendstunden und am Wochenende. Ich war gleich einverstanden. Nun musste ich zwar noch früher aufstehen, um alle meine Arbeitsstellen unter einen Hut zu bekommen, doch die Sache reizte mich. Nur – auch für die Pflege benötigte ich eine Gewerbeanmeldung, da die Leistungen sonst bei der Krankenkasse nicht hätten abgerechnet werden können. Also ging ich wieder aufs Amt, und wenig später hatte ich zwei Firmen.

Frau Dahms war eine anspruchsvolle Patientin, aber ich verdanke ihr sehr viel. Hätte sie mich nicht als Pflegerin angeheuert, hätte AHP niemals das Licht der Welt erblickt. Auch als 1995 das Pflegeversicherungsgesetz kam, half sie mir: Da ich keine examinierte Fachkraft war, hätte ich eigentlich nicht weitermachen dürfen. Sie ermöglichte mir die Einstellung von zwei Pflegekräften mit Zusatzausbildung, und das war die Voraussetzung dafür, dass ich die Kassenzulassung bekam, die Geburtsstunde meines heutigen Unternehmens.

Manchmal, wenn ich in der S-Bahn von einem Job zum anderen fuhr, hatte ich den Eindruck, dass mein Leben nahezu ausschließlich aus Arbeit bestand. Doch ich kämpfte alle Anflüge von Erschöpfung oder Verzweiflung nieder. Warum? Ein Grund für meine Unermüdlichkeit lag sicher darin, dass ich nach oben kommen und Geld verdienen wollte, damit wir uns etwas leisten konnten. Aber ein anderer, wahrscheinlich sogar der stärkere Grund war eine Art Fluchtinstinkt. Ich flüchtete mich in die Arbeit, damit ich abgelenkt war, weg von zu Hause. Weit genug entfernt von Jamil.

13. Kapitel

WENDE

Ende 1987, sieben Jahre nach meiner Ankunft in Deutschland und sechs Jahre nach Golzars Geburt, bin ich wieder schwanger. Es ist wie damals, als ich Golzar erwartete: Ich weiß nicht, ob ich lachen oder weinen soll. Jetzt, wo ich Fuß gefasst habe und als Kassiererin im Baumarkt arbeite, werde ich schwanger. Und es ist schon kompliziert genug, mit nur einem Kind alles unter einen Hut zu bringen. Jetzt, da Golzar aus dem Gröbsten heraus ist, soll ich wieder von vorn anfangen, mit einem neuen Baby? Aber ist es nicht schön, einem Kind das Leben zu schenken? Ist es nicht die sichtbare Bestätigung, dass ein Mann und eine Frau zusammengehören, dass sie sich lieben? Ja, ich liebe Jamil noch immer. Und er liebt mich auch, das weiß ich.

Aber ebenso liebt er Afghanistan, wie alle Afghanen, die fliehen mussten und jetzt hier in Deutschland gestrandet sind. Es ist eine verzweifelte Liebe, eine tragische, weil es dem Land nicht gutgeht und weil sie kaum etwas tun können, um die Lage zu Hause zu verbessern. Dass sie weitgehend zur Untätigkeit verdammt sind, weckt Schuldgefühle und steigert ihren Zorn – auf die Besatzer, auf die Politik, auf sie selbst, auf alles. Tag und Nacht ist Afghanistan in ihren Köpfen, jede Nachricht von dort quält sie. Ununterbrochen hegen sie die Hoffnung, dass sich unsere Landsleute von der Besetzung durch die Sowjetunion befreien und ihr Schicksal wieder selbstständig bestimmen können. Aber dieses Ereignis tritt nicht ein.

In unserer Heimat leiden die Menschen an Unterdrückung, an Verfolgung, sie verschleißen sich in Unfrieden und Widerstand. Und wir sind hier. Die Exilafghanen denken an zu Hause, können sich kaum mit etwas anderem beschäftigen – und nehmen es allen übel, die ihrer Ansicht nach nicht genügend Mitgefühl zeigen. So wie ich. Manch einer wirft mir vor, ich sei zu viel mit Arbeiten und Geld verdienen beschäftigt und unsere Landsleute seien mir egal. Doch das stimmt nicht. Auch mir geht die Tragödie meines Volkes nahe, auch ich denke dauernd an Freunde und Verwandte, die noch dort sind. Aber ich trage auch Verantwortung, hier und jetzt. Ich muss für uns sorgen, ich will Golzar, trotz allem, eine schöne Kindheit bieten. Ich muss schauen, dass wir den nächsten Tag überstehen, die nächste Woche. Dass wir die Miete bezahlen und etwas zu essen kaufen können. Ich leide wie alle Afghanen hier, aber trotzdem müssen wir uns ein neues Leben aufbauen. Vielleicht können wir ja doch eines Tages zurück nach Afghanistan. Aber bis dahin müssen wir hier zurechtkommen.

In den Begegnungen mit Landsleuten können die Afghanen ihr Heimweh leben und ihre Liebe zu Afghanistan zeigen. Regelmäßig treffen sie sich. Sie debattieren hitzig über die politischen Möglichkeiten und entwerfen gemeinsam große Pläne zur Befreiung des Landes, sie versuchen, ihre Melancholie gemeinsam zu ertränken, ihren Schmerz über die schreckliche Entwicklung zu betäuben. Und je länger es dauert, ohne dass eine Wende zum Besseren in Afghanistan eintritt, desto mehr verschlechtert sich für viele die Situation in ihrer neuen Heimat. Ihre Schmerzen, ihre Traumata werden zum beherrschenden Element ihres Lebens.

Die immerwährende Trauer, die Vergeblichkeit aller Bemühungen, die latente Aggression – natürlich wirkte sich das auch auf unsere Ehe aus. Alles andere wäre einem Wunder gleichgekommen. Nicht, dass es nicht auch weiterhin schöne Zeiten gegeben hätte. Aber Ruhe und Geborgenheit, das erlebte ich immer seltener, das fehlte auf eine grundlegende Art. Oft gab es Streit, häufig um Nichtigkeiten. Es kam zu Situationen, die ich mir niemals hatte vorstellen können, von denen ich andere Frauen hatte erzählen hören. Aber dass auch ich eines Tages keinen anderen Ausweg mehr wusste, als Zuflucht im Frauenhaus zu suchen … Wir hatten so viel gemeinsam durchgestanden, wir hatten einen Sohn, uns verbanden so innige Gefühle – und trotzdem war ich im Frauenhaus, nicht nur einmal.

Die Frauen dort kamen aus sehr unterschiedlichen Verhältnissen, etliche waren ausländischer Herkunft, doch in einem Punkt verstanden sie sich. Sie erzählten einander ihr Leben, ihre Enttäuschung über eine Ehe, die mit großen Hoffnungen geschlossen worden war, und ihre Hilflosigkeit, wenn es darum ging, sich und anderen zu erklären, was vorgefallen war.

»Hämatome am Oberarm, Prellung der dritten Rippe rechts, Platzwunden an Stirn und Hinterkopf …« So oder ähnlich sahen die Berichte über die Frauen aus, die die Ärzte der Ambulanzen formulierten. Die meisten Verletzten gebrauchten bei der Frage nach der Ursache Ausreden und behaupteten, gestürzt zu sein. Meistens glaubten die Mediziner kein Wort davon. Aber Angst und Scham hinderten die Frauen daran, Fremden gegenüber die Wahrheit zu sagen. Nur untereinander, da war es anders. Ich hörte die Geschichten vieler Frauen, erfuhr von häuslicher Gewalt in Ehen, die für andere intakt wirkten, oft sogar als die perfekte Verbindung galten. Doch was im Verborgenen geschah, was nachts passierte, drang nur selten nach außen, das wagten die Frauen einander oft nur im sicheren Hafen des Frauenhauses zu erzählen. Haarsträubende Vorkommnisse wurden berichtet, nächtliche Attacken, in denen die Wohnungseinrichtung zertrümmert oder sämtliche Kleider aus dem Schrank gerissen und zerfetzt werden, in denen Fäuste auf Köpfe schlagen, beschuhte Füße in Rippen krachen.

Wenn eine der Frauen etwas erzählte, brauchte sie nichts zu erklären, egal, wie stockend ihre Rede war, wie schlecht ihr Deutsch. Jede, die im Frauenhaus lebte, wusste, was gemeint war, konnte die Berichte aus eigener Erfahrung ergänzen.

Trotzdem: Viele begannen kein neues Leben, sondern kehrten nach einer Weile zurück. Auch ich kehrte wieder nach Hause zurück. Warum? Ja, warum? Weil ich einsam war, weil ich an eine glückliche Zukunft glaubte, glauben wollte. Doch für mein Land gab es keine glückliche Gegenwart, und das wirkte sich auch auf mein Leben aus.

Obwohl ich also allen Grund gehabt hätte, nicht schwanger zu werden, erwarte ich mein zweites Kind. Ich möchte Jamil zeigen, dass ich zu ihm stehe, dass ich ihn als Mann und Vater weiterhin schätze. Weil er trotz allem der zärtlichste Mann der Welt ist, der gute Vater, der begabte Dichter. Weil er klug ist, ein scharfer politischer Kopf, dessen Meinung von vielen geschätzt wird, der etlichen ein Vorbild ist und der es unter günstigeren Umständen weit gebracht hätte. Weil er ein Opfer von Krieg und Vertreibung ist.

Keiner von uns kann vorhersehen, was mit ihm geschieht, wenn er aus geordneten, guten Verhältnissen kommt und dann vertrieben wird, wenn alles zusammenfällt, was ihm Halt gegeben hat, was Vergangenheit und Zukunft für ihn bedeutete. Wenn er all seine Freunde verliert, wenn die Familie auseinandergerissen wird, wenn alle Pläne und Ziele nichts mehr wert sind. Keiner kann mit Sicherheit sagen, dass er das ohne Schäden überstehen würde. Einige kommen damit zurecht, andere nicht. Einige finden irgendwann die Kraft, sich auf das Neue zu konzentrieren und es tatkräftig zu gestalten, andere nicht. Ich stürzte mich in die Arbeit, ich fühlte mich für die Familie verantwortlich, musste dafür sorgen, dass wir alle genug zu essen hatten und die Kinder gut versorgt waren. Als unser zweiter Sohn kam, nannten wir ihn Guliar, das bedeutet „Freund der

Blumen". Vier Wochen nach seiner Geburt fing ich beim Hartmannbund als Bürogehilfin an.

Auf der rein praktischen Ebene war das gut, doch gleichzeitig verschärften sich die Probleme in unserer Ehe damit. Am Anfang unserer Verbindung war ich in gewisser Weise Jamils Cleaner, so sagen wir in Afghanistan zu einem Beifahrer. Der sitzt nicht nur auf dem Platz neben dem Fahrer, sondern liest auch die Karten, reicht Erfrischungen und Süßigkeiten und schaut, dass der Fahrer den richtigen Weg nimmt und durchhält bis zum Ziel. Ich war Jamils Cleaner, aber irgendwann hatten er und ich nicht mehr dasselbe Ziel. Ich saß zwar noch neben ihm, aber wir befanden uns nicht auf einem gemeinsamen Weg.

Es dauerte lange, viele Jahre, bis ich mir das eingestand. Ich weiß nicht genau, warum ich so viel Zeit brauchte, warum ich nicht eher den entscheidenden Schritt tat. Oft habe ich mich gefragt, wieso ich so lange geblieben bin. Ich treffe meine Entscheidungen sonst eher schnell, ich bin nicht ängstlich, warum also vergingen so viele Jahre, bis ich den Tatsachen ins Auge schaute und die Konsequenzen zog? Es gibt viele Gründe und bis heute bin ich nicht allen auf die Spur gekommen. Ich hing sicher auch in den Erinnerungen fest. Mit Jamil war meine schönste Zeit in Afghanistan verbunden, er war meine Liebe und meine Heimat. Und wenn schon die Heimat verloren war, dann musste ich doch umso mehr an meiner Liebe festhalten. Erst nach langer Zeit, nach vielen Erschütterungen akzeptierte ich, dass unsere Beziehung schon seit Jahren nur noch das Zerrbild unserer früheren Liebe war, ein längst vergangenes Gefühl, das ich noch immer beschwor, obwohl es überhaupt keine Grundlage mehr dafür gab, dass es aus war zwischen uns.

Was sollte ich den Kindern sagen? Wir waren doch eine Familie, irgendwie. Wir hatten Verantwortung. Ich schämte mich so vor unseren beiden Jungen, ich hatte Angst, dass sie es nicht verstehen würden, beide hingen an ihrem Vater. Schließlich ließ es sich nicht mehr aufschieben, ich musste es ihnen sagen. Sie reagierten sehr unterschiedlich. Golzar, der schon siebzehn Jahre alt war, zeigte Verständnis. Doch Guliar, der erst zehn war, drehte schier durch. Er vergötterte seinen Vater und ertrug den Gedanken nicht, dass die Familie auseinanderbrach. Seine Verzweiflung äußerte er, indem er randalierte, Möbel demolierte und sich auch sonst daneben benahm, so gut er konnte. Nun, als Jamil und ich erst in Trennung lebten und dann geschieden wurden, war er wirklich gefährdet, und hätte sich Golzar nicht so ausdauernd um ihn gekümmert und ihm die Gewissheit vermittelt, dass das Ende unserer Ehe nicht das Ende der Liebe von Vater und Mutter für ihn bedeutete, er wäre verloren gewesen.

Als es nach der gesetzlich vorgeschriebenen Trennungszeit zur Scheidung kam, gab ich gegenüber dem Anwalt Meinungsverschiedenheiten als Grund an. Ich sagte ihm, dass ich für die Rechte afghanischer Frauen und für Emanzipation kämpfe, außerdem lokalpolitisch aktiv sei und mein Mann und ich unterschiedliche Ansichten hätten, weshalb wir nicht mehr zusammenbleiben könnten. Irgendwas mussten wir ja sagen.

Am Tag der Scheidung treffen Jamil und ich uns im Gericht. Seltsam ist das, wie mein Mann auf mich zukommt, so vertraut, so fremd. Er ist älter geworden, wie ich. Immer noch sieht er gut aus, leuchten seine grünen Augen auf eine ganz bestimmte Weise, die ich bei niemand anderem je gesehen habe. Wir haben uns hier verabredet, um uns zu trennen. In einem Frankfurter Gerichtssaal beschließen wir das Leben, das wir in Kabul gemeinsam mit einer Traumhochzeit begonnen haben. Ich weiß genau, was seitdem geschehen ist, trotzdem frage ich mich, wie es dazu kommen konnte. Es ist alles real und es ist richtig so, dennoch hat es etwas Unwirkliches. Wie ein neutraler Beobachter sehe ich uns beide, die wir auf der Bank sitzen und zuhören, wie unser gemeinsames Leben von zwei Anwälten und einer Richterin offiziell für beendet erklärt wird. Die 30.000 Afghani Brautgeld, die wir vor Ewigkeiten in unserem Ehevertrag vereinbart hatten und die bei einer Scheidung fällig wären – eine Geschichte aus einer anderen Welt.

Alles ist geklärt, die Papiere sind ausgefertigt. Mein Herz zieht sich zusammen. Dort, ein paar Meter entfernt von mir, steht Jamil. Das ist mein Mann. Das war mein Mann. Jetzt bin ich geschieden und obwohl ich es ja so wollte, wirft mich dieser letzte Akt, die Unterschrift unter die Papiere, beinahe um. Ich renne aus dem Saal, weinend laufe ich durch die Straßen, mache mir Vorwürfe, frage mich, ob ich wirklich das Richtige tue. Dreiundzwanzig Jahre waren wir verheiratet. Dreiundzwanzig Jahre habe ich mein Leben nach ihm ausgerichtet, haben wir Freud und Leid miteinander geteilt, wie es hier in Deutschland heißt. Und jetzt ist Schluss. Mit den gemeinsamen Freuden, aber vor allem mit meinem Leid. Ich schlage einen neuen Weg ein.

Ja, das war die Wende in meinem Leben. Aber sie führte mich nicht auf den Weg, den ich erhofft hatte. Es war nicht der Aufbruch zu neuen, paradiesischen Ufern. Nein, ich stürzte ab. Ich versank so tief in einem Sumpf aus Depression und Alkohol, dass ich beinahe nicht mehr herausgekommen wäre.

14. Kapitel

ZAN

Es gibt zwei unterschiedliche Arten, auf Krisen zu reagieren: Entweder klappt man mittendrin zusammen – oder hinterher. Die einen halten nicht durch. Sie schaffen es in existentiell schwierigen Situationen nur für eine begrenzte Zeit, sich aufrecht zu halten, dann geben sie erschöpft auf, stellen den Kampf ein und überlassen sich dem Strom der Ereignisse. Die anderen kämpfen, sie investieren ihre ganze Kraft in die Bewältigung der aktuellen Probleme, egal, wie lange diese Phase dauern mag, und versuchen, den Kopf oben zu halten. Sie wirken stark, wie Überlegene, die unermüdlich sind und am Ende siegen. Aber ihre Stärke speist sich oft ganz und gar aus der Anforderung, bis zum Ende durchzuhalten. Sie brechen erst zusammen, wenn alles vorbei ist. Man kennt das aus Berichten von Überlebenden einer Naturkatastrophe, von Menschen, die tagelang durch die Wüste irren, oder von solchen, die sich im Meer nach einem Schiffsunglück an eine Planke klammern und sie nicht mehr loslassen, bis sie von einem Boot aufgegriffen werden. Sie haben enorme Kraft aufgebracht bis zu dem Moment, in dem alles vorbei ist, sie haben sich keine Angst erlaubt, keine Panikattacken, nicht den Hauch eines Zweifels. Und wenn dann tatsächlich alles geschafft ist, es zu einem guten Ende gekommen ist, dann verlässt sie die Kraft. Sie haben bis zu diesem Punkt gehofft und gelebt – und dann ist keine Energie mehr übrig für danach. Dass das Erlebte bewältigt werden muss, dass man nicht zur Tagesordnung übergehen kann – diese selbstverständliche Forderung der Seele trifft sie vollkommen überraschend. Sie sind wehrlos und ergeben sich der Schwäche, die sie die ganze Zeit zuvor unterdrückt hatten.

Ich gehöre zu diesem Typ Mensch. Ich reagiere in Krisen besonnen und weiß, was zu tun ist, ich behalte den Überblick und versuche, durchzukommen. So war es auch in all den Jahren meiner Ehe. Doch als der Schlussstrich gezogen war, da war es auch mit meiner Stärke vorbei, sie war vollständig aufgebraucht. Ich brach zusammen, weil ich einfach nicht mehr konnte, weil die jahrelange Überbeanspruchung ihren Tribut forderte. Ich begann zu trinken.

Es war die größte Krise meines Lebens, und um ein Haar hätte ich nicht mehr herausgefunden. Ich glaube, es ging mir ähnlich wie Jamil mit seinem Schmerz über die Zustände in Afghanistan. Auch ich versuchte jetzt, den Schmerz über das Scheitern dieser Ehe zum Schweigen zu bringen, diese brennende Sehnsucht zu löschen, dass doch alles ganz anders hätte kommen mögen. Ich bereute nichts, die Trennung war richtig, unsere Ehe war zerrüttet, sie war es schon seit Jahren. Ich hatte auch keine Angst vor dem Alleinsein, ich hatte keine Gewissensbisse, weil ich etwa gegen einen moralischen oder religiösen Kodex verstoßen hätte. Ich glaube, es war einfach die Erschütterung darüber, dass dieser Lebensabschnitt, den wir beide mit so viel Hoffnung begonnen hatten, nun unwiderruflich vorbei war und dass er ein solches Ende gefunden hatte. Ich war mein ganzes Erwachsenenleben verheiratet gewesen. Jamil war der Mensch, der mir am meisten bedeutet hatte, der mein Leben am stärksten geprägt hatte, in jeder Hinsicht. Mit niemandem habe ich so viel Zeit verbracht wie mit ihm, mit keinem so viel gelacht, durch keinen so viel gelitten. Hätte ich jemand anderen geheiratet, dann hätte ich Afghanistan vielleicht nicht verlassen, wäre ich wahrscheinlich nie nach Deutschland gekommen. Bei aller Arbeit und aller Sorge um die Kinder war mein Leben doch ganz und gar auf Jamil ausgerichtet gewesen. Er besetzte den größten Platz in meiner Seele, in meinem Herzen und in meinem Kopf.

Ich hätte mir natürlich denken können, dass eine Trennung, auch wenn sie von mir gewollt war, das Unterste zuoberst kehren würde, dass kein Stein auf dem anderen bleiben würde. Aber was heißt das schon: Ich hätte es mir denken können, ich hätte es wissen müssen? Hätte ich dann anders handeln können? Hätte ich es mir dann anders überlegt? Sicher nicht. Und selbst wenn ich mir vorher ausgemalt hätte, was später passieren würde, wäre die Vorstellung doch noch etwas ganz anderes gewesen als die Realität. Man weiß nicht, wie es sich anfühlen wird, wenn man den Boden unter den Füßen verliert. Selbst wenn man in der kochenden Schwärze eines Lastwagens am Grenzübergang von Afghanistan nach Pakistan schon auf den tiefsten Grund seiner Seele hinabgetaucht ist, selbst wenn man bereits in einem Heim für abgewiesene Asylbewerber auf dem Londoner Flughafen den entsetzlichen Moment der Abschiebung erwartet hat – nichts bereitet einen auf den Absturz vor, wenn man sich von einem Teil seines Lebens trennt.

Äußerlich blieb alles wie immer. Ich ging früh ins Büro von AIIP und stürzte mich noch mehr in die Arbeit als bisher, organisierte die Einsätze der Mitarbeiter, sprang selbst ein, wenn jemand ausfiel, und kümmerte mich um jedes Detail. Zwölf bis vierzehn Stunden am Tag war ich im Einsatz, jeden Tag, auch am Wochenende und an Feiertagen. Ich gönnte mir keine Minute des Durchatmens. Und wenn der Moment gekommen war, an dem ich mich hätte besinnen können, abends oder nachts, dann fürchtete ich mich so sehr davor, unglücklich zu sein, über den Trümmern meines Lebens zu verzweifeln, dass ich zur Flasche griff. Ich trank, um mich zu entspannen, um ein bisschen lustiger zu werden, um einschlafen zu können, um die Zeit bis zum Aufstehen und dem nächsten Arbeitstag zu überbrücken. Der Alkohol wurde mein Tröster und mein Betäuber, und ich brauchte immer mehr davon, damit er noch seine Wirkung tat.

Ich versuchte, mich auf meine Arbeit zu konzentrieren, und dachte doch an etwas anderes. Praktisch den ganzen Tag wartete ich nur darauf, dass es Abend wurde, damit ich wieder trinken konnte. In meinen hellen Momenten fragte ich mich manchmal: »Nadia, was machst du da? Bist du verrückt geworden? Wie kannst du dich so gehenlassen?« Aber diese lichten Momente reichten nie bis zum Abend, wenn ich allein war. Dann griff ich wieder zum Glas, zur Flasche. Ich war auf dem Weg nach unten, und zwar ziemlich schnell. Man kann diese Sucht eine Weile verbergen, aber auf Dauer bleibt sie nicht unbemerkt. Meine langjährigen Mitarbeiterinnen im Büro begannen, sich Sorgen zu machen, und eine meiner Freundinnen bedrängte mich, damit aufzuhören und meine Gesundheit nicht aufs Spiel zu setzen. Ich gab allen recht, sagte immer ja, ja – und wenn der Abend kam, machte ich weiter. Ich hatte keine Kraft, mich gegen den Alkohol zu wehren. Es fehlte nur noch ganz wenig, dann wäre ich wirklich abgestürzt. Mit einem Bein hing ich schon über dem Abgrund.

Gerettet hat mich zweierlei: meine Arbeit für ZAN, den Verein zur Förderung der Rechte afghanischer Frauen, und eine junge Frau namens Silvana, die ich seit ihrem Studium kannte. Ich hatte ihr damals, als sie kein Geld hatte, zu einer günstigen Wohnung verholfen. Und jetzt, Jahre später, traf sie mich auf der Straße, morgens um halb sieben, nach einer Nacht, in der ich wie so oft im Büro geschlafen hatte. Denn noch Monate nach der Scheidung konnte ich nicht zu Hause übernachten. Allein in unserem Ehebett liegen, das schaffte ich einfach nicht. So blieb ich oft über Nacht im Büro, suchte Zeitungsartikel und Fotos zusammen, die ich für meine Arbeit für ZAN gebrauchen konnte. Und nun, nach so einer durchwachten Nacht mit viel Alkohol, war ich auf der Straße und schleppte mich an den Fassaden der Häuser entlang. Auf einmal stand Silvana vor mir, wie aus dem Boden gewachsen, packte mich am Arm und schüttelte mich so, dass ich beinahe das Gleichgewicht verlor.

»Frau Qani, was ist los mit Ihnen? Wie sehen Sie überhaupt aus? Das geht doch nicht, Sie schauen ja furchtbar aus. Mein Gott …! Ich bringe Sie nach Hause, jetzt sofort.« Ich wusste gar nicht, wie mir geschah, wehrte mich nur schwach und ließ mich von ihr nach Hause bringen.

Ich muss einen schrecklichen Anblick geboten haben. Offenbar war mir in der Nacht schlecht geworden, und ich hatte mich erbrochen. Und so traf Silvana mich dann frühmorgens an, in dem besudelten, stinkenden Mantel und in sterbenselender Verfassung. Sie brachte mich nach Hause und half mir, mich auszuziehen und mich zu waschen. Sie telefonierte mit ihrer Kollegin und gab an, dass sie einen Notfall zu betreuen habe und an diesem Tag nicht kommen könne, alle Termine sollten abgesagt werden. Silvana brachte mich ins Bett, wie eine Mutter ihr Kind zu Bett bringt, und setzte sich zu mir: »Frau Qani, ich weiß, wie schwer es für Sie ist. Die Trennung, Ihr Mann, all diese Probleme. Ich verstehe das. Aber jetzt ist Schluss mit dem Trinken. Sie hören damit auf, und zwar sofort. Sie sind mein Vorbild. Sie haben mir immer so imponiert, wie Sie Ihr Leben gemeistert haben, wie Sie sich hier eine Existenz aufgebaut haben. Und jetzt machen Sie sich kaputt. Das dulde ich nicht. Sie sind mein Vorbild, und das lasse ich mir von niemandem nehmen, nicht einmal von Ihnen selbst. Haben Sie das verstanden? Es geht nicht nur um Sie, es geht auch um mich, um Ihre Kinder, um alle anderen. Wir lassen uns das nicht nehmen, unser Vorbild. Kehren Sie um. Sie haben es schwer, sehr schwer. Aber das ist kein Grund, zu verwahrlosen und sich aufzugeben. Ich bleibe hier, ich helfe Ihnen.«

Sie saß tatsächlich den ganzen Tag an meinem Bett. Ich

schlief und weinte, wenn ich zwischendurch wach wurde – sie tröstete mich und wiederholte immer wieder, dass ich ihr Vorbild sei und bleiben müsse. Und dieses Wort bohrte sich in meinen benebelten Kopf. Es setzte sich fest, es ließ mich nicht mehr los, es rüttelte mich wach. Dieser Tag, diese Begegnung brachte die Wende. Es war, als hätte Silvana einen Schalter bei mir umgelegt.

Trotzdem war es schwer, mit dem Trinken aufzuhören. Mein Körper war daran gewöhnt, und ich bildete mir ein, den Alkohol zu brauchen. Aber Silvana bestärkte mich, sie war mir die wichtigste Stütze. Alle zwei, drei Tage kam sie im Büro vorbei, brachte eine Blume mit oder sonst eine Kleinigkeit und erkundigte sich, wie es mir ging. Wir plauderten ein bisschen, und dann verabschiedete sie sich wieder. Es waren keine langen Besuche, aber regelmäßige, zuverlässige. Sie beaufsichtigte mich, das war mir schon klar, aber stärker als die Kontrolle war die Zuneigung zu spüren, die sie für mich hegte, das Zutrauen, das sie mir vermittelte. Und mit der Zeit wuchs in mir das Gefühl der Verantwortung – für mich selbst, aber auch für diesen Menschen, der mich zum Vorbild genommen hatte.

Ich bin ihr zu größtem Dank verpflichtet. Was geschehen wäre, wenn sie mir nicht so energisch den Weg gewiesen und so ausdauernd auf mich aufgepasst hätte – ich mag es mir gar nicht vorstellen. Sie hat mir eine Hilfe zuteil werden lassen, die weit über alle Lippenbekenntnisse hinausging. Sie hat meine Not erkannt, mir keine Vorwürfe gemacht, sondern mich an meine »Pflicht« erinnert und mir dann unter die Arme gegriffen, damit ich sie erfüllen konnte. Ein Mensch mit großem Herzen und feiner Seele.

Silvana war mein Rettungsanker. Der Erste. Der Zweite war mein Engagement für ZAN e.V., einen Verein, mit dem wir uns zum Ziel setzten, Frauen in schwierigen Situationen beizustehen. »Zan« ist das persische Wort für »Frau«, und der Name ist das Programm. Hier fand ich eine Aufgabe, der ich mich aus tiefster Überzeugung widmen konnte. Ich meine nämlich, dass es das Allerwichtigste ist, benachteiligte, rechtlose Frauen zu unterstützen. Keine Gesellschaft, in der Frauen unterdrückt oder missachtet werden, kann es wirklich zu Frieden und Wohlstand bringen. Frauen sind in vielerlei Hinsicht das Rückgrat jeder Zivilisation. Aber häufig wird das nicht anerkannt, ja nicht einmal erkannt.

Seit ich in Deutschland bin, habe ich mich stets um Frauen gekümmert, die als Flüchtlinge kamen, die in Lagern oder Asylbewerberheimen saßen. Die meisten waren durch die Ereignisse in ihrer Heimat traumatisiert, durch Flucht oder Vertreibung, Vergewaltigung und Misshandlung. Ich hatte mit Frauen aus allen Gegenden der Welt zu tun, mit zahlreichen Musliminnen, besonders häufig mit Afghaninnen, da ich mit vielen in ihrer Muttersprache reden konnte und außerdem den Hintergrund ihrer Situation kannte. Illusionen machte ich mir ohnehin keine, denn auch in Frankfurt wurde ich immer wieder daran erinnert, dass afghanischen Frauen nicht dieselben Rechte wie Männern zugestanden wurden. Dauernd erhielt ich anonyme Anrufe oder Briefe von meinen Landsleuten, weil ich mich politisch engagierte und von meinem Mann getrennt hatte. Ich wurde als Hure beschimpft, als Schandfleck meiner Heimat und meines Geschlechts, als Zerstörerin aller traditionellen Werte und vollkommen verwestlichte Verräterin.

Ich ließ mich nicht entmutigen, im Gegenteil. Ich betrachtete diese Drohungen als Bestätigung dafür, dass mein Einsatz wichtig und richtig war. Denn trotz aller Modernisierungsbemühungen, die teilweise bereits unter Scheich Amanullah in den zwanziger Jahren des letzten Jahrhunderts initiiert wurden und dann noch einmal in den sechziger Jahren auflebten – im westlichen Sinne emanzipiert waren die Frauen in Afghanistan nie. Und als die Taliban 1995 die Herrschaft übernahmen und einen geradezu steinzeitlichen Islam im Land einführten, wurden die Frauen zu Wesen der niedrigsten Art degradiert. Sie durften nicht in die Schule gehen, sie wurden absichtlich dumm gehalten, damit sie nicht aufmuckten. Sie hatten überhaupt keine Rechte mehr, wurden ohne ihre Zustimmung, oft sogar gegen ihren Willen verheiratet und fristeten ein grauenvolles Dasein. Dazu kommt: Jedes Land, das sich so viele Jahre im Krieg und Bürgerkrieg befindet, verliert seine Werte und die Fähigkeit, Respekt und Würde als Handlungsmaximen zu bewahren. Nicht nur in Afghanistan, überall, wo Gewalt zum Alltag und zum Überleben gehört, leiden die Schwachen am meisten, und das sind in der Regel Frauen und Kinder.

Als die Lage in meiner Heimat immer schlechter wurde, verstärkte sich mein Wunsch, nicht nur punktuell zu helfen, sondern Hilfe und Unterstützung systematischer zu organisieren, einer größeren Öffentlichkeit die Lebensumstände afghanischer Frauen näherzubringen und zur Solidarität aufzufordern. Ich sprach über die Jahre mit vielen Leuten über meine Gedanken – Pläne konnte man das zunächst noch nicht nennen. Ich war nicht lange allein, bald schlossen sich Mitstreiterinnen an, Iris Nacro, Reha Ebadi, Momene Rasul, Farzane Farani, Susanne Kube, Marion Creuzburg und andere, und die Idee einer Vereinsgründung nahm immer deutlicher Gestalt an. Auf einer Veranstaltung hatte ich außerdem zwei Frauen kennengelernt, die SPD-Mitglied waren, Renate Wolter-Brandecker und Ute Hochgrebe. Die beiden waren wundervoll, wir verstanden uns sofort, ohne große Erklärungen. Und als ich irgendwann damit herausrückte, dass wir etwas zur Unterstützung afghanischer Frauen unternehmen wollten, waren sie sofort auf meiner Seite. Ich erhielt eine Einladung in den Römer, das Frankfurter Rathaus, wo ich bei einem Frauenfrühstück der SPD-Ratsfraktion meine Ideen präsentieren konnte. Die Resonanz war ermutigend, und die Frauen bestätigten mich in meinem Wunsch, aus meinen rein individuellen Aktionen etwas Offizielles zu machen, um mehr Menschen zu erreichen und auch an Unterstützungsgelder zu kommen.

Die Hauptfrage war: Wie bringt man Menschen hier in Deutschland dazu, sich für Menschen in einem Land zu interessieren, das Tausende von Kilometern entfernt ist und außerdem eine für den Westen vollkommen unbegreifliche Entwicklung genommen hatte? Das Nichtwissen, auch bei den gebildeten Menschen, war erschreckend groß. Wir mussten sowohl Informationen vermitteln als auch Sympathien wecken. Wir überlegten hin und her, und nach einer Weile kristallisierte sich heraus, wie wir beginnen wollten: Wir planten eine Fotoausstellung über das Frauenleben in Afghanistan. Wenn die Menschen hier die Gesichter der Afghaninnen sehen würden, wenn sie einen Einblick in ihre Lebensumstände gewännen, dann wäre ein Band geknüpft.

Es dauerte noch eine Weile, bis es zur formalen Gründung des Vereins kam, auch weil meine privaten Probleme immer wieder dazwischenkamen. Dennoch trug dieses Projekt viel zu meiner Rettung bei. Es tat mir gut, mich nicht nur mit mir selbst und meinem Unglück zu beschäftigen, sondern für andere zu arbeiten, deren Probleme weit gravierender waren als meine eigenen, die existentielle Not litten. Der Durchbruch für unser Vorhaben kam, als ich eine Einladung erhielt, vor der Stadtverordnetenversammlung der Stadt Frankfurt einen Vortrag zur Lage der Frauen in Afghanistan zu halten. Es war eine Art Feuerprobe für mich, denn die »Einladung« war genau genommen ein Fax am Vormittag des 11. Juni 2001 mit der Aufforderung, noch am selben Tag vor diesem Kreis zu sprechen. Ich fiel beinahe in Ohnmacht, als meine Mitarbeiterin Frau Creuzburg mit dem Schreiben in der Hand zu mir ins Büro bei AHP kam. »Frau Qani, ich weiß nicht, ob das stimmen kann … Das Fax hier ist eben eingetroffen, und Sie sollen heute Nachmittag in den Römer und über die geplante Ausstellung sprechen.« Wir suchten nach dem Fehler, einem Irrtum in der Datumsangabe, aber es war kein Irrtum. Ich sollte in den Römer, und zwar schon in wenigen Stunden! Allein die Vorstellung, vor dieses hochoffizielle Gremium zu treten, brachte mich ins Schwitzen – und dann noch unter diesen Umständen, unvorbereitet, ohne ausgearbeiteten Vortrag in der Tasche!

Aber es half nichts, es galt den Stier bei den Hörnern zu packen. Frau Creuzburg organisierte meine Termine um, und gemeinsam stellten wir die wichtigsten Stichwörter für den Vortrag zusammen. Ich war ziemlich nervös, fühlte mich wie vor einer Prüfung und betete, dass mich mein Deutsch und meine Intuition nicht im Stich ließen. Aber es ging alles gut. Ich redete eine halbe Stunde, sprach von meiner eigenen Erfahrung und der Notwendigkeit, den Frauen zu helfen, zog ein Foto nach dem anderen aus meiner großen Mappe und brachte die Leute schon nach kurzer Zeit auf meine Seite. Ich hatte mir ganz umsonst Sorgen gemacht, sie waren alle ausgesprochen wohlwollend und ließen sich von meinem Projekt und von den bis dahin gediehenen Vorbereitungen überzeugen. Und es blieb nicht bei der bloßen freundlichen Kenntnisnahme: Sie sagten mir zu, uns zu unterstützen. Die erste offizielle Anerkennung! Das verlieh uns Flügel, und wir nahmen die letzte Hürde, die Vereinsgründung Ende August, ohne größere Schwierigkeiten.

Nicht nur der Erfolg ermutigte uns, sondern auch die traurige, immer drängender werdende Notwendigkeit. Das Thema Afghanistan war nun ständig in den Nachrichten, sei es wegen der Zerstörung der 1.500 Jahre alten Buddhastatuen in der Provinz Bamiyan durch die Taliban, sei es durch Flüchtlinge, die auf dem Meer von Frachtern aufgegriffen wurden und die niemand aufnehmen wollte, oder durch Bücherverbrennungen, Musik- und Radioverbote. Und dann natürlich nach dem 11. September 2001, als Terroristen die Türme des World Trade Centers zerstörten und die USA daraufhin gemeinsam mit der NATO Bombenangriffe auf Afghanistan durchführten. Tausende von Menschen verloren ihr Zuhause und waren auf der Flucht.

In Bonn nahm ich in dieser Zeit für unseren Verein an einer Podiumsdiskussion der deutschen UN-Flüchtlingshilfe teil, das Thema lautete »Frauen auf der Flucht«. Dazu konnte ich aus eigenem Erleben viel sagen, aber auch aus den Begegnungen mit afghanischen Frauen, die als Opfer der jüngsten Ereignisse heimatlos geworden waren. Es war eine einerseits bedrückende Veranstaltung, andererseits aber auch ermutigend zu erfahren, wie viel Solidarität unter den Frauen herrschte. Was mich besonders erfreute: Es kamen schon an diesem Tag Anfragen, die Fotoausstellung auszuleihen, obwohl sie noch gar nicht stattgefunden hatte. Und hier fand auch mein Selbstheilungsakt statt, in dem ich in die Folterkiste kroch und mich damit von dem Trauma meiner eigenen Flucht befreite. Ich war, auch wenn es mir damals nicht ganz klar war, in einer Phase des inneren und äußeren Aufräumens. Ich korrigierte gleichsam meine alten Koordinaten und setzte mir neue.

Die Premiere der Fotoausstellung fand am 5. Februar 2002 statt, in der Stadtbücherei Frankfurt. Wir zeigten 130 große Einzelfotos von verschiedenen Fotografen und mehrere Fotowände, die die sehr unterschiedlichen Lebensbedingungen von Frauen und Kinder in Afghanistan festhielten: Bilder von früher, auf denen Frauen selbstbewusst durch die Straßen schreiten, Bilder von jetzt mit vielen Verschleierten, Bilder des alten Kabul und der Stadt von heute mit den vielen Wunden, die der Krieg geschlagen hat, Kinder, die im Schutt wühlen, Mädchen, die auf ihre Geschwister aufpassen – Alltagssituationen eben, die dokumentieren, wie sehr der Krieg das Leben von Frauen und Kindern verändert hat. Ich selbst gehöre zur letzten Generation, die eine halbwegs unbeschwerte Jugend in Kabul verbracht hat. Auch deshalb fühle ich mich verpflichtet, auf das

Schicksal der Menschen aufmerksam zu machen, die geblieben sind oder nach mir geboren wurden.

Die Stadträtin Jutta Ebeling sprach zur Eröffnung, Reporter von Zeitung und Fernsehen waren da und jede Menge interessierte Menschen. Es passten gar nicht alle in den Saal, bis auf die Straße standen sie an. Ich war glücklich.

Der Erfolg dieser Ausstellung bedeutet mir bis heute sehr viel. Auf der einen Seite, weil ich damit etwas für die Menschen tun konnte, die ein ähnliches oder ein schlimmeres Schicksal als ich erlitten. Ich kann meine Geschichte und meine Erfahrungen mit den ihren verbinden. Auf der anderen Seite war es für mich auch persönlich ein einschneidendes Erlebnis. Dass ich so viel Zustimmung erfahren habe, so viel Solidarität, so viele engagierte Menschen kennengelernt habe, ist eine wunderbare Erfahrung für mich. Etliche haben dazu beigetragen, dass diese Ausstellung zustande kam, durch gute Ratschläge, durch Ideen und natürlich mit handfester Unterstützung, beispielsweise der Saalbau GmbH, die kostenlos 5.000 Präsentationsmappen der Ausstellung anfertigte. Ich bin sehr froh, dass ich hier in Deutschland in einer Gesellschaft lebe, die mich versteht, die mein Anliegen ernst nimmt und mich darin unterstützt; sie gibt mir Zeit und hilft mir, Möglichkeiten in Taten umzusetzen. Das ist großartig, und ich bin sehr dankbar dafür.

Nach der Frankfurter Premiere ging die Ausstellung »Frauenleben in Afghanistan« auf Wanderschaft. In vielen Städten wurde sie seitdem gezeigt, in kleinen und in großen, in Dreieich, Offenbach, Rüsselsheim, Fulda, Münster, Bad Düben, Berlin, Bonn und in vielen anderen Orten. Ich weiß nicht, wie viele Menschen insgesamt die Bilder angeschaut haben, es müssen Tausende sein. Sogar nach China und Japan ist die Ausstellung gegangen.

Und in allen Menschen hat diese Ausstellung etwas bewegt, keiner ist genauso nach Hause gegangen, wie er gekommen ist.

Jeder hat ein Stück von einer anderen Lebenswelt erfahren und in sich aufgenommen, er kam ins Gespräch mit weiteren Besuchern oder mit einer von uns Afghaninnen, er hat vielleicht einen Vortrag oder eine begleitende Lesung gehört. Er hat manche alte oder falsche Vorstellung über Bord geworfen, sich neue Fragen gestellt. Natürlich, nicht jeder wird hinterher ein aktiver Unterstützer unseres Vereins oder eines anderen Projekts. Aber darauf kommt es auch nicht allein an. Vielmehr darauf, dass viele Menschen jetzt ein größeres Verständnis für andere haben, dass sie einen Blick in eine andere Kultur geworfen haben und die Nachrichten aus Afghanistan für sie nicht nur Berichte von Krieg und Al Qaida sind.

Sogar die große Politik interessierte sich für uns, jedenfalls ein bisschen. Ich wurde, als eine von insgesamt sechs Frauen, zu einer Begegnung mit Nane Anan, der Ehefrau des damaligen UN-Generalsekretärs Kofi Anan, eingeladen. Sie informierte sich ausführlich über die Situation von Flüchtlingen und sagte zu, das Thema weiterzuverfolgen und das ihr Mögliche zu tun, um auf deren Anliegen aufmerksam zu machen.

Natürlich gab es nicht nur positive Erlebnisse. Wenn man anfängt, Erfolg zu haben, und sei es zum Nutzen anderer Menschen, ruft man immer Neider auf den Plan – vor allem wenn es um Geld geht. Und Geld spielt eine große Rolle, wir wollen mit ZAN ja nicht nur Sympathie wecken, sondern tatkräftig Unterstützung leisten: mit einem Frauentreff für afghanische Frauen in Frankfurt, der der Integration der Geflüchteten dienen soll, und einem Frauenzentrum in Kabul, das Frauen und Kindern hilft, wieder ein menschenwürdiges Leben zu führen. Wir wollen dort die Frauen in allen Belangen des täglichen Lebens beraten und unterstützen, sie sollen Hilfe finden bei der Suche nach einem Arbeitsplatz, bei der medizinischen Versorgung und bei der Verarbeitung ihrer Erlebnisse. Das heißt: Ohne Geld geht es nicht. Von den Mitgliedsbeiträgen unseres Vereins lässt sich so etwas nicht finanzieren, also sind wir auf Spenden, Sponsoren und öffentliche Gelder angewiesen. Auch wenn es oft nur kleine Beträge sind und für unsere Projekte nie genug sein werden – die Hilfsbereitschaft ist groß, und so kommt doch immer wieder die eine oder andere stattliche Summe zustande.

Das ist schön, weckt aber auch hässliche Gedanken, vor allem bei den exilierten Afghanen. Denn in Afghanistan ist die Erfahrung der letzten Jahrzehnte die: Hilfe ist nie uneigennützig, sondern immer durch Eigensucht vergiftet. Jede ausländische Macht, die ins Land kam und »helfen« wollte, uns von Rückständigkeit oder Unterdrückung zu befreien, hatte letztlich vor allem ihre eigenen Ziele und ihren eigenen Nutzen im Auge. So fällt es schwer, daran zu glauben, dass jemand wirklich etwas Gutes will, ohne seinen Vorteil zu verfolgen. Und wenn sich eine geschiedene, moderne afghanische Frau engagiert, glaubt man erst recht, dass etwas nicht in Ordnung ist, dass sie sich verkauft hat. Nach der Gründung von ZAN und vor allem nachdem wir Erfolg mit der Ausstellung hatten, bekam ich jede Menge Drohanrufe und Briefe von Afghanen. Sie warfen mir vor, das Geld dafür einzusetzen, afghanische Frauen gegen ihre Männer aufzuwiegeln. »Was machst du mit so viel Geld? Du machst alles kaputt, das ist es. Du machst die Frauen verrückt, du hetzt sie gegen ihre Männer auf, und die Töchter erheben sich gegen den Vater. Was bist du nur für eine Frau? Schande über dich! Und verlass dich darauf, das dulden wir nicht, du wirst schon sehen.« Mit Argumenten war bei denen nichts zu machen, das saß bombenfest. Am schlimmsten jedoch waren die gemeinen Unterstellungen, dass ich das Geld angeblich gar nicht für die Frauen verwendete, sondern für mich behielte.

Ich weiß, warum manche Leute so denken. Nicht nur die permanente Anwesenheit ausländischer Mächte im Land hat sie so misstrauisch gemacht, auch der Krieg selbst hat sie verdorben. Sie können einfach nicht mehr glauben, dass jemand etwas tut, ohne seinen eigenen Vorteil daraus zu ziehen. Das Gemeinschaftsgefühl, das man von Haus aus mitbringt, ist durch den Krieg und seine Begleiterscheinungen wie Flucht, Vertreibung, Zerbrechen von Familien zerstört. Jeder denkt, der andere sei wie er selbst nur darauf aus, sich besonders schlau zu verhalten und möglichst großen Profit aus allem zu schlagen. Die Phantasie reicht nicht weiter, als jedem Mitmenschen zu unterstellen, dass er in erster Linie an sein eigenes Wohl denke. »Komm schon, Nadia, gib's doch zu, du hast das Geld für dich genommen, ist doch klar. Wir verraten es nicht, und du brauchst ja nicht alles für dich, oder ...?« So ging es in einem fort. Ekelhaft, bedrohlich, beängstigend.

Anfangs habe ich noch versucht, mit Argumenten dagegenzuhalten, aber es nutzte nichts. Wenn die Leute einmal glauben, sie hätten eine Sache durchschaut, und wenn sie dazu noch einem anderen einen schlechten Charakter unterstellen können – dann lässt sich nichts, aber auch gar nichts dagegen unternehmen. Ich versuche, diese Dinge zu ignorieren, und arbeite weiter an dem Projekt, weil so viele Frauen und Kinder es nötig haben, dass wir uns für sie einsetzen. Da spielt es keine Rolle, dass ich deswegen ab und zu beschimpft werde.

2002, nachdem ich Nane Anan getroffen hatte, wollte ich mit Hilfe der Kontakte, die sie mir vermittelt hatte, nach Afghanistan reisen, um meine Heimat wiederzusehen, mir ein noch genaueres Bild von der Situation der Frauen zu verschaffen und unser Projekt voranzutreiben. Aus verschiedenen Gründen hat sich dieser Plan zerschlagen, unter anderem, weil das Risiko einfach zu groß gewesen wäre. Aber ich habe von hier aus wieder Kontakt zu meiner alten Schule und meiner damaligen Lehrerin aufgenommen. Wenn ich bedenke, was seit meiner Zeit dort alles geschehen ist! Sogar während des Bürgerkriegs hielten die Lehrerinnen den Betrieb aufrecht, so gut sie konnten. Doch als die Taliban die Macht übernahmen, musste das Lycée Jamhuriat schließen, wie alle Mädchenschulen in Afghanistan.

Erst 2002, nach sechs Jahren, wurde der Unterricht für die Mädchen dort wiederaufgenommen – unter schwierigsten Bedingungen. Nebenan war eine Moscheeschule für Jungen, und beide, Jungen wie Mädchen, hätten denselben Schulhof benutzen müssen. Eine unüberwindliche Hürde! Es gab kaum Anmeldungen für Mädchen, weil die Väter ihre Töchter unter diesen Bedingungen nicht in den Unterricht schicken wollten. Am ersten Tag warteten 35 Lehrerinnen auf ihre Schülerinnen – zwölf kamen. Beinahe wäre die Wiedergeburt meiner Schule im Ansatz steckengeblieben. Zum Glück ließ sich dieses Schicksal abwenden. Die Jungen zogen in eine andere Schule, und die schwer beschädigten Gebäude des Lycées Jamhuriat wurden notdürftig ausgebessert.

Die meisten dieser Fortschritte gehen auf eine Deutsche zurück: Ruthild Meyer-Oehme. Sie war über Jahrzehnte für diese Schule aktiv, früher als Lehrerin, dann als Beraterin. Auch wenn manches fehlt und noch viel zu tun bleibt: Ich freue mich, wenn ich entdecke, was schon erreicht wurde, welch ermutigende Zeichen zu sehen sind. So ist das Lycée Jamhuriat mittlerweile eine sogenannte PASCH-Schule geworden, das ist eine Initiative »Schulen – Partner für die Zukunft«. Das Auswärtige Amt unterstützt das Lycée mit Schulbussen, Mittagstisch und Hausaufgabenbetreuung, weil die meisten Schülerinnen in so beengten Verhältnissen leben, dass sie zu Hause keinen Platz zum Lernen fänden. Und welche Freude, wenn Anstrengungen belohnt werden und Mädchen, die ihre Deutschprüfungen erfolgreich bestanden haben, in einer feierlichen Zeremonie von der deutschen Botschaft ihre Zeugnisse erhalten.

Ich denke an meine Schulzeit zurück und wie viel ich ihr verdanke, nicht nur durch die rein fachlichen Kenntnisse, sondern auch durch die Ermutigung, die ich erfahren habe – und dass diese Tradition trotz aller Wirren nicht abgerissen ist, das erfüllt mich mit Zuversicht. Ich bin stolz auf die Mädchen, wenn ich in der Zeitung lese, dass alle Absolventinnen des letzten Jahrgangs eine Arbeit gefunden haben, zwölf von ihnen bei Banken, obwohl einige der Väter zunächst dagegen waren, dass ihre Töchter mit männlichen Kollegen zusammenarbeiten. Ich arbeite hier in Deutschland dafür, dass afghanische Mädchen als Praktikantinnen von deutschen Unternehmen angenommen werden, so dass sie hier Erfahrungen sammeln, die sie zu Hause nutzbringend anwenden können.

Eine einzelne Mädchenschule in Kabul: Manch einer sagt, das sei doch ein sehr kleiner Tropfen auf einem ziemlich heißen Stein. Stimmt, aber auch das Meer besteht letztlich nur aus vielen kleinen Tropfen. Und mit den Jahren bin ich sehr skeptisch geworden, was die Wirksamkeit von »großen Lösungen« angeht. Natürlich muss man an den Rahmenbedingungen arbeiten, selbstverständlich geht es nicht ohne entsprechende Gesetze und verbriefte Rechte. Aber ohne den unbedingten Glauben an das Gelingen, ohne die Initiative und die Einsatzbereitschaft von vielen Einzelnen geht es auch nicht. Sie strahlen die Überzeugung aus, sie vermitteln, dass es sich lohnt, aufzubrechen und neue Wege zu gehen.

Für Mädchen und Frauen ist gerade diese Botschaft sehr wichtig. Sie tragen so viele Lasten und werden so gering dafür geschätzt, dass es eine Schande ist. Und vielleicht noch schlimmer: Wenn die Frauen keine Möglichkeit haben, ihre Gaben zu entfalten, schadet es allen, auch den Männern und der ganzen Gesellschaft. Es ist schwierig, generelle Aussagen über die unterschiedlichen Fähigkeiten von Männern und Frauen zu machen. Das ist ein heikles und ideologisch besetztes Feld. Aber aus meiner Lebenserfahrung heraus meine ich, dass vor allem Frauen einen sehr ausgeprägten Sinn für Verantwortung haben. Das beginnt schon damit, dass sie sich – aus rein biologischen Gründen – um die Kinder kümmern müssen, durch Schwangerschaft, Stillen usw. Ich will damit keineswegs sagen, dass sich die Männer vor den Versorgungs- und Erziehungsaufgaben drücken können, aber auf eine fundamentale Art übernehmen die Frauen zuerst die Verantwortung für das neue Leben. Möglicherweise reagieren sie auch deshalb oft pragmatischer, praktischer auf Notlagen und Katastrophen. Trotz ihrer seelischen Verwundungen. Sie haben einen direkten Zugang zum Notwendigen. Sie fragen sich: Was ist das Nächste? Woher bekomme ich Geld, um Essen zu kaufen? Wie schaffe ich es, dass die Kinder in die Schule gehen können? Das Wichtige zuerst, morgen denke ich über das andere nach! Die Frauen haben meiner Ansicht nach eine besondere Begabung dafür, die Not zu wenden.

Wie gesagt, das gilt sicher nicht für alle Frauen und in allen Fällen, und es ist leicht, mich falsch zu verstehen. Frauen sind nicht die besseren Menschen. Aber sie können in Gemeinschaft mit den Männern dazu beitragen, dass die Welt ein bisschen friedlicher wird, und sie können mit ihrem Blick auf die Welt auch den Männern interessante Perspektiven eröffnen. Deshalb ist es so wichtig, dass die Mädchen eine gute Ausbildung erhalten, dass sie lernen, selbständig zu denken. Sie können ihren Reichtum an Talenten entfalten – und davon profitieren alle, zuallererst ihre Familien.

Es wird noch lange dauern, bis in Afghanistan Verhältnisse einkehren, in denen das selbstverständlich ist und die Mädchen und Frauen nicht mehr um die ihnen zustehenden Rechte kämpfen müssen. Es wäre schon schwer in einem Land, in dem kein Krieg herrscht. Wie viel schwerer ist es da in einem Land, das seit über 30 Jahren unter Fremdbestimmung, Besatzung und Krieg lebt. Es gibt keinen Afghanen, der nicht in irgendeiner Form davon betroffen wäre. In jeder Familie ist jemand geflohen oder umgekommen, hat jemand Verbrechen gesehen oder sich selbst daran beteiligt, kennt man jemanden, der seine Überzeugungen verraten hat. Die Kinder haben Dinge erfahren und gelernt, die man hierzulande keinem Erwachsenen zumuten würde. Sie sind schwer geschädigt, traumatisiert, seelisch verwüstet. Zu den frühen Bildern ihres Lebens gehören Verwundete und schrecklich zugerichtete Leichen, sie haben nicht mit Puppen gespielt, sondern mit Waffen, und unter den Taliban haben sie gar nicht gespielt.

Jetzt ist der letzte Krieg offiziell vorbei, aber ein neuer ist da. Über 30 Nationen haben Soldaten nach Afghanistan geschickt. Sie wollen vielleicht das Richtige, aber nach allem, was man sieht, kommt das Falsche dabei heraus. Nicht nur die vielen Toten und Verwundeten auf allen Seiten – die Strukturen der Familien und Clans werden durcheinandergewirbelt, ohne dass etwas Besseres dabei entsteht. Die Truppen bringen in einem unvorstellbaren Maße Geld ins Land. Wer von den Afghanen ein bisschen Englisch spricht und einen Computer anschalten kann, verdient sich eine goldene Nase, und das sind meistens die Jüngeren. Ein Zwanzigjähriger, der heute für die ausländischen Truppen oder die internationalen Hilfsorganisationen arbeitet, bekommt schnell zehnmal so viel Geld wie sein Vater, der früher vielleicht der Dorfschullehrer war. In einem System, das auf der Autorität der Älteren fußt, ist solch eine Verkehrung der Verhältnisse katastrophal.

Dazu kommt die Korruption, die gigantische Ausmaße erreicht hat. Eine Kultur der Hilfe bei der Entscheidungsfindung durch Geschenke oder andere Zuwendungen hat es bei uns immer gegeben, man konnte das auch früher schon Bestechung nennen. Aber es hielt sich doch in einem Rahmen, der für alle einigermaßen erträglich war. Jetzt aber, mit dem vielen Geld, den zahlreichen politischen Gruppierungen und den sehr unterschiedlichen Interessen ist Korruption quasi zur Landeswährung geworden. Es gibt keine Autorität, die von allen respektiert würde und deren Wort Geltung hätte. Also versucht jeder auf seine Art, sich direkt seinen Vorteil zu verschaffen. Wozu sich an irgendwelche Regeln halten? Es gibt keine.

Und da soll man sich für Frauenprojekte und Mädchenschulen engagieren? Ja, gerade da. Es gibt keine Alternative. Wenn wieder Menschlichkeit in dieses Land einziehen soll, dann geht es nur über die Menschen, über jeden einzelnen Menschen. Es wird viel Zeit brauchen und unendlich viel Geduld. Die Menschen dürfen nicht vergessen, wer sie einmal waren und wer zu ihnen gehörte. Zugleich müssen sie aber vergessen können, sie müssen versuchen, sich von ihren schrecklichen Erinnerungen zu befreien oder sie zumindest blasser werden zu lassen. Es gibt kein Zurück, es wird niemals mehr so werden wie früher, und für viele ist das sicher auch gut so. Aber sie dürfen nicht aufhören, daran zu glauben, dass es eine Zukunft gibt, die nicht von Gewalt, Unterdrückung und Fremdbestimmung geprägt ist. Und das gilt für alle, für die Männer und für die Frauen.

15. Kapitel

MIKROKOSMOS

44 Menschen: 23 von ihnen sind nicht in Deutschland geboren, 31 besitzen die deutsche Staatsbürgerschaft, 13 sind Bürger anderer Länder, 44 sprechen Deutsch, 35 sprechen Deutsch sowie ihre Mutter- und noch eine oder mehrere weitere Sprachen. Verwirrend? Nur, wenn man die sogenannten klaren Verhältnisse für das Normale hält. Diese 44 Menschen sind die Mitarbeiter meiner Firma AHP – Ambulanter Häuslicher Pflegedienst. Manche sind Vollzeitangestellte, andere arbeiten in Teilzeit, einige sind Auszubildende. Sie betreuen 43 Patienten, von denen 25 Deutsche von Geburt sind, 10 eingebürgerte Deutsche und 8 Angehörige anderer Staaten. Altdeutsch, neudeutsch, Ausländer ... meine Firma ist ein Mikrokosmos verschiedener Nationen – und doch nur ein bescheidenes Abbild der wahren Verhältnisse. Denn in Frankfurt leben Angehörige von insgesamt 180 Nationen, rund 80 Sprachen werden hier gesprochen.

Ich glaube, den meisten Deutschen ist gar nicht klar, wie viele Menschen in unserem Land nicht denselben kulturellen Hintergrund wie sie selbst haben. Wie viele zuwandern, weil sie hier Arbeit finden, weil sie aus ihrer Heimat fliehen mussten, weil sie abenteuerlustig sind oder weil die Liebe sie nach Deutschland verschlagen hat. Manche planten, nach wenigen Jahren wieder zurückzukehren – blieben dann aber doch hier, gründeten Familien, bauten sich eine Existenz auf. Es gibt auch viele, denen es verwehrt ist zurückzukehren, sei es, weil alle Verbindungen zur alten Heimat abgerissen sind, sei es, weil ihr Land sich in permanenter Unruhe befindet. Jetzt ist die erste Generation dieser Einwanderer alt oder krank. Und nun komme ich ins Spiel. Denn mein Beruf ist es, alten oder kranken Menschen zur Seite zu stehen, wenn sie aus eigener Kraft nicht mehr zurechtkommen. Pflege ist der Zweck meines Unternehmens, und der Ausgangspunkt meiner Aktivitäten war, dass ich aus eigenem Erleben erkannt habe, wie wichtig Integration ist.

Was uns von vielen anderen Pflegediensten unterscheidet, ist die Spezialisierung auf Menschen mit Migrationshintergrund. »Kultursensible Pflege« lautet der Fachausdruck dafür. Sie wird immer wichtiger, denn einerseits sind viele der alt gewordenen Migranten allein hier, ohne Angehörige, die sie unterstützen können. Und andererseits gleichen sich die Familienstrukturen der Eingewanderten denen der deutschen Gesellschaft an, das heißt, sie haben weniger Kinder. Dazu kommt, dass Ehefrauen und Töchter, die sich früher um die Alten in der Familie gekümmert haben, heute einer Arbeit außer Haus nachgehen. Natürlich können sich auch »normale« Pflegedienste um diese Menschen kümmern. Ich unterstelle auch keinem meiner Kollegen Mängel in der Qualität seiner Arbeit. Aber ich habe doch festgestellt, dass im Alter, gerade bei nachlassender geistiger und körperlicher Kraft, die Sprache und die Gepflogenheiten der Jugend wieder hervorbrechen. Da kann es sein, dass ein Einwanderer wieder in seine Muttersprache zurückfällt, obwohl er jahrzehntelang in einer deutschen Stadt zur Arbeit gegangen ist, täglich Deutsch mit seinen Kunden und Kollegen gesprochen hat und vielleicht sogar mit einer Deutschen verheiratet war. Vor allem bei Demenz ist das zu beobachten. Bei Menschen, die nie Gelegenheit hatten, richtig gut Deutsch zu lernen, ist die Wahrscheinlichkeit, dass sie in ihre Muttersprache zurückfallen, noch höher.

Dazu kommen die religiösen und kulturellen Eigentümlichkeiten, die im Alter oft wieder stärkeres Gewicht bekommen oder überhaupt erst relevant werden, etwa die Scheu gegenüber Berührungen durch Menschen des anderen Geschlechts. Viele Muslime aus dem Nahen oder Fernen Osten schrecken davor zurück, sich von einer fremden Frau waschen zu lassen, erst recht, wenn es um die Intimzone geht. Oder sie können sich nicht richtig verständlich machen, wenn sie Hilfe bei den rituellen Waschungen benötigen, wenn sie auf die Einhaltung religiöser Speisevorschriften bestehen. Meine Mitarbeiter bringen aus ihrem eigenen Leben und durch ihre Herkunft aus anderen Kulturen großes Verständnis für solche Besonderheiten auf. Sie kennen die Sitten ihrer Heimat, die vielleicht sogar auch die ihres Patienten ist, sie wissen oder erspüren, was er von ihnen möchte, sie können unterscheiden zwischen einem alterstypischen Mangel an Flexibilität und einem religiös begründeten Tabu. Viele deutsche oder europäische Pflegekräfte sind da überfordert. Sie sind hilflos, weil sie das Motiv einer Verhaltensweise nicht kennen, und neigen dann dazu, einen Menschen als störrisch oder zumindest »schwierig« einzuschätzen. Entsprechend wird er dann behandelt.

Unter meinen Mitarbeitern sind nicht nur viele Migranten, sondern auch etliche mit einer nicht ganz gradlinigen Biographie. Sie sind alleinerziehende Mütter, Menschen, die aufgrund persönlicher Probleme aus dem Arbeitsleben gefallen sind und zunächst nicht wieder Fuß gefasst haben, auch über Fünfzigjährige, denen man auf dem normalen Arbeitsmarkt keine Chance mehr gibt. Ich habe gegen solche Leute keine grundsätzlichen Vorbehalte. Wer wüsste besser als ich, dass fehlende Zeugnisse und Lücken im Lebenslauf nicht unbedingt auf persönliches Versagen zurückzuführen sind, sondern sich oft den unergründlichen Launen des Schicksals verdanken? Umgekehrt gilt ja das Gleiche: Wer von den Erfolgreichen darf seine Karriere allein seinem Verdienst zuschreiben, wem sind nicht auch die günstigen Umstände zu Hilfe gekommen? Ein Lebenslauf wird eben von so vielen Faktoren beeinflusst, dass er von außen betrachtet nur begrenzt aussagefähig ist. Ich selbst habe als Chefsekretärin angefangen, bin dann Lehrerin gewesen, habe mich später jahrelang als Putzfrau durchgeschlagen und bin heute Unternehmerin. Mehrfach prämierte Unternehmerin sogar, ausgezeichnet als »Frankfurterin des Jahres«, als beste »Arbeitgeberin im Gesundheitswesen« und mit dem Preis »Best!agers – Unternehmerin mit Weitblick« für die Einstellung von älteren Arbeitnehmern. Was aber würde ein Personalchef tun, wenn er eine Bewerbung mit meinem Lebenslauf auf den Tisch bekäme? Wahrscheinlich würde er meine Mappe sofort auf den Stapel der aussortierten Bewerber legen. Warum? Weil mein Lebenslauf in kein Schema passt und deshalb schwerer zu beurteilen ist. Aber gerade dieses Merkmal, nicht in einen vorgegebenen Rahmen zu passen, ist eine gute Voraussetzung dafür, Aufgaben zu erfüllen, die ebenfalls nicht streng nach Dienstplan auszuführen sind.

Alten- und Krankenpflege zum Beispiel lässt sich nicht nach Schema F erledigen. Selbstverständlich sind viele Aufgaben Routine – wie man eine Einlage bei Inkontinenz platziert, hat man nach dem ersten Mal raus. Aber alle Menschen, die betreut werden, sind verschieden, und auch ein und derselbe Mensch kann sich heute so und morgen anders verhalten. Deshalb ist es nicht möglich, die Abläufe in ein starres Korsett zu zwängen, vielmehr muss man auf jeden der Patienten im Rahmen des Möglichen individuell eingehen. Meine Erfahrung ist, dass vor allem jene Mitarbeiter, die selbst eine »krumme« Biographie haben, großes Verständnis für Menschen aufbringen, die sich nicht konform verhalten – und alte, häufig verwirrte Menschen verhalten sich nur allzu oft nicht konform. Sie sträuben sich, sie sind langsam, sie haben Angst, sie sind misstrauisch, ihnen fehlt die Einsicht in den Zweck einer Sache, sie haben Schmerzen oder sind einfach nur schlecht gelaunt. In solchen Situationen ist es von Vorteil, wenn eine Pflegekraft aus eigener Erfahrung verinnerlicht hat, dass das sogenannte Normale eher die Ausnahme ist. Diese biographische Spezialität vieler meiner Mitarbeiter ersetzt selbstverständlich keine fachliche Ausbildung, aber sie hilft meiner Ansicht nach eher, Verständnis für die menschlichen Schwächen und Mängel aufzubringen, als der rein fachliche Zugang.

Menschlichkeit im Umgang mit unseren Patienten ist für mich das Allerwichtigste, aber das allein reicht nicht. Ich leite ja keinen gemeinnützigen Verein, sondern ein Unternehmen, mit dem ich Geld verdienen muss. Ich will von meiner Arbeit leben können und meine Mitarbeiter sollen regelmäßig ihr Gehalt bekommen. Deshalb fördere ich sie, aber deshalb fordere ich sie auch. Die ausländischen Mitarbeiter müssen zuerst Deutsch lernen, daran führt kein Weg vorbei, das ist unabdingbar. Ich erwarte, dass sie das aus eigener Initiative tun, aber ich unterstütze sie auch, indem ich ihnen zweimal in der Woche freigebe, damit sie einen Deutschkurs besuchen können. Jeder meiner Mitarbeiter absolviert außerdem eine Weiterbildungsmaßnahme. Ob er berufsbegleitend einen Kurs für Pflegeassistenz besucht oder etwas anderes macht – ich erwarte, dass jeder immer besser wird. Das ist anstrengend für die Mitarbeiter, aber unumgänglich. Wir bemühen uns, die Dienstpläne so einzurichten, dass sie Arbeit, Schule und Familie unter einen Hut bringen können. Einsatz wird ja auch von mir verlangt, nicht nur, weil ich die Kosten übernehme, sondern auch, weil ich die gesamte Organisation danach ausrichten muss, dass meine Mitarbeiter oft nicht zur Verfügung stehen. Aber es lohnt sich. Alle Seiten profitieren davon. Die Mitarbeiter werden fachlich besser und wachsen auch persönlich, weil die Qualifizierung ihr Selbstbewusstsein stärkt. Und für den Betrieb ist es gut, wenn die Mitarbeiter auf einem ordentlichen Niveau sind und über fundierte Kenntnisse verfügen.

Dieses System braucht Zeit und nimmt alle in die Pflicht, denn auch die Kollegen müssen sich danach richten, dass einer von ihnen zu bestimmten Zeiten nicht einsetzbar ist oder zumindest anfangs noch viel Unterstützung benötigt, ehe er als vollwertige Arbeitskraft einzusetzen ist. Wir investieren also alle eine Menge, damit jemand bei uns Fuß fassen kann. Deshalb schaue ich mir die Menschen sehr genau an, die sich bei mir bewerben. Ich möchte herausfinden, ob sie dieselbe Einsatzbereitschaft mitbringen, die ihre zukünftigen Kollegen bereits gezeigt haben. Am Rande einer Fachtagung sprach ich einmal mit einem Kollegen darüber, dass ich die Bewerbungsgespräche alle selbst führe. Er war sehr überrascht. Ich wiederum staunte, dass mein Kollege eine so wichtige Aufgabe nicht persönlich wahrnimmt. Die Mitarbeiter sind die Seele des Betriebs, da muss man sehr genau wissen, wen man dazuholt.

Ich sehe mir zwar vor dem Gespräch die Zeugnisse an, aber gute Noten allein sind nicht ausschlaggebend. Pflege ist eine Arbeit, die man nicht nur mit dem Verstand erledigt – Geist, Körper und Seele sind hier gefordert. Eine meiner ersten Fragen im Bewerbungsgespräch lautet daher: »*Wollen* Sie in die Pflege gehen oder *müssen* Sie?« Die Motivation zu klären ist sehr wichtig. Denn manche Menschen trauen sich diese Arbeit schon deshalb zu, weil sie hin und wieder ihre Großmutter betreut haben, machen sich also völlig falsche Vorstellungen von der professionellen Arbeit. Und andere suchen verzweifelt eine Arbeitsstelle und glauben, dass im Pflegebereich jeder genommen würde. In jedem Fall wollen diese Menschen eigentlich gar nicht in die Pflege, vielmehr sehen sie eher eine Notlösung darin. Wenn aber jemand erklärtermaßen in die Pflege will, ist das immer noch keine Garantie dafür, dass er diesem Job auch gewachsen ist. Allen Bewerbern, die noch nie hauptberuflich in der ambulanten Pflege gearbeitet haben, empfehle ich deshalb, mit unseren Mitarbeitern ein paar Touren zu absolvieren, denn die direkte, praktische Begegnung reißt viele aus ihren Träumen. Es ist eben etwas vollkommen anderes, ob man einen Angehörigen wäscht, verbindet und zur Toilette bringt oder ob man das mit fremden Menschen macht. Es ist schon schwer genug, solche Verrichtungen an jemandem vorzunehmen, den man kennt. Aber noch viel schwieriger kann es sein, einen alten oder verwirrten Menschen, dem man zum ersten Mal gegenübersteht, anzufassen und zur Mitarbeit zu bewegen.

Menschen, die schon in einem Altenheim tätig waren, glauben oft, Bescheid zu wissen. Das tun sie aber nicht. Denn der Unterschied zwischen den Abläufen in einem ambulanten Pflegedienst und denen in einem Heim ist gewaltig. Im Altenheim arbeiten sie sechs, sieben oder acht Stunden auf einer Station, oftmals jeden Tag auf derselben. Die Arbeit läuft nach einem bestimmten Muster ab, und alles ist so eingerichtet, wie es für die Pflege am günstigsten ist. Wenn man in einem ambulanten Dienst arbeitet, muss man jedoch in zehn oder zwanzig verschiedene Haushalte gehen, man muss sich alle halbe Stunde auf andere Wohnungen einstellen und darin zurechtfinden. Das ist nicht nur mit praktischen Problemen verbunden, für deren Lösung man Flexibilität und Einfallsreichtum benötigt, es herrscht auch eine ganz andere zwischenmenschliche Beziehung zwischen dem Pfleger und dem Pflegebedürftigen. Als ambulanter Pfleger betritt man die Privatsphäre anderer Menschen. Das ist, selbst wenn man willkommen geheißen wird, oft heikel und erfordert ein hohes Maß an Taktgefühl.

Dazu kommt der Zeitdruck, unter dem man arbeitet. Ein Beispiel: Für die »Kleine Pflege« sind von den Krankenkassen 25 Minuten vorgesehen. Das ist knapp, in der Regel reicht die Zeit für eine angemessene Begegnung nicht aus – zumal einem diese Spanne meist gar nicht vollständig zur Verfügung steht. Viele unserer alten Patienten sind aus einer grundsätzlich misstrauischen Haltung heraus sehr darauf bedacht, dass keiner außer ihnen selbst einen Schlüssel zu ihrer Wohnung besitzt. Wenn wir also an der Haustür klingeln, kann es Minuten dauern, bis sich beispielsweise der hinfällige Herr X aus seinem Sessel gerappelt hat, mit sehr kleinen Schritten den Weg zur Wohnungstür zurückgelegt und den Knopf der Gegensprechanlage gedrückt hat. Sollte er sein Hörgerät nicht eingesetzt oder falsch eingestellt haben, dauert es wiederum eine Weile, ehe er versteht, mit wem er es zu tun hat. Dann muss er noch den Schlüssel der Wohnungstür zweimal drehen, was er aber erst macht, wenn der Pfleger schon unmittelbar vor der Tür steht und durch den Spion zu erkennen ist. Da Herr X unter starkem Rheuma leidet, fallen ihm diese Drehbewegungen schwer, und wieder dauert es. Nicht selten ist also bereits ein Viertel der vorgesehenen Zeit verstrichen, bevor der Pfleger seinem Patienten tatsächlich gegenübersteht. Und ehe er an seine vorgeschriebenen Aufgaben gehen kann, muss er sich auch noch vergewissern, ob alles in Ordnung ist oder etwas Besonderes anliegt.

Und auf die eigentliche Arbeit mit dem Patienten folgt die Dokumentation. Sie ist unglaublich wichtig, beinahe wichtiger als die Sache selbst. Jeder Handgriff, und sei er auch noch so klein, muss protokolliert werden, damit unsere Arbeit nachvollziehbar ist. Grundsätzlich ist das richtig so. Aber im Alltag bedeutet es oft eine zusätzliche Belastung, denn eine solche Dokumentation umfasst nahezu 20 Seiten. An vielen Stellen muss man nur ein Kreuz hinsetzen, an anderen aber Bemerkungen eintragen. Ein alter Hase schafft das in fünf Minuten, ein Neuling aber oder eine Kraft, deren Muttersprache nicht Deutsch ist, braucht dafür doppelt so lange. Es kann also sein, dass uns bei einem Besuch nur fünf bis zehn Minuten für den Menschen selbst bleiben – und das ist einfach zu wenig. In dieser kurzen Frist wird man ihm nicht gerecht, und auch der Pfleger, der selbst einen hohen Anspruch an sich und seinen Beruf hat, leidet unter diesen Bedingungen. Was soll er machen, wenn er spürt, dass es dem anderen nicht gutgeht, dass er schwermütig ist, sich einsam fühlt oder ihn die Angst vor dem Sterben plagt? Nebenher lässt sich so etwas nicht bereden. Und selbstverständlich verbietet es sich für jeden mitfühlenden Menschen, ihm ein routiniert aufmunterndes »Wird schon werden« hinzuwerfen.

Geld ist – wie auch sonst im Leben – nicht alles, aber zu knapp bemessene Sätze sind in unserem Fall ein weiteres Handicap. Sie verschärfen nämlich die Bedingungen, unter denen wir arbeiten. Das heißt: Wir müssen auf eine bestimmte Anzahl von Patienten kommen, damit sich der Betrieb überhaupt rechnet und ich den Fachkräften einen Lohn zahlen kann, der annähernd angemessen ist. Das bedeutet in der Praxis, dass wir in einem straffen Takt von einem Patienten zum anderen fahren müssen und im Grunde keinen Spielraum für Extras haben. Um ein Beispiel für die Honorierung unserer Arbeit zu geben: Wenn einer unserer Patienten Pflegegeld bekommt, müssen wir zweimal jährlich eine Begutachtung erstellen, um zu gewährleisten, dass er weiterhin Anspruch auf Pflegeleistungen geltend machen kann. Zu diesem Zweck muss eine Pflegekraft den Betreffenden aufsuchen, ihm Fragen stellen, mit ihm gemeinsam beraten und anschließend einen Bericht erstellen. Das kostet Zeit – im günstigen Fall eine Viertelstunde Fahrt mit dem Auto hin, eine weitere Viertelstunde zurück, dann die Zeit für das Gespräch mit dem Patienten und schließlich ungefähr eine halbe Stunde für den Bericht. Von dem Ergebnis fertige ich vier Kopien an, die ich an die Krankenkasse und verschiedene andere Empfänger versenden muss. Und dieser Aufwand wird uns von den Krankenkassen mit 21 Euro vergolten. Mit anderen Worten: Rund gerechnet zwei Arbeitsstunden einer Fachkraft tragen uns ganze 21 Euro ein. Wenn die Heizung ausfällt und ich einen Installateur anrufe, der in meinem Keller nach dem Kessel schaut, muss ich 50 bis 80 Euro dafür zahlen – vorausgesetzt, es tritt kein echtes Problem auf. Die Betreuung von alten, hilfebedürftigen Menschen ist also nicht einmal halb so viel wert wie die Reparatur einer Heizung.

Nichts gegen den Stundenlohn von Installateuren oder anderen Handwerkern. Was ich verdeutlichen möchte, ist, welchen geringen Stellenwert eine so verantwortungsvolle Aufgabe wie die Pflege in unserem gesellschaftlichen System hat. Eine Ursache dafür ist sicherlich, dass die Pflege als Beruf noch sehr jung ist. In medizinischen Einrichtungen wie Krankenhäusern haben die Berufe meist eine lange Tradition von einigen hundert Jahren, aber die ambulante Pflege zu Hause ist eine relativ neue Sache, es gibt sie seit höchstens zwei Generationen. Die Gründe liegen auf der Hand. Heutzutage werden die Menschen sehr viel älter als früher, und die Familien sind kleiner geworden. Die Pflege eines Angehörigen ist daher oft eine Sache vieler Jahre, und sie verteilt sich nicht mehr auf eine größere Anzahl von Familienmitgliedern. Dazu kommt, dass Töchter, Schwiegertöchter oder Ehefrauen häufig berufstätig sind. Pflege wird also in Zukunft mehr und mehr von fremden Menschen erledigt werden müssen. Zu wenige machen sich das bewusst, zu wenigen ist auch klar, wie viel Wissen und persönlicher Einsatz von den Pflegekräften gefordert wird. Ich betrachte diese Entwicklung mit Sorge und versuche an vielen Stellen, darauf aufmerksam zu machen. Ich halte Vorträge vor allen möglichen Kammern, bei Initiativen und Verbänden. Jeden öffentlichen Auftritt, der mir geboten wird, nutze ich, um darauf hinzuweisen, dass wir als Gesellschaft hier etwas ändern müssen.

Bei AHP haben wir ein Handbuch zusammengestellt, in dem die Regeln niedergelegt sind, nach denen wir arbeiten. Es enthält in zwei dicken Ordnern alles, was unsere Mitarbeiter beherzigen müssen: viele fachliche Dinge, aber auch die übergeordneten Grundsätze, die unsere Arbeit bestimmen. Und dieses Handbuch ist für die Mitarbeiterauswahl von außerordentlichem Wert. Ich drücke es nämlich jedem Bewerber um eine Stelle nach unserem ersten Gespräch in die Hand und sage ihm: »Hier, lesen Sie sich diese Ordner in Ruhe durch, und wenn Sie Fragen haben, stellen Sie sie bitte. Schreiben Sie sie auf oder sprechen Sie hier im Betrieb unsere Pflegedienstleiterin an.« Wenn dann jemand zu mir sagt, er habe alles gelesen, Fragen seien aber keine aufgetaucht, dann weiß ich sofort, dass er für uns nicht in Frage kommt. So jemand bringt kein Engagement für unsere Sache auf. Man kann nicht zwei Ordner zu den Abläufen und unserem Selbstbild lesen, ohne dass Gesprächsbedarf entsteht. Auch wenn es bestimmte verbindliche Vorschriften für alle Pflegedienste gibt: Jeder Betrieb setzt sie ein bisschen anders um. Kein Pflegedienst hat genau dasselbe Handbuch wie ein anderer. Für die Bewerber, die Fragen haben, nehme ich mir allerdings viel Zeit, ein oder zwei Stunden. Wir gehen alles gemeinsam durch, und anhand dieses Gesprächs klärt sich für beide Seiten schon eine Menge. Wenn der Bewerber dann sagt: »Gut, das sagt mir alles zu, ich versuch's«, dann vereinbaren wir erst einmal ein paar Probetage im Außendienst, und er arbeitet sich unter der Aufsicht eines erfahrenen Kollegen ein.

Diese Art der Mitarbeiterauswahl ist sicherlich sehr aufwendig, aber sie lohnt sich in jeder Hinsicht. Wir gewinnen auf diesem Weg nicht nur fachlich gute Leute, sondern auch solche, die sich von vornherein darüber im Klaren sind, in welches Unternehmen sie eintreten. Solche Leute passen dann tatsächlich zu uns. Wir sind ja eine Firma, in der man nicht nur Dienst nach Vorschrift macht, sondern einander auch als Kollegen und Mitmenschen begegnet. Das heißt, der neue Mitarbeiter muss auch bereit sein, uns ein oder zwei Stunden in der Woche zu schenken. »Uns« bedeutet AHP. Ich sage nicht, dass es »mein« Pflegedienst ist, sondern wir sind AHP. Die Mitarbeiter sind nicht unbedingt eng miteinander befreundet, aber sie kennen einander besser, als es in vielen anderen Betrieben üblich ist, wo man sich nur beim Schichtwechsel begegnet oder in Form von Unterschriften auf Berichten. Als Arbeitgeberin kommt mir natürlich eine besondere Rolle dabei zu. Ich kann zwar nicht erzwingen, dass die Leute einander mögen, aber ich kann die Bedingungen dafür schaffen, dass sie gut zusammenarbeiten. »Es erleichtert das Herz, wenn man mit Freunden weint«, lautet ein afghanisches Sprichwort. Oder ein anderes: »Iss den Kuchen mit Freunden, dann schmeckt er besser.«

Bei uns in der Firma gibt es eine Küche mit Esstisch. Wenn einer von unseren Mitarbeitern Geburtstag hat, bekommt er von mir und den anderen ein kleines Geschenk und einen Brief oder eine Karte. Außerdem bringen die Kollegen eine Spezialität aus ihrer Heimat mit, Gebäck, Gemüsetaschen, Fleischröllchen oder irgendetwas anderes. Das teilen wir uns dann, erzählen ein bisschen und machen uns eine vergnügliche Stunde. Länger dauert es in der Regel nicht, es soll ja keine abendfüllende Veranstaltung sein, sondern nur eine nette Geste, eine Gelegenheit, ein bisschen außer der Reihe zu plaudern. Diese Zusammenkünfte aus privatem Anlass sind eine wichtige Institution. Es sind kleine Feiern, aber es sind auch fachliche Treffen, denn natürlich wird auch über Patienten gesprochen oder über Probleme bei den Touren, und alle bekommen mit, welche Tipps jemand für knifflige Situationen in petto hat. Dadurch regelt sich viel quasi von selbst – und noch besser: Manche Schwierigkeiten treten erst gar nicht auf.

In Betrieben ab einer bestimmten Größe kommt es häufiger vor, dass sich Mitarbeiter Freiräume auf Kosten der anderen verschaffen. Bei uns ist das selten oder gar nicht der Fall. Wer seine Schicht tauschen möchte oder an einem Tag nicht so lange arbeiten kann wie sonst, weil er zum Elternsprechtag muss oder eine andere unaufschiebbare Verpflichtung hat, der bespricht das im Voraus mit seinen Kollegen, und gemeinsam finden sie eine Lösung. Es kommt fast nie vor, dass jemand kurzfristig absagt oder sich krank meldet und dadurch den Kollegen eine Extratour aufbürdet. Das Verantwortungsgefühl ist sehr ausgeprägt, nicht nur den Patienten, auch den Kollegen gegenüber. Man kennt sich eben, deshalb mutet man den anderen nicht leichtfertig eine Belastung zu, die man mit etwas Umsicht hätte vermeiden können.

Die Gemeinschaft ist wichtig. Es ist aber auch dafür gesorgt, dass man ab und zu einen Moment für sich hat und verschnaufen kann. Die kleinen Feiern sind ja eher die Ausnahme, im Normalfall ist die Küche ein Rückzugsraum. Die Tür ist immer zu, denn ich weiß, dass man manchmal, wenn man von seiner Tour kommt, einfach eine Pause braucht – Zeit, um einen Kaffee zu trinken oder eine Zigarette zu rauchen. Wie in allen sozialen Berufen streift man das Erlebte nach dem Ende des Dienstes nicht einfach ab und wendet sich anderen Dingen zu. Man benötigt ein wenig Abstand von dem, was man gesehen und gehört hat. Auch wenn wir uns eine gewisse Hornhaut zulegen: Es ist doch oft bestürzend mitzuerleben, wie ein älterer Mensch scheinbar ohne Grund rasch abbaut und hinfällig wird, wie wenig Interesse die Familie an seinem Wohlergehen zeigt oder wie jemand, der immer kleinmütig und mäkelig war, angesichts des nahenden Todes zu großer Gelassenheit findet. Das sind Erlebnisse, die einem nahegehen und jenseits aller professionellen Distanz zum Nachdenken über das eigene Leben bringen. Ich versuche, meinen Mitarbeitern genügend Zeit und den verlässlichen Rahmen zu bieten, in dem sie solchen Regungen nachgeben können, weil meiner Ansicht nach eine gute Pflege Menschen braucht, die ihre Patienten nicht lediglich als Kunden betrachten, sondern an ihrem Schicksal Anteil nehmen.

Auch ich selbst erlebe, wie gut es mir tut, wenn meine Mitarbeiter mich nicht nur als Arbeitgeberin, sondern als Menschen sehen, dem sie vielleicht über seine Schwächen hinweghelfen können. 2009 beispielsweise war ich im Rahmen einer Tagung zu einem Vortrag geladen. Rund 200 Fachleute nahmen an dieser mehrtägigen Veranstaltung teil, und ich sollte als Letzte zum Thema »Migrantinnen und Migranten – Mitarbeiter oder Ressourcen?« sprechen. Anschließend war eine Podiumsdiskussion vorgesehen. Solche großen Auftritte machen mir immer Angst. Da treffen sich all diese Fachleute, die sämtliche Facetten des Pflegebetriebs studiert haben, über Diplome aller Art verfügen, Professorenstellen besetzen und jede Menge Veröffentlichungen aufzuweisen haben – hochkarätige Experten eben. Und dann komme ich, eine Quereinsteigerin, die keine Sozialhilfeempfängerin werden wollte. Nun, wie so oft in solchen Fällen schlief ich in der Nacht zuvor kaum, wälzte mich herum und malte mir die unabwendbare Blamage in den grellsten Farben aus. Am nächsten Vormittag brachte ich beim Frühstück nichts herunter. Ich rief unsere Pflegedienstleiterin an und klagte ihr mein Leid. »Frau Kube, das kann ich nicht. Es geht einfach nicht. Ich habe kein Auge zugetan, ich bin total gerädert. Ich kriege kein Wort heraus. Wenn Sie wüssten, wer da versammelt ist! Alle, die in der Pflege und in der Ausbildung etwas zu sagen haben. Ich fürchte mich, das wird in einer Katastrophe enden, wirklich …« Frau Kube redete auf mich ein wie auf ein krankes Kind und meinte: »Dann lassen Sie uns Ihren Vortrag doch noch mal anschauen. Sie werden sehen, dass das alles Hand und Fuß hat.« Wir gingen also sämtliche Stichwörter noch einmal durch. Prüften alle Argumente. Fanden, dass sich der ganze Vortrag hören lassen konnte. Und wenn ich trotzdem Bedenken hatte, wischte Frau Kube sie einfach beiseite.

Trotzdem: Bis ich an die Reihe kam, musste ich alle halbe

Stunde auf die Toilette. Sicherheitshalber wollte ich mir dort meinen Vortrag noch einmal in aller Ruhe vor dem Spiegel aufsagen. Aber daran war nicht zu denken. Offenbar langweilten sich einige der Zuhörerinnen bei meinen Vorrednern und nutzten die Toilette als Rückzugsort. Keine Sekunde war ich allein! Um 14 Uhr war es so weit. Ich betrat das Podium und blickte in Hunderte von Gesichtern, teils erwartungsvolle, teils ein bisschen schläfrige infolge des reichlichen Mittagessens. Migranten – Mitarbeiter oder Ressourcen? Ich dachte an Frau Kube, an AHP, holte tief Luft und packte den Stier bei den Hörnern. »Sehr verehrte Damen und Herren. Mein Thema lautet: ›Migrantinnen und Migranten – Mitarbeiter oder Ressourcen?‹ Ich muss gestehen, dass mir die Frage einige Probleme bereitet hat. Mit meiner Pflegedienstleiterin habe ich ausführlich darüber gesprochen – und der ging es nicht viel anders. Wenn ich mich bei AHP umschaue, dann sehe ich lauter Migranten und Migrantinnen. Sie sind meine Mitarbeiter und Mitarbeiterinnen, gleichwohl aber auch meine Ressourcen. Oder sehen Sie das anders? Kurzum: Stellt sich die Frage überhaupt?«

Einige Leute schmunzelten, manche lachten auch, und damit kam ich in sicheres Fahrwasser. Ich erzählte von den vielen Vorteilen, die Pflegemitarbeiter mit Migrationshintergrund in der Praxis mit sich bringen, wie notwendig sie seien, um ausländische Alte und Kranke optimal zu betreuen. Und ich berichtete von den Schattenseiten. Dass die teils geringen Deutschkenntnisse ein großes Problem bei der Dokumentation darstellen, zumal es oft mehr darauf ankomme, dass alles »seine Ordnung« habe, als dass der Patient zufrieden sei. Dass die Integration von ausländischen Mitarbeitern häufig ganz auf den Schultern der Arbeitgeber lastet und wir nur auf wenig Verständnis und noch weniger finanzielle Unterstützung treffen. Ich schaute gar nicht mehr auf mein Skript, sondern redete so, wie mir der Schnabel gewachsen war. Ich weiß nicht, ob die Zuhörer alles verstanden, manchmal verhedderte ich mich in den Sätzen, aber das Wesentliche kam doch an. Der Erfolg war enorm. Alle klatschten, als ich fertig war, und viele fragen mich im Anschluss nach einer Menge Einzelheiten. Es sah ganz danach aus, als wäre mein Vortrag auf fruchtbaren Boden gefallen.

Aber das Schönste stand mir noch bevor. Als ich abends in die Firma zurückkam, brannte überall Licht. Und in allen Räumen, in der Küche, in den Büros, überall saßen noch Mitarbeiter, die zum Teil schon längst Feierabend hatten. Ich erschrak, weil ich dachte, es sei etwas Schlimmes passiert. Aber nein! Sie waren nur geblieben, um auf mich zu warten. Sie wussten, wie sehr ich mich vor diesem öffentlichen Auftritt gefürchtet hatte. Sie hatten mit mir gebangt – und jetzt wollten sie hören, wie es gelaufen war, wollten mit mir feiern, wenn es geklappt hätte, oder mich trösten, falls es danebengegangen wäre. Ich war so gerührt, dass mir die Tränen in die Augen stiegen. Selbstverständlich hatte ich keinen Zweifel gehegt, dass wir in unserer Firma ein gutes Verhältnis miteinander pflegten, aber dieser Beweis ihres Mitgefühls, diese kleine Geste selbstverständlicher Solidarität – das berührte mich sehr.

Ich glaube, meine Mitarbeiter schätzen mich, weil ich weiß, wie es in der Praxis läuft, weil ich eine von ihnen bin, aber als Arbeitgeberin die Zügel dennoch fest in der Hand halte. Ich bin ja allmählich in die Pflege hineingewachsen und habe nicht als Unternehmerin begonnen. Wenn ich mir überlege, wie alles angefangen hat …

Oft werde ich gefragt, wie ich das alles geschafft habe und woher ich überhaupt weiß, wie man einen Betrieb führt. Darauf gibt es viele Antworten. Zum einen wollte ich eben auf keinen Fall Sozialhilfe in Anspruch nehmen, das widerstrebte mir zutiefst. Für sich selbst einzustehen, das ist schon eine starke Motivation. Dann kam natürlich die Verantwortung für meine Familie dazu, der ich eine sichere Existenzgrundlage verschaffen wollte. Zum anderen arbeite ich aber auch einfach gern. Es macht mir Freude, Möglichkeiten auszudenken, wie man schlechte Verhältnisse in gute verwandelt – und es dann auch zu tun. Außerdem liebe ich es, mit Menschen umzugehen.

Auf der praktischen Ebene war es oft schwierig, manchmal geradezu mörderisch, die viele Arbeit zu bewältigen. Über Jahre habe ich keine Nacht mehr als vier oder fünf Stunden geschlafen, an Urlaub oder ähnlichen Luxus war nicht im Traum zu denken. Viele haben mir prophezeit, dass ich über kurz oder lang zusammenklappen würde. Aber das ist nicht eingetreten. Vor einiger Zeit habe ich noch einmal in meine alten Kalender geschaut, die ich alle in einer großen Kiste aufbewahre. Ich staunte selbst, als ich die unendlich vielen Uhrzeiten und Namen las, Seite über Seite, Tag für Tag, wochen-, monate-, jahrelang. Und ich lächelte über die lustigen kleinen Zeichen, die ich jedem Termin hinzugefügt hatte – meine Kürzel für die Kleidung. Ich musste ja immer darauf achten, ob ich als Putzfrau, Bürohilfe oder Altenpflegerin unterwegs war, und mich entsprechend anziehen. In manchen Häusern war ich sogar in Doppelfunktion tätig: Frühmorgens wischte ich als Putzfrau die Böden und kurze Zeit später stellte ich als Bürokraft die Tagungsunterlagen zusammen. Mit einem Blick auf meine Kürzel wusste ich, was ich aus dem Kleiderschrank zu nehmen hatte. Morgens früh um vier ist jede gesparte Minute Gold wert.

Wesentlich zu meinem Erfolg trug außerdem bei, dass ich langsam in meine Arbeit und in meine Firma hineingewachsen bin. Es ging immer Schritt für Schritt, oft ungeplant und zufällig, aber so, dass ich den Überblick behielt, dass ich immer in Kontakt mit meinen Kunden und später dann auch mit den Mitarbeitern war. Einen Businessplan, wie man heute sagt, hatte ich natürlich nie. Aber Vorbilder! Stets habe ich versucht, bei Menschen, die etwas erreicht hatten, nach den Gründen dafür zu suchen. Aufgefallen ist mir oft, dass es gar nicht viel brauchte, um etwas auf die Beine zu stellen. Eigentlich nur Zuversicht, Selbstvertrauen und Zugewandtheit. Sich den Menschen und dem Leben zuzuwenden – das ist die Hauptsache. Alles andere ergibt sich von selbst.

16. Kapitel

FREMDE IST FREIHEIT

Ich sitze am Schreibtisch in meinem Büro und kämpfe gegen die Müdigkeit. Die letzten Tage waren aufregend und anstrengend. Ich habe einen Preis bekommen: Beim Wettbewerb »Beste Arbeitgeber im Gesundheitswesen 2008« bin ich mit AHP auf Platz 15 von 25 ausgezeichneten Betrieben aus der ganzen Bundesrepublik gekommen. Es ist eine Anerkennung dafür, dass wir etwas für die Integration von Menschen ins Arbeitsleben unternehmen, und ich bin sehr stolz auf uns alle. Die feierliche Überreichung der Urkunden fand in Berlin statt, und wie immer hatte ich Anwandlungen panischer Angst bei der Vorstellung, in solch einem Rahmen gemeinsam mit vielen Experten aufzutreten, Reden zu halten und Fragen zu beantworten. Es hat alles wunderbar geklappt, aber zwei Nächte habe ich nicht geschlafen, kaum etwas gegessen, die lange Fahrt steckt mir in den Knochen, jetzt revoltiert sogar mein Magen. Und nun auch noch den ganzen Tag die Abrechnungen, weil Monatsanfang ist und alles geregelt sein muss. Ich kann nicht mehr, es ist gerade einmal acht Uhr abends, und ich bin schon todmüde.

Ich ziehe meinen Mantel über, setze einen Hut auf und nehme den Schirm mit. Wie häufig im Frankfurter Winter regnet es, aber nicht in dicken Tropfen, sondern nieselig, es ist mehr eine allgemeine Feuchtigkeit als ein richtiger Schauer, und man weiß kaum, ob man den Schirm aufspannen soll oder nicht. Die Straße ist dunkel, der Asphalt glänzt schwarz.

Schräg gegenüber von unserem Büro, nur ein paar Schritte entfernt, ist die Haltestelle der Straßenbahn. Normalerweise laufe ich zu Fuß nach Hause, die halbe Stunde Gehen am Abend tut mir gut. Aber heute bin ich zu erschöpft, ich nehme die Bahn. Das Wartehäuschen ist leer, kein Mensch zu sehen. Anscheinend habe ich gerade eine Bahn verpasst. Trotzdem, heute keinen Fußmarsch mehr, auch keinen kleinen, lieber warte ich ein bisschen. Eigentlich ist es für Großstadtverhältnisse noch gar nicht spät, dennoch ist kein Mensch zu sehen. Ich hole mein Handy aus der Tasche, klappe es auf und gebe vor, mit jemandem zu sprechen. Diesen Trick hat mir eine Freundin verraten. Man fühlt sich nicht so schutzlos, und für andere sieht es so aus, als wäre man nicht ganz allein.

Eine Frau kommt auf mich zu, eine Deutsche. Mittleres Alter, gut angezogen, schwarzer Mantel, zusammengerollter Stockschirm. Zielstrebig steuert sie das Wartehäuschen an, sicher will sie schauen, wann die nächste Bahn kommt. Ich trete zur Seite, damit sie den Fahrplan besser lesen kann. Aber der interessiert sie nicht. Mit einem schnellen Schritt ist sie bei mir, hebt den Arm – und schlägt mit ihrem Schirm auf mich ein. »Scheißausländer raus!« Was soll das? Was will diese Frau? Ich wehre mich, will sie abschütteln, aber sie packt mich und wirft mich zu Boden. Der Asphalt ist nass und eiskalt, ich liege auf dem Rücken und schaue in ihr wutverzerrtes Gesicht. Der Mund steht weit offen, wie eine Axt führt sie den Schirm und schlägt damit wieder und wieder zu. Sie schreit und keucht. »Was wollt ihr hier? Macht, dass ihr rauskommt, ihr Scheißausländer! Ausländer raus! Weg hier, und zwar sofort.« Jede Silbe begleitet ein kraftvoller, wütender Fußtritt. Meine Rippen schmerzen, mein Gesicht brennt, ich habe Angst. Mein Gott, was habe ich für eine Angst! Sie ist wahnsinnig. Will sie mich umbringen? »Ihr widerlichen Schnorrer, macht, dass ihr wegkommt ...«

Ein kreischendes Quietschen! Die Straßenbahn kommt, immer macht sie in der Kurve dieses grässliche Geräusch. Wie oft habe ich darüber geschimpft, aber jetzt ist es das Signal der Rettung. Dieser nervenaufreibende Ton bringt mich zur Besinnung, löst mich aus meiner Angststarre. 110. Ich drücke die Nummer der Polizei auf meinem Handy. »Bitte helfen Sie mir. Hören Sie zu. Diese Frau beschimpft mich, sie prügelt auf mich ein. Bitte unternehmen Sie etwas. Legen Sie nicht auf.« »Nun bleiben Sie mal ganz ruhig. Sind Sie verletzt? Wo sind Sie überhaupt?« Verletzt, was heißt verletzt? Ob ich blute? Gebrochene Knochen habe? Ich weiß nicht, mir tut alles weh. Ist das verletzt? Warum fragt der Polizist so etwas? Warum kommen die nicht?

Die Straßenbahn ist da, ich wehre mit einem Arm den prügelnden Schirm ab, krauche ein paar Meter auf allen vieren, rappele mich auf und erklimme die Stufen des hinteren Wagens. Hauptsache, Leute um mich herum! Niemand beachtet mich, ich lasse mich auf einen Sitz fallen. Meine Brust tut weh, ich bekomme kaum Luft. Nach ein paar Minuten wage ich es, den Blick schweifen zu lassen. Mein Gott, da hinten sitzt sie! Sie ist mir gefolgt. Sie wartet, bis ich aussteige und allein nach Hause gehe. Sie wartet auf den richtigen Moment.

Die Straßenbahn fährt im U-Bahnhof Konstablerwache ein. Leute steigen aus, andere kommen herein. In letzter Sekunde – schon tönt es aus den Lautsprechern »Zurückbleiben« – springe ich von meinem Sitz auf, quetsche mich durch die bereits halb geschlossene Tür und stehe auf dem Bahnsteig. Die Bahn fährt an und verschwindet in dem dunklen Schacht. Die Frau ist nirgends zu sehen, vielleicht ist sie weitergefahren, vielleicht kann ich sie in der geschäftigen Menge nur nicht entdecken.

Jetzt bloß nicht allein bleiben. Verbündete suchen. Wenn jemand bei mir ist, kann sie nichts machen. Auf der Bank sitzt ein junger Ausländer. »Darf ich mich neben Sie setzen?« Er schaut verständnislos, er versteht mich nicht. Vielleicht kann er kein Deutsch, versteht er die Wörter nicht, weil ich so weine. Ich zittere am ganzen Leib, das Weinen schüttelt mich. Aber er begreift, dass ich in Not bin. Sieht meinen Mantel, auf dem die Abdrücke der Fußtritte zu erkennen sind, hört mein Schluchzen. Er nickt, aber ich weiß gar nicht mehr, was man tun muss, wenn man sich hinsetzen will. Er erhebt sich, legt beide Hände auf meine Schultern und drückt mich auf die Bank. Energisch und sanft zugleich. Keine Ahnung, wie lange ich sitzenbleibe. Irgendwann geht er weg, ich bekomme es kaum mit. Mein Beutel steht neben mir auf dem Boden, irgendwann schnappt ihn sich wohl jemand und nimmt ihn mit. Auch das bemerke ich nicht.

Das Handy klingelt, es ist Golzar. »Mama, was ist los, warum weinst du so? Was ist passiert?« Ich sage irgendetwas, benutze Wörter wie »Überfall«, »Angriff«, »Schläge« »U-Bahnhof«. »Mama, bleib, wo du bist. Rühr dich nicht, wir kommen und holen dich ab.« Ich habe kein Zeitgefühl mehr, ich weiß nicht, wie lange es dauert. Eine Bahn nach der anderen hält an, Leute laufen hin und her, keiner achtet auf mich. Ich sitze auf der Bank und weine. Endlich sind Golzar und seine Freunde da. Sein Gesichtsausdruck zeigt mir, dass ich schlimm aussehen muss. »Mama, ist schon gut, hab' keine Angst. Ist schon gut. Mein Gott …! Ich bring' dich nach Hause. Wer war das nur? Mama, weine nicht so, wir sind doch jetzt hier.« Aber ich kann nicht aufhören. Die Tränen laufen mir über die Wangen, ich kann einfach nichts dagegen tun.

Golzar hat meine deutsche Freundin benachrichtigt, sie kommt direkt zu mir nach Hause. Auch die Polizei ist jetzt da. Ich erzähle alles, so gut ich kann, ich beschreibe die Frau und den Vorfall. »Warum sind Sie denn nicht gekommen, als ich angerufen habe? Wieso haben Sie mir denn nicht geholfen? Sie sind doch die Polizei, Sie müssen doch kommen!«

»Frau Qani, beruhigen Sie sich, bitte. Wir wären ja auch gekommen, aber es gab doch keinen Notruf.«

Was soll das heißen, ich hatte doch 110 gewählt!

»Es hat niemand gesprochen, dann wird das Gespräch automatisch nach einer Minute beendet.«

»Aber das stimmt doch nicht! Ich habe doch mit jemandem gesprochen und um Hilfe gebeten. Ich hab' etwas gesagt, das müssen Sie doch mitbekommen haben!«

»Tut mir leid, aber es ist keine Meldung bei uns verzeichnet. Macht aber nichts. Sie können sich Bilder von möglichen Tätern auf dem Revier ansehen, vielleicht ist die Frau ja dabei.«

Sie vermitteln mir das Gefühl, dass mein Problem nicht das allerwichtigste für sie ist. Sowieso würde es noch ein paar Tage dauern, bis die Polizei sich meinen Angelegenheiten widmen könnte. Jetzt war erst mal Fastnacht, das ganze Wochenende und Montag und Dienstag auch noch. Mittwoch wäre schon besser für einen Termin auf dem Revier. Mittwoch. In vier Tagen.

Vier Tage und fünf Nächte. Ich weine in einem fort. Die Polizei ruft freundlicherweise ein paar Mal bei mir an und erkundigt sich nach meinem Befinden. Außerdem fährt eine Streife regelmäßig am Haus vorbei. Meine deutschen Freunde sind oft bei mir, um mich abzulenken und mir Sicherheit zu geben. Wir grübeln gemeinsam, wer das gewesen sein könnte. Wer macht so etwas? Ich hatte Feinde, wegen meiner politischen Arbeit, wegen der Unterstützung afghanischer Frauen. Aber warum sollte eine Deutsche mich dafür niederschlagen? Ich bin sicher, dass wir uns nie zuvor begegnet sind. Dieser Hass in ihrem Gesicht, wie viel Kraft sie hatte. Und ich war hilflos, konnte mich nicht wehren, hatte wie erstarrt auf dem Boden gelegen. So wie damals. Wie vor 28 Jahren, als ich, begraben unter Tausenden von Zigarettenschachteln, auf dem Boden eines Lasters lag, der mich von Afghanistan über die Grenze nach Pakistan bringen sollte. Als ich in schwärzester Dunkelheit fürchtete, dass ein eifriger Grenzsoldat in den Schachteln herumstochern und mich entdecken würde. Was für uns alle, die wir aus Afghanistan fliehen wollten, das Ende bedeutet hätte.

Eine Frau in Frankfurt schlägt mich mit ihrem Schirm und brüllt »Ausländer raus« – und alles ist wieder da. Alles, was ich scheinbar verkraftet hatte, was gut weggepackt war in den untersten Schichten meiner Seele. Jetzt kommt es mit Macht nach oben. Nichts ist vergessen, nichts ist erledigt – es war nur für lange Zeit unsichtbar. Die Angst vor den Soldaten, die Angst vor der Gewalt, die ich glaubte, beherrschen zu können, jetzt fordert sie ihren Tribut. Nun zeigt sich, wer Herr im Hause ist. Noch nie in meinem Leben hatte ich solche Angst. Es ist alles schon längst vorbei, außer ein paar Prellungen habe ich keine Verletzungen davongetragen, meine Wohnung ist sicher, meine Kinder und meine Freunde stehen mir bei und kommen, sobald ich sie rufe – und trotzdem schüttelt mich die Angst. Wochenlang leide ich unter Atemnot, der Arzt verschreibt mir Beruhigungstabletten, aber sie helfen kaum. Meine Brust ist zusammengepresst, meine Kehle wie zugeschnürt und eine rasende Panik erfasst mich gerade in den Momenten, in denen ich zu hoffen wage, dass es besser wird.

Ich kann nicht schlafen. Ich will auch gar nicht schlafen, weil ich mich vor den Alpträumen fürchte, die mich heimsuchen. Träume, in denen riesige schwarze Gestalten auf mich einstechen, in denen Blut fließt und ich nicht weglaufen kann. Träume, in denen ich in Schluchten falle, in denen sich Felsen über mich wälzen – und immer wieder die Flucht, immer wieder die Stunden auf der Ladefläche des Lasters, begraben unter der Schmuggelware. Es waren die schlimmsten Wochen meines Lebens. Schier ausweglos, weil es keine realen Gegner gab, mit denen ich mich auseinandersetzen konnte. Der Gegner war ich selbst, das waren meine Angst, meine Verzweiflung, meine uneingestandenen Schwächen.

Es wird erst besser, als ich regelmäßig zu einer Therapeutin gehe. Auch in den Sitzungen mit ihr muss ich oft weinen, aber nicht unbedingt aus Angst oder Verzweiflung. Meine Tränen sind eher befreiend, sie schwemmen viel von den Belastungen der letzten 30 Jahre weg. Mittlerweile bin ich auf eine gewisse Art sogar froh, dass es zu diesem Überfall kam. Er zwang mich, meinen unterdrückten Gefühlen Aufmerksamkeit zu schenken und mich der Erkenntnis zu stellen, dass ich selbst mit all meiner Stärke bestimmte Verletzungen nicht einfach wegstecke, dass ich seelische Narben davongetragen habe, die immer noch schmerzen. Ich bin froh, dass es jetzt passiert ist. Denn bei unseren Patienten in der Pflege erlebe ich häufig, dass unterdrückte Traumata im Alter hochkommen, dass sie dann unter Depressionen leiden und von großem Kummer geplagt werden und sich weder Angehörigen noch dem Personal verständlich machen können. Alte, scheinbar längst verheilte Wunden brechen wieder auf. Ob man selbst Opfer war oder anderen Unrecht zugefügt und seine Schuld nicht beglichen hat – nichts vergeht, und vieles, vielleicht sogar alles taucht am Ende des Lebens noch einmal auf. Wenn man dann keine »Vorarbeit« geleistet hat, wird es schwierig. Ich habe durch den Überfall mit meiner Vorarbeit begonnen, und das stimmt mich zuversichtlich.

Ein Jahr nach dem Überfall sah ich von meinem Bürofenster aus die Frau noch einmal. Sie stand wieder an dem Wartehäuschen, war aggressiv und schrie. Sofort rief ich die Polizei an, schrie vor Aufregung ins Telefon, sagte, dass ich die Person, die mich überfallen hatte, identifizieren könne, dass auch meine Mitarbeiter sie gesehen hätten. Die Beamten sollten kommen und sie dingfest machen, bevor sie andere Menschen verletzt. »Bitte geben Sie mir Ihr Aktenzeichen«, lautete die Antwort. Meine Güte, was soll das hier helfen? Jetzt geht es doch um etwas ganz anderes. Niemals finde ich auf die Schnelle das Aktenzeichen des Vorgangs. Ich rege mich immer mehr auf, rede auf den Beamten ein, und der fragt nach irgendwelchen Einzelheiten. Endlich entschließt er sich, auch ohne Aktenzeichen einen Wagen loszuschicken, doch als die Beamten eintreffen, ist die Frau längst weg. Wir sind halt Weltmeister in Bürokratie.

Auch wenn ich für diesen Überfall manchmal geradezu dankbar bin, habe ich doch viel über das Motiv dieser Frau gegrübelt. Die Frage, warum ihr Hass auf Ausländer so groß ist, dass sie sogar zu Gewalt greift, um sich ihrer zu entledigen, beschäftigt mich immer wieder. Vielleicht ist sie in einem klinischen Sinn geisteskrank. Wenn nicht, dann ist sie in ihrem Alltag sicherlich eine Stütze der Gesellschaft. Sie war auf keinen Fall mittellos, sondern gut angezogen, eine gepflegte Erscheinung. Also keine arme Gestrauchelte, die ein Opfer suchte, an dem sie ihre Verzweiflung auslassen konnte. Es wird sich wohl nie klären lassen. Erst viel später, als die schlimmste Phase hinter mir lag, habe ich über die Ironie der Geschichte schmunzeln können. Sie schlug nämlich keine Ausländerin nieder, sondern eine Deutsche. Denn seit 1999 bin ich Deutsche.

Viele Jahre lang hatte ich den Gedanken an Einbürgerung vor mir hergeschoben. Ich konnte es einfach nicht, weil es mir wie Verrat an meiner Heimat und meinen Landsleuten vorgekommen wäre. Aber als mein Land immer stärker von Fundamentalisten beherrscht wurde – auch wenn längst nicht alle Afghanen Fundamentalisten sind –, als Islamisten und Taliban die Herrschaft an sich rissen und die Bevölkerung unterdrückten, wurde alles anders. Den Ausschlag für Jamil und mich gab die erste Attacke der Taliban auf die großen Buddhastatuen in Bamiyan. Heute denkt man vor allem an die Sprengung der Statuen im Jahr 2001, aber bereits 1998 zerstörten die Taliban das Gesicht des kleineren Buddhas. Bücherverbrennungen, das Verbot von Radio und Fernsehen, von Musik und sogar von Kinderspielen hatte es schon vorher gegeben. Aber dass die Taliban das Gesicht eines fremden Gottes auf brutale, verächtliche Weise auslöschten – das löschte auch unseren Glauben daran aus, jemals wieder nach Afghanistan zurückkehren zu können. All die Jahre hatten wir gehofft, eines Tages unsere Heimat wiederzusehen. Doch jetzt gaben wir die Hoffnung auf, nach diesem barbarischen Akt war klar, dass es kein Zurück mehr gab.

Die immer düsterer werdende Entwicklung in Afghanistan auf der einen und 20 Jahre in Deutschland auf der andern Seite – war es da nicht an der Zeit, auch offiziell Deutsche zu werden, zumal mit zwei Kindern, die in Deutschland geboren waren? Ja, es war an der Zeit, aber es dauerte noch eine Weile, bis es wirklich dazu kam. Denn so einfach wird man ohne deutsche Eltern nicht Deutscher. Will man nachträglich die deutsche Staatsangehörigkeit annehmen, muss man Anträge stellen, Urkunden und Dokumente heranschaffen und jede Menge Formulare ausfüllen. Und das nicht nur für sich selbst, sondern für die ganze Familie.

Die Probleme begannen schon damit, dass wir beide keine Geburtsurkunden besaßen. Wir mussten zwei Zeugen auftreiben, die bestätigen konnten, dass wir beide in Kabul zu den angegebenen Daten geboren waren, und mit ihnen zum Notar gehen. Die offizielle Beglaubigung unserer Hochzeit erforderte dieselbe Prozedur. Und außerdem noch dies und das und jenes, bitte. Das ganze Verfahren wurde dadurch erschwert, dass in meinem Ersatzpass und anderen Unterlagen mein Name falsch geschrieben war – ein Fehler des Beamten, der damals meine Papiere ausgestellt hatte. Eigentlich sollte dort stehen »Nadia bent-e Nur Mohamad«, also »Nadia, Tochter von Nur Mohamad«, weil eine Frau nach ihrem Vater genannt wird. In meinem Ersatzausweis war »Nadia Nur Mohamad« eingetragen, was Unsinn war, weil Nur Mohamad der Vorname meines Vaters ist, unser Familienname aber Sayar. Im Zuge des Einbürgerungsverfahrens sollte das berichtigt und mein Mädchenname eingetragen werden. Pustekuchen! Wenn ich geahnt hätte, welche Lawine an Problemen ich damit lostreten würde, wer weiß, vielleicht hätte ich es mir anders überlegt. Denn wir mögen zwar Weltmeister in Bürokratie sein, aber die Sitten ausländischer Verwaltungen sind uns nicht immer geläufig. Ich hatte mir also alle Mühe gegeben, beim Standesamt die Namenssache richtigzustellen, doch richtig wurde sie dadurch keineswegs. Nichts hatten die Beamten begriffen, alles hatten sie verwechselt. In den Unterlagen für die Kinder war jetzt mein Vater als ihr Vater eingetragen, also Golzar Nur Mohamad und Guliar Nur Mohamad.

Es war lediglich ein Fehler, ein Missverständnis. Aber einen Fehler aus einer deutschen Urkunde entfernen zu lassen, kostet Nerven und dauert Monate. Wenn einmal etwas in den Akten der Verwaltung verankert ist, soll es für immer und ewig gelten. Dafür ist die Bürokratie ja da. Ich glaube, es verging ein ganzes Jahr, bis alles seine Richtigkeit hatte und wir endlich Deutsche geworden waren. Und dann war es nicht einmal ein erhebender Moment. Heutzutage werden eingebürgerte Deutsche in einer feierlichen Zeremonie begrüßt, aber damals hatte man keinen Sinn dafür, sie mit einer gewissen Würde aufzunehmen. Unsere Urkunden kamen einfach mit der Post. Ich riss ein Kuvert auf, las die nüchterne Mitteilung, das war's. Damit waren wir Deutsche geworden. Wenn ich sage »wir«, dann hieß das allerdings zunächst: Jamil und ich. Die Kinder waren noch nicht 18 Jahre alt und konnten deshalb nicht eingebürgert werden. Schon seltsam. Die beiden waren in Frankfurt geboren, mussten aber bis zu ihrer Volljährigkeit noch Afghanen bleiben – Jamil und ich hingegen, wir lupenreinen Geburtsafghanen, waren jetzt Deutsche.

Ich bin so deutsch, dass ich 2005 sogar »Frankfurterin des Jahres« wurde. Und 2009 wurde mir in Berlin für meine Verdienste um die Ausbildung und um die Integration von Frauen mit Migrationshintergrund das Bundesverdienstkreuz am Bande verliehen. Ich, Nadia Qani, bekomme von einem deutschen Minister das Bundesverdienstkreuz! Ich bin geradezu eine Musterdeutsche. Aber man sieht es mir nicht an. Ich bin nicht blond und hell, sondern habe sehr dunkle Haut, schwarzes Haar, und meine Augen sind dunkelbraun, fast schwarz. Jeder, der mich sieht und nicht weiß, dass ich die deutsche Staatsbürgerschaft besitze, würde mich für eine Ausländerin halten. Und eine Deutsche hat mich niedergeschlagen, weil sie meint, dass Ausländer »raus« müssen. Ist das nicht absurd?

Auch wenn es hässliche Deutsche gibt – sie sind in der Minderheit. Ich habe Deutschland als ein offenes Land erlebt, es hat mir – ob bürokratisch oder nicht – einen Empfang mit offenen Armen bereitet. Ich bin den Deutschen zu großem Dank verpflichtet. Ich konnte hier wohnen, Deutschkurse besuchen, mich weiterhin für meine Heimat engagieren, ich habe Arbeit gefunden und zwei Firmen gegründet. Ich musste viel dafür tun, es ist mir nichts in den Schoß gefallen. Aber warum hätte ich das erwarten sollen? Es hatte mich hierhin verschlagen, also habe ich mich umgeschaut und überlegt, was machbar ist. Auch wenn manche es nicht gern hören, so bin ich doch eine entschiedene Verfechterin der Assimilierung und der Integration. Nicht, dass man seine Herkunft verraten oder Unterschiede ignorieren sollte, aber voneinander abgeschottete Parallelkulturen nützen niemandem, sie zementieren nur die Verschiedenheit und lähmen die Initiative. Das A und O der Integration aber ist die Leistung. Sie bietet dem Einzelnen deutlich mehr Chancen zur Selbstentfaltung und zur Selbstfindung als eine Existenzform, die ihm erspart, alles Nötige zu tun, um hier Fuß zu fassen, weil ständig Rücksicht auf die Gepflogenheiten seiner Herkunft genommen wird.

Meine Kinder sind in deutsche Kindergärten, Kinderkrippen und Horte gegangen, und sie haben deutsche Schulen besucht.

Heute studieren sie, und ich bin wahnsinnig stolz auf die beiden. Auch für sie war es nicht einfach mit diesen Eltern, die unablässig gearbeitet haben, deren Muttersprache nicht Deutsch war und die aus einem Land stammen, das sie nie gesehen haben. Aber sie haben mit ihren Freunden und Mitschülern deutsche Spiele gespielt, haben deutsch gesprochen und die deutsche Wirklichkeit erkundet. Sie fühlten sich in Deutschland nicht fremd und konnten sich deshalb auch in der Schule behaupten. Oft halte ich in Schulen Vorträge, die von der Anne-Frank-Stiftung organisiert werden. Gerade in Stadtvierteln, in denen viele Kinder aus Migrantenfamilien leben, sind solche Vorträge wichtig. Ich versuche, ihnen Mut zu machen und ihnen zu vermitteln, dass es sich lohnt, sich anzustrengen und sich zu integrieren, auch wenn die Startbedingungen schwierig sind.

Wenn man als Flüchtling in ein fremdes Land kommt, mit nicht viel mehr als seinen Kleidern auf dem Leib und einer Tasche in der Hand, dann glaubt man vielleicht, man habe nichts zu geben. Man kennt sich in vielen Lebensbereichen nicht aus, und beinahe alles, was einem gehörte und was man zu benutzen wusste, hat man zurückgelassen. Meine Kinder haben hier von Anfang an auch jene Dinge gelernt, die in meiner Heimat weder bekannt noch gefragt waren. Und ich selbst habe erfahren, dass ich in Deutschland meine Erfahrungen und meine Fähigkeiten – unabhängig von einer formalen Ausbildung – sinnvoll einsetzen kann. Wir Deutsche mit ausländischen Wurzeln, wir Neudeutsche, werden gebraucht. Wir haben etwas zu geben. Mit unserem anderen Blick auf die Welt vermögen wir den »Altdeutschen« neue Ideen zu bieten, neue Perspektiven zu eröffnen. Und den Menschen in unserer Heimat können wir von hier aus unter die Arme greifen, gerade weil wir uns auf unsere neue Lebenswelt so kompromisslos eingelassen haben.

Nie habe ich mich als Opfer gesehen, egal, wie schlecht es mir ging. Wer sich als Opfer sieht, dem kann vielleicht geholfen werden, doch wird er niemals die Freuden eines selbst erarbeiteten Erfolgs genießen können. Nach Gelegenheiten müssen wir Neuen uns schon selbst umsehen, unsere Wirkungsstätten müssen wir uns schon selbst suchen. Keine Frage, Unterstützung ist nötig, aber sie darf nicht zum Selbstzweck werden. Richtig klar ist mir das vor ein paar Jahren geworden, als ich eingeladen wurde, im Frankfurter Rathaus, dem Römer, eine Rede vor über tausend Menschen zu halten, die aus aller Herren Länder stammten und nun Deutsche wurden. Es war eine große Ehre für mich, diese Willkommensrede halten zu dürfen, zugleich aber auch ein Anlass, über die Frage einer erfolgreichen Integration gründlicher als bisher nachzudenken. Ich ermutigte meine Zuhörer, sich zu engagieren, sich mit ganzer Kraft einzusetzen und ihre deutschen Mitbürger an dem persönlichen und geistigen Reichtum, den sie aus ihren Heimatländern mitbringen, teilhaben zu lassen. Meine eigene Geschichte ist ja der beste Beweis dafür, dass sich Einsatz lohnt. Barfuß war ich nach Deutschland gekommen – Jahre später stand ich im Kaisersaal des Frankfurter Römers neben der Oberbürgermeisterin Petra Roth und hieß die neuen Deutschen unter den Porträts sämtlicher deutschen Kaiser und Könige willkommen. Meine Mutter war anwesend und hörte sich meine Rede an. Und wenn sie vielleicht auch nicht alles verstanden hat, so hat sie doch begriffen, dass ich damit auch ihr sagen wollte: Siehst du, es hat sich gelohnt. Wir haben uns angestrengt, du hast mir geholfen, so gut du konntest, und deshalb habe ich es geschafft.

Ich bin Deutsche. Ich bin auch Afghanin. Und wenn mich jemand fragt, sage ich, ich sei Deutsch-Afghanin. Zwei Drittel meines Lebens habe ich in Frankfurt verbracht, doch wenn ich träume, träume ich von Kabul. Ich sehe die Berge rund um Kabul und fliege durch die Straßen meiner Kindheit. Hier in

Frankfurt ist mein Zuhause. Aber Heimweh habe ich nach Afghanistan.

Manchmal stelle ich mir vor, wie es gewesen wäre, wenn alles anders gekommen wäre. Würde ich immer noch in Afghanistan leben, wenn Jamil nicht hätte fliehen müssen? Und – wäre ich dann immer noch mit ihm verheiratet? Wahrscheinlich nicht. Er war meine große Liebe und wird es auf gewisse Weise stets bleiben. Wir sind jedoch so verschieden, dass es wohl auch unter günstigeren Umständen nicht für ein ganzes Leben gereicht hätte. Dennoch: Nach ihm kam keiner mehr, der seine Stelle hätte einnehmen können. Jeder Mann, der mich interessierte, musste sich an ihm messen lassen, keiner konnte bestehen.

Ich schaue mich um: Ein Großteil meiner Familie hat Afghanistan verlassen müssen. Wir haben meine Mutter und meine Schwiegermutter nach Deutschland geholt, teils unter großen Schwierigkeiten, meine Schwester und mein Bruder leben mit ihren Familien in Deutschland, einer meiner Halbbrüder in den USA, einer in Australien, einer in Pakistan, einer in Afghanistan … Wir sind in alle Richtungen zerstreut, aber wir versuchen, den Zusammenhalt zu wahren. Wir leben verschiedene Leben, wir passen uns den diversen Kulturen unserer neuen Heimatländer an. Die Anpassung vergrößert in mancher Hinsicht den Abstand zwischen uns. Das schmerzt.

Das Leben wird mühsamer, wenn man den Rückhalt des Vertrauten verloren hat, alles kostet mehr Anstrengung, mehr Energie. Selbst jetzt noch, nach so vielen Jahren, fällt mir das an mir und an anderen Neudeutschen auf. Doch ich sehe auch die Vorteile, die eine derart radikale Trennung mit sich bringt, die Freiheit, die sie einem eröffnet. Ich begegne dem Neuen ohne Skepsis. Ich meistere mein Leben mit einem Minimum an Regeln. Ich habe mich selbst mit der Zeit sehr gut kennengelernt, ich weiß heute, was ich kann und wer ich bin. Ich genieße es, zwei ganz unterschiedlichen Kulturen anzugehören und mein neues Zuhause mit dem zu bereichern, was ich aus meiner alten Heimat und meiner Tradition mitbringe. Ich kann daran mitwirken, zwischen Altdeutschen und Neudeutschen zu vermitteln. Ich sehe, wo es hakt, und weiß, wie man sich aufeinander zubewegen kann. Ich mische mich ein. Nicht, um irgendwelche Rechte einzufordern, die mir vorenthalten würden, sondern weil ich Verbesserungsmöglichkeiten erkenne, auf die andere nicht kommen. Und weil meine Lebensgeschichte, meine Erfahrungen mich in den Stand versetzen, einen Beitrag dazu zu leisten, dass es tatsächlich besser wird. Und daher scheue ich mich nicht zu sagen: Ich bin ein glücklicher Mensch.

Danksagung

Viele Menschen haben mir im Lauf meines Lebens in großzügiger und vielfältiger Weise Unterstützung zuteil werden lassen und mir auch bei der Erstellung dieses Buchs geholfen. Ihnen allen gebührt Dank, aber nicht alle kann ich hier aufführen. Besonderen Dank schulde ich:

Hussain Riaz, der mir ein brüderlicher Freund ist und das Manuskript Korrektur gelesen hat; den Dichtern und Schriftstellern *Arash Aiesch, Latif Naziemi* sowie der Dichterin und Freundin *Farzane Farani*; meinen Wegbegleitern in der Politik und Öffentlichkeit *Eugen Emmerling* und *Sylvia Weber*, die mir beide Freunde und Berater sind; *Dr. Renate Wolter-Brandecker*, die immer mit vollem Engagement dabei ist; *Renate Krol*, die sich bei Common Purpose für eine bessere Gesellschaft einsetzt; *Dr. Kirsten Gerstner*, die mit viel Engagement für die kulturelle Integration und das Zusammenleben kämpft; der Journalistin *Canan Topcu*; *Peter Bathge*, der seit 1991 mein Steuerberater ist; den afghanischen Freunden und Experten, die sich für eine friedliche Zukunft Afghanistans einsetzen: *Dr. Spanta Rangin, Dr. Rahim Rasul* und *Khalid A. Dayani*; den Freundinnen und Mitstreiterinnen bei ZAN, die viel Zeit und Arbeit in den Verein investieren: *Reha Ebadi, Zehra Sayar* und *Iris Nacro; Işınay Kemmler*, die unternehmerische Aktivitäten von Frauen und insbesondere Migrantinnen unterstützt, die Projekte wie »PiA Frankfurt am Main – Migrantinnen fit für den Arbeitsmarkt« entwickelt und mir eine gute Freundin geworden ist; meinen Freunden und Freundinnen: *Rosina Walter*, die ich für ihr soziales Engagement bewundere; *Dr. Anette Rein*, meiner allerbesten Freundin; *Helga Nagel*, mit der mich eine nahezu zwanzigjährige Freundschaft verbindet; *Danielle Pabois*, meiner langjährigen Freundin, die immer da ist, wenn man sie braucht; *Norbert Zidarics*, mit dem ich immer über alles reden kann; *Figen Brandt*, mit der ich nicht nur unbeschwert lachen kann, sondern in der ich auch eine Freundin gefunden habe, die sich auf bewundernswerte Weise für Emanzipation und Gleichstellung einsetzt und die mir für mein eigenes Engagement stets ein Vorbild ist; *Elisa Johanna Krummrich* von der Saalbau GmbH, die sich stets so energisch für ZAN einsetzt und uns mit Rat und Tat in sehr großzügiger Weise unterstützt; *Susanne Kube*, die mir in schweren Zeiten beistand; *Marion Creuzburg*, die über zwölf Jahre meine rechte Hand war und mich nicht nur bei AHP, ZAN und QR, sondern auch privat begleitet hat; *Hildegard Mohr*, in der ich eine Frau gefunden habe, die nicht mehr ganz jung ist, aber sich mit jugendlichem Eifer und ganzem Herzen für die Firma einsetzt; meiner Therapeutin *Elisabeth Zadorecki*, die mir in einer schwierigen Zeit sehr geholfen hat; *Karin Herber-Schlapp*, die das Buchprojekt im Verlag betreut hat; allen Mitarbeiterinnen und Mitarbeitern, die diesen schwierigen Weg mit mir gegangen sind.

Ganz besonders danke ich *Doris Mendlewitsch* dafür, dass sie mein Leben in so schöne Worte gefasst hat und sich auf das Abenteuer der Reise durch mein Schicksal eingelassen hat.

Vielen lieben Dank euch und Ihnen allen.